国家社科基金重大项目阶段性成果
（项目编号：11&ZD171）

大数据时代农村公共危机防控：信息化战略

李立清 吴松江 周贤君 江维国 著

北京理工大学出版社
BEIJING INSTITUTE OF TECHNOLOGY PRESS

图书在版编目（CIP）数据

大数据时代农村公共危机防控．信息化战略 / 李立清等著．—北京：北京理工大学出版社，2016.3

ISBN 978-7-5682-1683-8

Ⅰ．①大…　Ⅱ．①李…　Ⅲ．①农村－突发事件－公共管理－信息化－中国　Ⅳ．① D63-39

中国版本图书馆 CIP 数据核字（2015）第 313534 号

出版发行 / 北京理工大学出版社有限责任公司
社　　址 / 北京市海淀区中关村南大街5号
邮　　编 / 100081
电　　话 / （010）68914775（总编室）
　　　　　82562903（教材售后服务热线）
　　　　　68948351（其他图书服务热线）
网　　址 / http://www.bitpress.com.cn
经　　销 / 全国各地新华书店
印　　刷 / 北京紫瑞利印刷有限公司
开　　本 / 710毫米×1000毫米　1/16
印　　张 / 11.5
字　　数 / 229千字
版　　次 / 2016年3月第1版　　2016年3月第1次印刷
定　　价 / 42.00元

责任编辑 / 钟　博
文案编辑 / 钟　博
责任校对 / 周瑞红
责任印制 / 边心超

总　序

洪涝灾害、地震、泥石流等自然灾难；突发动物疫情、人畜共患流行病等公共卫生突发事件；突发工矿灾难等事故灾难；土地、拆迁等引发的群体性事件等各种公共危机事件在农村频频发生，在农村区域，公共危机已由“非常态化的偶发”转变成了“常态化的频发”事件。加强农村公共危机防控已成为农村社会建设的重要方面。现代信息技术的快速发展，为农村公共危机防控提供了新的、可资运用的有效工具。在农村公共危机防控中，由于危机产生的原因复杂，种类繁多，公共危机信息呈现出海量、多源、异构等特点，传统的分析与处理方法显得力不从心，信息技术发展的新趋势——大数据技术则能为解决信息化时代公共危机防控提供最新的技术支持。在大数据时代来临之际，大力推进农村公共危机防控信息化建设，既是加强农村信息化建设的新方向，也是促进公共危机防控科学化的必然要求。

总体来说，我国农村信息化水平不高，信息技术应用是农村公共危机防控领域的一大短板，在大数据技术在各行各业和社会各领域大放异彩的情况下，如何推进农村公共危机防控信息化建设呢？这是我和我的团队近些年来一直思考的问题和努力的方向之一。由我担任首席专家的国家社科基金重大项目“突发性动物疫情公共危机演化机理及应急公共政策研究”团队的部分成员历经两年时间撰写完成的“大数据时代农村公共危机防控信息化”系列著作，即对这一问题的回应。

大数据时代农村公共危机防控信息化建设需要有清晰的战略。“不谋全局者，不足以谋一域”。大数据时代农村公共危机防控信息化建设是一项复杂的系统工程，需要从战略上进行科学谋划。李立清教授牵头负责，吴松江副教授、周贤君博士、江维国博士三位青年学者参与撰写的《大数据时代农村公共危机防控：信息化战略》在对中国农村公共危机防控进行战略分析的基础上，提出了标准化战略、“互联网+危机产业”发展战略、智慧城镇化战略、人才制胜战略、信息化示范省建设战略五大具体战略，并运用大数据理念和战略分析工具，对五大具体战略的战略目标、基本内容、实施环境及战略过程等进行了充分论证并搭建了基本架构。

大数据时代农村公共危机防控信息化建设要找准关键问题所在。习近平同志指出：“深化改革要有强烈的问题意识”，要“以重大问题为导向，抓住重大问题、关键问题进一步研究思考，找出答案”。进行大数据时代农村公共危机防控信息化建设是深化农村公共危机防控体系改革的重要内容，同样需要强烈的问题意识。胡扬名副教授撰写的

《大数据时代农村公共危机防控：信息化问题》聚焦于大数据时代我国农村信息化建设存在的主要问题，即主体作用问题、基础设施建设问题、资源开发利用问题、服务队伍建设问题、建设运行效率问题及农村公共危机管理信息化问题，然后对这些基本问题进行调查和资料整理分析，了解其基本情况、分析其具体问题的表现和原因、探索解决问题的对策，最后从整体上对农村信息化建设问题进行归纳总结，揭示其规律，旨在促进我国农村信息化建设的有序高效发展。

大数据时代农村公共危机防控信息化建设需要明确的标准。大数据的内在特点之一就是“数据共享”，而“共享”的前提则是标准化。标准化是消除和规避“信息孤岛”“信息烟囱”现象的必然要求，是进行信息化建设的依据，也是进行绩效考核和管理控制的依据。刘玮副教授撰写的《大数据时代农村公共危机防控：信息化标准》既从“应然”视角通过文献资料分析了农村信息化标准体系建设的基本内容，又从“实然”视角通过实地调查，分析了农村信息化标准体系建设取得的成就和存在的问题，采取决策实验室分析法和受限因变量模型对当前影响我国农村信息化标准体系建设的内生性和外生性因素进行了综合分析和整理，探索相应对策。

大数据时代农村公共危机防控信息化建设要讲究绩效评价。著名的管理大师德鲁克曾明确指出“你如果无法度量它，就无法管理它。”大数据时代农村公共危机防控信息化绩效评价不仅是一定阶段建设成效的显示，也是建设战略实施的导航系统、系统控制的仪表盘、建设过程管理的指示器。周晓迅博士、贺林波教授合著的《大数据时代农村公共危机防控：信息化绩效》针对我国大数据时代农村公共危机防控信息化绩效的理论基础、建设实践和目标建构等，进行了深入的文献研究和规范研究。同时，该书还以湖南省农村信息化建设绩效为例，从宏观与微观两个层面，采用计量经济研究方法，分别从影响绩效的内生变量与外生变量两方面，进行了严密的实证研究。

大数据时代农村公共危机防控信息化建设重在能力的提升。信息技术的发展和大数据的利用，为政府、社会和民众有效掌控农村公共危机信息提供了可能。而将“可能”变为“现实”的关键就在于大数据时代农村公共危机防控信息化能力建设。熊春林副教授撰写的《大数据时代农村公共危机防控：信息化能力》对大数据时代农村公共危机防控信息化能力进行宏观（SWOT）和微观（AHP）分析，结合我国农村信息化发展和农村公共危机防控的实际情况，提出了实现思维转变、完善建设机制、创新运行体系、加快技术研发、壮大人才队伍等强化大数据时代农村公共危机防控信息化能力建设的对策。

SARS事件、禽流感事件、汶川地震、天津港爆炸事件还历历在目，深圳工业园山体滑坡事件又近在眼前，这些公共危机事件告诉我们危机就在身边，加强公共危机防控已成为政府的常态化工作和社会各方的共同责任。农村是公共危机频发区域，同时又是防控的薄弱环节。聚焦大数据时代农村公共危机防控信息化建设，既是避免产生城乡新的“信息鸿沟”的需要，也是补齐公共危机防控领域“短板”的必然要求。我翻阅了“大数据时代农村公共危机防控信息化建设”系列五本著作，发现字里行间都倾注了作者们的责任感、热忱、心血和汗水。这五本著作逻辑上一脉相承，相辅相成，体现了系统性和整体性，同时，每本著作又自成特色，各有侧重点，呈现了内容上的丰富性。如前所述，大数据时代农村公共危机防控信息化建设是一项崭新的事业，同时又是在实践与理论上都亟待加强的薄弱环节，这就决定了这套著作的撰写是一项探索性的工作，也决定了这套著作难免存在缺点、不足、疏漏甚至谬误。作者们也曾因此而惴惴不安，然而我以为，毋论正误与功过，完成这样一项探索性的工作，哪怕作为引玉之砖、垫脚之石，那也是贡献，若能为理论界和实践部门提供些许建设性的意见和有益的启发，其功莫大焉！如何做到思想火花升华成系统理论，理论更好地服务于实践，路漫漫其修远兮，吾侪当共努力！

是为序。

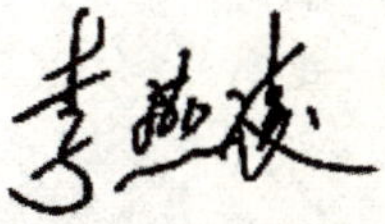

国家社科基金重大项目首席专家

湖南农业大学公共管理与法学学院院长

目　录

第1章 绪 论

1.1 大数据时代：精细管理的春天

1.1.1 大数据内涵

近年来，“大数据”是 IT 业使用最频、最热的词汇。作为继云计算、物联网之后 IT 行业的一大颠覆性技术革命，大数据引起了社会各行各业的广泛关注。大数据（Big Data）又称巨量资料，是指其规模已经超越了传统或典型数据库软件工具采集、存储、管理和分析能力的数据集或数据群。虽然很多企业或个人也许并没有意识到数据爆炸性增长带来的机遇与隐患，但数据正在以越过许多人想象的速度迅速膨胀、变大，并渗透到企业或个人的生产和生活之中。每一天，全球各地就会上传大约 5 亿张图片，每一分钟就会有 20 小时时长的视频分享。即使是人类每天所创造的图片、视频、语音通话、电子邮件等全部信息，其信息量虽然已经非常巨大，但也无法与人们自身的数字信息量相匹敌。

根据数据来源不同，大数据大致可以分为网络数据、文本数据、时间数据、位置数据、传感器数据等类型。网络数据包括来源于网站上对顾客行为数据的记录等；文本数据是指来自短信、微博、社交媒体等方面的数据；时间数据和位置数据是指来源于手机、GPS 等方面的数据；传感器数据是指来源于工业发动机和设备等方面的数据。

国际数据公司（International Data Corporation，IDC）有关数据的研究结果表明，2008 年全球新生成和复制的数据量为 0.49 ZB，2009 年为 0.8 ZB，2010 年为 1.2 ZB，2011 年更是高达 1.82 ZB，该数值已经等同于全球人均产生 200 GB 以上的数据；截止到 2012 年，人类生产和使用的各类印刷材料数据量为 200 PB，古至今人类说过的话语数据量约为 5 EB，2013 年这一数字已经达到 4 ZB。同时，IBM 的研究称整个人类文明全部数据中有 90% 产生于过去两年之内。据预测，随着数据来源的日益广泛和卷入范围的日益扩展，数据膨胀的速度还将不断加快，到 2020 年，届时全球所产生的数据规模将会达到 35.2 ZB，约为当前的 44 倍。

目前，业界通常用容量（Volume）、种类（Variety）、速度（Velocity）、可变性（Variability）、价值性（Value）以及复杂性（Complexity）来概括大数据的特点。

容量（Volume）主要强调大数据的海量规模，数据存储量从 TB 级别跃升到 PB 乃至 EB 级别，而且大数据的规模尚是一个不断变化的指标，社会各方各面各种意想不到的情况都可能产生无限的数据。

种类（Variety）：主要是指数据的多样性，互联网搜索、通话记录、网络日志、社交媒介及传感器网络等数据来源构成了新型多结构型数据。例如，安装在火车、汽车以及飞机上的传感器，每个传感器都将产生相关的数据，使得数据的多样性特征日益明显。

速度（Velocity）：强调的是数据创建、移动或传播的速度非常快。在高速网络时代，创建实时数据流已成为时代的必然，企业既需要快速创建数据，也需要快速处理、分析数据并及时反馈给客户或用户，以满足其经营决策之需要。根据 IMS Research 有关数据创建速度的预测，到 2020 年，届时全球将拥有 220 亿台互联网连接设备，数据创建与传播速度将进入一个新的高速时代。

可变性（Variability）：强调的是因数据创建与传播速度非常快，加上种类丰富以及数据流的周期性也不可能完全一致等原因，大数据的可变性特征非常明显，特别是非结构化的数据更是如此。

价值性（Value）：一是指建立在数据和数据分析基础上的信息具有价值，能为相关主体提供决策参考，即“取之不尽，用之不竭”的数据创新；二是指在海量信息中，最有价值的信息可能会淹没在许多无关信息的里面，以视频监控为例，连续不间断的监控过程中，可能有用的数据只有一两秒，可谓是浪里淘沙而又弥足珍贵。

复杂性（Complexity）：强调的是因数据量巨大、数据来源渠道众多、数据变化多端，因而大数据表现出了复杂性的特征。

1.1.2 大数据时代

大数据时代（The Age of Big Data）是相对前期的小数据时代而言，特指在传统互联网与移动互联网不断发展与融合的背景下，全球以电子形式存储的数据量呈现爆炸式增长的当前信息经济新时代。当前是一个科技发达、信息流通，人们之间的互动交流日益密切，生活也越来越方便的高速发展的社会，大数据就是这个高科技时代的产物。

最早提出“大数据”时代到来观点的是全球知名咨询公司麦肯锡公司（McKinsey & Company）。麦肯锡提出：“数据已经无声无息地渗透到了当今每一个行业和各个业务职能领域，并成了非常重要的生产因素；而人们对于海量数据的分析、挖掘与运用，更是预示着新一波生产率增长时代的来临。”

2012 年 2 月，《纽约时报》在其专栏中特别提出：在商业、经济以及其他诸多领域，决策日益基于数据和分析而非经验和直觉，大数据使决策范式发生了改变。

“这是一场革命，无论学术界、商界或政府，都将开始庞大数据资源支持的量化进程。”这是哈佛大学社会学教授加里·金对大数据时代的描述。亚马逊公司前任首席科学家 Andreas Weigend 则认为“数据是新的石油”。虽然该观点带有一定的传统思维，但也足以反映出大数据的重要性。

2012 年 3 月，美国政府发布了“大数据研究和发展倡议”，投资 2 亿美元以上，正式启动“大数据发展计划”。该计划拟在科学研究、环境、生物医学等领域利用大数据技术进行突破。该计划被视为美国政府继信息高速公路（ Information Highway）计划之后在信息科学领域的又一重大举措。

2012 年 5 月，联合国发表名为《大数据促发展：挑战与机遇》的政务白皮书，白皮书指出大数据对于联合国和各国政府来说是一个历史性的机遇，并探讨了如何利用包括社交网络在内的大数据资源造福人类的议题。该白皮书同时还建议联合国成员国建设“脉搏实验室”（Pulse Labs）网络以开发大数据的潜在价值。

随着上述一系列标志性事件的发生和建立，人们越发感受到了大数据的超凡力量。大数据在生物学、物理学、环境生态学等领域以及军事、金融、通信等行业发挥了越来越重要的作用。“三分技术，七分数据”，得数据者得天下的时代已经真真切切地到来。因此，许多国外媒体和专家将 2013 年称为“大数据元年”。换而言之，从 2013 年开始，全球已经进入了大数据时代。

1.1.3 大数据与精细管理

总的来说，运用新的系统、工具和模型对大量动态和持续的大数据进行挖掘，从而获得新的信息和资源，是大数据利用的主要功能。以往，在庞大的数据面前，我们可能会一叶障目、不见泰山，不能了解和掌握事物的真正本质，从而使科学工作中得出的结论或推断存在较大误差，而在大数据时代下，原来难以掌握的事物真相将有可能得以活态化、原生态式的展现。

经李克强总理签批，2015 年 9 月，国务院印发了《促进大数据发展行动纲要》（以下简称《纲要》），对大数据发展工作作了系统的规划。《纲要》明确提出，要推动大数据发展和应用，在未来 5~10 年打造精准治理、多方协作的社会治理新模式，建立运行平稳、安全高效的经济运行新机制，构建以人为本、惠及全民的民生服务新体系，开启大众创业、万众创新的驱动新格局，培育高端智能、新兴繁荣的产业发展新生态。

《纲要》对大数据的主要任务进行了具体部署。第一，大力推动政府部门数据共享，稳步推动公共数据资源开放，统筹规划大数据基础设施建设，支持宏观调控科学化，推动政府治理精准化，推进商事服务便捷化，促进安全保障高效化，加快民生服务普惠化。第二，推动和加快大数据在工业、新兴产业、农业农村等行业领域的应用，推动大数据发展与科研创新有机结合，推进基础研究和核心技术攻关，形成大数据产品体系，完善大数据产业链。第三，健全大数据安全保障体系，强化安全支撑。

2012 年，舍恩伯格和库克耶的《大数据时代》一书问世，立刻引起了全球热议，在不到一年的时间里，此书畅销全球，特别是引起了管理学界和业界的广泛关注。从数据的发展态势来看，无论是世界上的哪一个行业都会产生十分巨大的数据集，大数据时代对数据的深度挖掘使管理更加高效，为粗放走向精细提供了可能。

（1）大数据时代对数据的深度挖掘将改变原有的管理理念，为管理模式的精细化奠定了思想基础。过去，在数据量小或是各种模拟数据大量存在的时代，人们主要是从“为什么”的角度来认识世界，包括管理领域的各种事物。在自然科学领域，人们主要在实验室里检验各种理论或定律；在经济学、管理学等领域，人们主要是根据相关的理论来对各种现象进行推测，当理论与数据实验达成一致时，就揭示出了隐藏在现象背后的各种“因果”关系，也就是解释了“为什么”的问题。可是，在大数据时代，这种观念发生了变革，人们更愿意且能够从“是什么”的角度来寻找隐藏在数据背后的关联。如管理人员利用大数据，不是发现和认识管理失效的原因，而是通过收集整理大量的数据对未来管理怎样有效做出科学的决策。这种通过对数据彼此关联性的分析能够帮助管理者更清楚地看到隐藏在现象背后的事物与要素之间的规律，找到看似不相关的数据之间的联系。这种“相关性”分析的有效性要远远超越传统的“因果”分析，而这种关注“未来”的长远理念恰恰是精细化管理模式所必须具备的思维模式。

（2）大数据时代对数据的深度挖掘将改变传统的市场营销手段，使营销更加精准，凸显管理“精细化”的趋势。传统的市场营销手段主要是通过集中推销和广告宣传完成的。这不仅需要雇佣大量的广告宣传人员，支付高昂的营销成本，更重要的是由于不考虑年龄、消费层次、消费偏好、购买力程度等一系列影响消费的因素，向所有消费者发放同一广告宣传单，往往会导致宣传的“失效”。但是在大数据时代，这种传统的营销方式被颠覆性地改变了，企业可以充分利用大数据对消费者进行精准定位，并由此带来低成本与高效营销。比较有代表性的是亚马逊公司所做的尝试，上过亚马逊网站购物的人都知道，在打开其主页的一刹那，就会弹出本年度、本季度、本月在不同的学科领域所畅销的书籍，特别是当你打开某一学科领域的网页时，网站还会弹出一些表格让你填写年龄、兴趣爱好、专业等一系列个人信息，然后会及时地向你推荐你所关注的书籍。这种对图书消费者的精准定位，既方便了消费者的选购，也有利于公司扩大销售量。正是由于销售模式的创新，亚马逊公司成为全球商品品种最全的网上零售商和全球第二大互联网公司。

（3）大数据时代对数据的深度挖掘将为企业拓展广阔的新型服务与渠道，使管理精细化更加凸显“以人为本”的价值追求。日本工业技术研究所的科学家发明了一种新型的汽车防盗系统，它主要是在汽车驾驶员座椅下安装了压力传感器，将人的臀部特征用数据的形式记录下来，然后对数据进行统计、规范与分析。如果坐在驾驶员座椅上的不是车主本人，汽车就会强迫其输入密码；如果输入密码不正确，汽车将无法启动。这项发明是将一个人的坐姿用数据的形式统计出来，不仅仅用于汽车的防盗，还可以通过这些数据分析事故发生前驾驶员坐姿的变化，查找出驾驶员的坐姿与驾驶安全之间的相互关系，进而应用到汽车的安全设计上，为驾驶者的安全提供必要的保障。不仅如此，通过数据的汇集与分析，以及可以在第一时间避免汽车所有人的财产损失，而且可以通过对数据的比较，发现盗贼的身体特征，及时确定盗贼的身份。这种对数据的深度挖掘充分体现了管理“为人服务”“以人为本”的价值追求，而这种理念应该成为管理走向精细化的首要价值目标。

（4）大数据时代对数据的深度挖掘将促进决策更加科学，为精细化管理提供必要的方法保障。2012 年，美国网飞公司推出全球首部网络剧《纸牌屋》，该剧播出后，立刻受到广大网迷的喜爱，随即获得第 65 届艾美奖最佳导演和最佳选角两项大奖。网飞公司首次推出作品就能获此殊荣的主要原因是数据深度挖掘技术的使用。在创作之初，网飞公司就根据观众的喜好挑选剧本、导演、演员等。在制片中，《纸牌屋》也是建立在数据的深度挖掘基础之上，使得该剧能迅速获得国内外喜爱美剧大片的影迷的青睐。特别是美剧迷们在互联网上不断发起分享所产生的扩散效应，便铸就了一个网站主导、数据先行的商业传奇故事。

1.2 公共危机事件与农村公共危机防控

1.2.1 公共危机事件

1.2.1.1 公共危机事件的含义

目前，公共危机事件（Public Crisis Events）的概念尚不完全统一，有的称之为“公共安全事件”，有的称之为“公共危机事件”，有的称之为“紧急状态”，也有的称之为“灾害”“灾难”等。赵春盛等（2007）从政府视角提出，公共危机事件是指政府基于自身公共责任而突然面临的，具有发展趋势的不确定性，将引发严重破坏性后果在时间、人员、物力、信息、策略等应对资源稀缺的压迫性约束条件下，必须启动公共危机管理机制加以应对的公共事件。甲鲁平等（2011）从媒体角度提出，公共危机事件是指在较广范围内发生的危害公众利益的危机事件，它波及面广、危害性大、具有突发性，受到人们的普遍关注，成为媒体重点关注的一个话题。借鉴上述成果，本书认为，公共危机事件是指在某种必然因素支配下出人意料发生的，造成或者可能造成重大人员伤亡、重大财产损失、严重生态环境破坏和严重社会危害的系列非常态事件，如自然灾害、事故灾难、公共卫生事件和社会安全事件等。

1.2.1.2 公共危机事件的特征

广义的公共危机事件实际上包括了各类自然和人为的灾害、灾难、突发事件以及紧急状态，因而公共危机事件通常具有以下七个显著特征。

（1）紧急性和突发性。公共危机事件在临界值之前的演变是很难发觉的，而一旦突破了临界值，就将在瞬间爆发，要求管理者迅速决策、快速反应，因而，公共危机事件具有紧急性和突发性。例如，2015 年“8.12 天津滨海新区爆炸事故”，第一次爆炸发生在 2015 年 8 月 12 日 23 时 34 分 6 秒，而第二次爆炸仅在 30 s 后就接着发生了。

（2）不确定性。危机事件在开始时无法用常规性思维进行判断，且随后的衍生和可能涉及的影响也没有经验性知识可供指导，一切似乎都是突然到来、瞬息万变，且极可能产生各种“涟漪效应”（Ripple Effect，亦称为模仿效应，一群人看到有人破坏规则，而未见对这种不良行为的及时处理，就会模仿破坏规则的行为）。例如，1971 年的意大利塞文索发生的化学危险品泄漏事件，该事件对周围的社区造成了长期的污染，进而使该地区又面临着居民迁移和重建的重重压力。

（3）影响的广泛性。公共危机事件对一个社会系统的基本价值和行为准则架构产生严重威胁，引起社会恐慌破坏社会正常秩序与运转机制。例如，6.1 长江客轮倾覆事件，2015 年 6 月 1 日深夜 11 点多，载有 400 多人的“东方之星”客轮突遇龙卷风，在长江湖北石首段倾覆。“东方之星”客轮翻沉事件发生后，国家交通运输部立即启动一级应急响应，媒介蜂拥而至，一时间使之成为人们最为关注和担忧的焦点，引发了广泛的社会影响。

（4）灾难的可能性。从组织角度看，危机事件将激化矛盾、产生纠纷，恶化组织社会关系，并严重损害组织在公众心目中的形象和声誉。如果任由危机发展，危机将使微小事件所反映的危害不断放大，从而产生破坏性和灾难性的后果。彼得·德鲁克的研究成果显示，约有 85%的美国企业在经受重大危机冲击的一年后就会陷入经营困境，处在倒闭破产的边缘甚至已经消失。

（5）因果传导性。与事件不同，危机意味着在自然和社会之间、社会各种主体之间、各种对象之间会发生连续的因果互动，具有传导性特征。例如，地震本身并不是危机也不是灾害，当地震影响到人们的具体利益，并且通过社会关系在时空中不断扩散和深化时（因果传导），地震才成为了危机。

（6）经验征兆性。从表面上看，不同类型危机事件的爆发原因、社会危害程度等具有很大的差异性，政府和相关主体应对的措施也有所不同。但是，危机事件在爆发之前，往往是有迹可循的，只是这些蛛丝马迹经常被人们忽视而已。

（7）次序优先性。本质上，量变到质变同样是危机爆发遵循的事物演变规律，造成危机的因素经过了一个累积渐进的阶段；如果危机未能得到有效控制，它无疑将继续膨胀，然后出现总爆发，并以很快的速度蔓延，产生连锁反应；由于危机来得突然又有很强的力度，相关主体往往来不及反应，瞬间被卷入，并造成强大冲击。

1.2.1.3 公共危机事件的分类

由于公共危机事件种类繁多，成因不同、表现各异，所以对公共危机事件的分类也是多种多样。如从影响范围来看，公共危机事件可分为国际危机、国内危机、内部危机；按照危机产生的来源，公共危机事件可分为自然危机和人为危机；从产生危机情境中主体的态度，可将公共危机事件划分为一致性危机和冲突性危机；依据预防和解决危机的主体身份不同，可以把公共危机事件划分为社会公共危机和企业危机；依据危机的紧迫程度不同，可以把公共危机事件分为急性危机和慢性危机等。公共危机事件的分类及典型案例见表 1-1。

表 1–1 公共危机事件的分类及典型案例

分类标准	危机类型	典型案例
影响范围	国际危机	国际战争、跨国贩毒、国际金融危机等
	国内危机	国内金融危机、国内种族歧视、国内部不同派别的冲突，如缅甸危机等
	内部危机	“特富龙”事件、光明“早产奶”事件、“苏丹红”事件、“雀巢奶粉碘含量超标”事件等
产生来源	自然危机	海啸、洪水、山体滑坡、暴风雪、飓风、地震、火山喷发等
	人为危机	美国 9·11 恐怖袭击事件、伦敦 7·7 爆炸事件、谣言、企业垄断导致物质短缺等
主体态度	一致性危机	全民救灾、全民抗震、全民抗日等
	冲突性危机	战争、革命等
主体身份	社会公共危机	埃博拉、SARS、禽流感等
	企业危机	企业的产品危机、价格危机、财务危机、商誉危机、新市场开拓危机、客户危机等
紧迫程度	急性危机	自然灾害、政变、媒体曝光等
	慢性危机	企业战略危机、营销危机等

1.2.2 农村公共危机防控

1.2.2.1 农村公共危机的含义

农村公共危机（The Rural Public Crisis）是指对农村公共生产、社会生活具有现实或潜在的巨大危害或风险的不确定性的事件，如洪水、泥石流等自然灾害事件，农民群体性的冲突事件以及生产失误造成的意外安全事故等。从地域角度看，农村公共危机主要发生在农村地区；从影响主体看，农村公共危机主要是对农民产生直接影响；从影响内容看，农村公共危机可能对农民的生产和生活以及乡村社会秩序等产生影响。因而，农村公共危机实际上是指在经历或可能经历某种突发性变故冲击，农村原有生产秩序遭遇或可能遭遇严重破坏，农民生命和财产遇到或可能遇到严重威胁，农村社会秩序陷入或可能陷入混乱的一种非正常状态。

1.2.2.2　农村公共危机的特征

农村公共危机是一种地域性特征明显的公共危机，它既有一般公共危机的共性特征，也有其自身独有的特性。

（1）涉农性。涉农性指明了农村公共危机的本质，即与农业、农民和农村直接相关。农村公共危机，“危”在“三农”“害”在“三农”，其承载体主要是农民、农业和农村的基本价值体系，其后果最终由农村各主体共同承受。湖南省株洲市青霞社区桎木组被称为“寡妇村”“癌症村”。该组很多男人都因癌症而早逝，其原因是该组被附近的化工厂、冶炼厂、洗煤厂和电厂等数十个重污染企业包围，农民的生产生活以及农村社会秩序都受到了严重影响。

（2）公害性。从经济角度看，为了对农村公共危机进行防控，化解或分散危机风险，必须调用部分社会资源；为了应对农村突发事件，必须建立相应物资储备。由此，这些行为必然会降低社会资源配置的整体效率。从精神角度看，任何潜在的农村公共危机或风险，只要为农民所认知，这必然给农民带来压力，风险越高，压力越大，这意味着精神损失。而且，农民是弱势群体，农业是弱势产业，农村是弱势地区，危机防控和自救的能力不强，危机一旦发生，损失巨大。不仅如此，农业是国民经济的基础，“三农”问题事关国家发展全局，能否及时有效治理农村公共危机，对整个社会的安全、稳定、和谐与发展具有重大影响。可见，公害性无疑是农村公共危机的根本性特征之一。

（3）不确定性。农村公共危机是隐伏的，难以预知。虽然随着社会进步和技术提高，人们对各类危机的认知能力也在不断提高，甚至可以对一些危机事件进行防控。然而，这种防控总是模糊的，无法精准把握危机爆发的时间、地点、范围、程度等要素。同时，农村公共危机爆发后，它还经历一个“发作→发展→衰减→止歇”的动态过程，这个过程是难以完全控制的，这也将致使危机的演变及其后果难以确定。而且，农村公共危机爆发后还将不断地与农村特定区域其他因素相互影响、相互作用，产生“群发效应”，进一步加重危机事件的不确定性。

（4）扩散性。任何系统各要素之间、系统与外部环境之间时时刻刻都在进行着物质、信息和能量的交流与转换。因此，农村公共危机一旦爆发，它的影响必然借助于物流、人流、信息流、能量流向周围扩散。而且，随着交通条件的日益改善，市场边界不断扩大，媒体日渐发达，农村公共危机一旦爆发，就不会局限于某一地域或领域，其影响可能会迅速蔓延、扩散，造成“城门失火，殃及池鱼”的状况。例如，2004 年爆发的“禽流感”，最初出现于东南亚国家，后经由中国香港进入内地后迅速扩散，国内16个省（市、自治区）均受到了严重的影响。农民家庭的大量家禽染病死亡或被捕杀，家禽类产品价格急剧下跌，农民遭受重大经济损失。

（5）多发性。人类诞生以来，危机就以多变的形态与人类形影不离。而且，近些年来，环境污染、生态破坏、社会两极分化等又导致了新的风险和危机产生，社会更加动荡不安。虽从20世纪80年代以来，我国防灾、减灾能力不断提高，因灾死亡人口也显著下降，但是农村地区灾害的发生频率却在日益增加，受灾农民数量也在不断扩大，灾害的破坏范围也变得越来越广。据统计，1993年至2000年，我国共发生了109次破坏性地震，其中县及县以下的农村地区就占了107次；2008年，我国自然灾害数量是全球最多的，人口伤亡数量也居世界首位，其中90%以上事件就发生在农村地区。

（6）隐蔽性。我国农村地域宽广，农民居住非常分散，交通条件也不完善，信息相对闭塞，公共危机传播的效率与质量不高。同时，农村公共危机信息传播路径也存在不通畅的问题：上行路径方面，受制于农民的意识与能力，难以监测和预测，农民报告的基本上都是灾后的求援，而且，因为农村是一个熟人社会，“家丑不外扬”“亲亲相隐”思想严重，对于农村社会性公共危机，村民大多不会主动向政府报告；下行路径方面，随着农村税费改革及相关配套改革的推行，基层政府日益官僚化，基层政权日渐“悬浮”于乡村社会之上，与村民渐行渐远，下行路径失效；平行路径方面，媒体存在着观念偏差，认为“灾害不是新闻，抗灾救灾才是新闻”，且媒体普遍存在着城市化和政治化倾向，农村公共危机容易成为媒介关注的“死角”，平行路径也存在失灵问题。因为客观和主观原因的双重作用，农村公共危机具有很强的隐蔽性。

1.2.2.3 农村公共危机的类型

公共危机是一个十分宽泛的概念，对其加以分类是对危机事件进行具体研究的前提。从研究的角度看，对象进行分类，有助于全面、深入地认识研究对象。研究危机是为了治理危机。各种社会治理主体的权力、责任和能力是非均衡的，各自的利益追求也有差别，对危机进行分类与分级研究，是明确各级各类治理主体权责的前提和依据。因此，对农村公共危机进行分类分级研究具有重要的理论与实际意义。

治理（Governance）是以政府为核心，政府、非政府组织、私人组织和公民个人等多元主体对公共事务的合作管理，是一种新的管理体制和管理机制。多元合作共治的实现，关键在于建立合理合法的职能、权力和责任分配体制。而职能、权力、责任的划分，不仅取决于各主体自身的资源与能力，也取决于治理对象的性质与特征。因此，农村公共危机的分类应当充分考虑治理研究和实践的需要，从方便治理的角度对农村公共危机进行分类。

（1）综合考虑危机的成因、性质和机理等特征，可将农村公共危机分为四个类型：自然灾害、公共卫生事件、事故灾难和社会安全事件，见表 1-2。这也是目前比较权威的、被广泛接受的一种分类方法。我国《国家突发公共事件总体应急预案》和《中华人民共和国突发事件应对法》均遵循这种分类法。

表 1–2　农村公共危机事件的类型划分及示例

类型	农村公共危机事件示例
自然灾害	洪水灾害、地震灾害、气象灾害、地质灾害、海洋灾害、森林火灾、草原火灾、农林牧生物灾害等
公共卫生事件	群体性不明原因疾病、重大传染病疫情、重大食物中毒和职业中毒、重大动物疫情，以及其他严重影响公众健康的事件
事故灾难	工矿企业、公共场所重大安全事故、重大交通事故、水、电、油、气、通讯等生命线事故、重大环境污染和生态破坏事故
社会安全事件	恐怖袭击、刑事案件、群体性事件等

这种综合性分类方法的主要意义在于方便管理。政府是农村各类公共危机治理的核心主体，在农村公共危机治理中居于主导地位。

（2）根据利益相关者的利益倾向和态度是否一致，农村公共危机可分为利益一致型和利益冲突型两种危机。利益一致型农村公共危机是指危机事件所涉及的特定范围内的主体（主要是农民）的利益基本上是一致的，各主体之间不存在显性化的利益冲突，危机相关者能基于共同的利益目标应对危机，共渡难关，如洪水、地震等自然灾害危机；利益冲突型农村公共危机是指危机事件所涉及的利益相关者之间存在着明显的利益冲突，导致各利益相关者难以达成共识、采取统一的行动应对危机事件，如工矿企业引起的重大环境污染事故。

该分类的意义在于：一是提醒各治理主体，尤其是政府，应当充分考虑危机治理的复杂性，在应对冲突型危机时，一定要审慎，综合考虑多方利益；二是提醒危机管理者要动态地把握危机事态发展中不同利益相关者的行为逻辑；三是提醒各利益相关者要顾全大局，个体服从整体，共同努力应对危机。

1.2.2.4　农村公共危机的防控

1．农村公共危机防控主体及职责

农村公共危机防控的主体是指为了控制与降低农村公共危机的发生频率与危害程度，在农村公共危机前期防范、实时应对以及后期处理的过程中，发挥着决策、指挥、协调以及监督功能的组织和机构。目前，我国农村公共危机管理的主体主要有政府部门、非政府组织、村民委员会、志愿者组织以及广大农民，他们在农村公共危机防控的过程中承担着各自的角色功能，如调度指挥、舆论导向、适时自救、

相互帮助等（表 1-3）。

表 1–3 农村公共危机防控主体及职责

农村公共危机防控主体	农村公共危机防控主体的职责
政府部门	设立了权责明晰的农村公共危机防控职能部门，构建部门之间的应急合作机制；协调利益格局、应对不可抗力、规范舆论导向以及调配可用资源等
非政府组织	弥补传统政府主导模式失灵产生的不足，提高实时应对与后期处理阶段整体的应急管理能力；畅通广大农民的利益诉求渠道，维护弱势群体的切身利益，抚慰危机潜伏期的紧张情绪，增加农村社会中的稳定因素；组织社会力量募捐财物、筹集资金，以用于危机管理的后期安置与重建；保障政府管理与村民自治之间权益的协调与信息的交流；组织村民采取自救与互救行动等
村民委员会	在农村公共危机潜伏期内将风险诱因通过宣传、走访的方式予以消减；保证农村公共危机管理过程中信息的时效性、行动的有序性和行动的权威性等
志愿者组织	秉承“人道、博爱”精神，以丰富、专业的技术知识，为农村公共危机防控提供支持与保障等
村民自身	提高防控意识、团结合作、服从政府统一安排、提高自救能力、尽快恢复生产等

（1）政府部门。虽然我国实行了村民自治制度，但在农村公共危机防控实践中，政府相关部门一直起主导作用。然而，面对农村公共危机事件的多样性、多发性以及影响范围的广泛性等特征，政府部门公共危机管理的体制与机制上的局限也开始显现。受我国行政组织体系和现行财税体制的制约，处于农村公共危机管理前沿的乡镇一级政府，缺少快速应急、统一协调、权责明确的常设机构，在危机预警、资源储备以及事后安置等方面财政能力不足。同时，在新农村建设的进程中，各级政府部门间的应急合作机制、信息互通网络尚未建立健全，使得传统农村公共危机管理模式面临技术上的困境。

（2）非政府组织。非政府组织（Non-Governmental Organizations）是指那些在地方、国家或国际级别上建立起来的、以促进经济发展与社会进步为目的的社会组织。这些组织以其凸显的公益性、自治性、民间性等特征，在农村公共危机管理的过程中扮演着重要的角色，其参与农村公共危机管理具有必要性和可行性。非政府组织可以弥补传统政府主导模式下政府失灵，提高实时应对与后期处理阶段整体的应急管理能力；能畅通广大农民的利益诉求渠道，维护弱势群体的切身利益，抚慰危机潜伏期的紧张情绪，增加农村社会中的稳定因素；能组织社会力量募捐财物、筹集资金，以用于危机管理的后期安置与重建；能组织村民采取自救与互救行动。

（3）村民委员会。村民委员会是村民自我管理、自我教育、自我服务的基层群众性自治组织，实行民主选举、民主决策、民主管理、民主监督。村民委员会办理本村的公共事务和公益事业，调解民间纠纷，协助维护社会治安，向人民政府反映村民的意见、要求和提出建议。村民委员会能在农村公共危机潜伏期内将风险诱因通过宣传、走访的方式予以消减；能保证农村公共危机管理过程中信息的时效性、行动的有序性和行动的权威性。

（4）志愿者组织。志愿者组织（Volunteer Organization）是指依法登记，从事志愿服务的非营利性社会组织。志愿者组织可分为正式和非正式两种形式，其核心是有组织地开展志愿活动。志愿者组织是新形势下农村公共危机管理中形成的一股自发的社会力量，在公共危机管理的过程中居于辅助地位，为农村公共危机防控提供支持与保障。

（5）村民自身。长期以来，在农村公共危机防控的过程中，广大村民常常与危机事件一起被视为危机管理的对象，甚至在个别地区个别领导干部中认为农村公共危机管理就是如何应对村民的意见表达与上访行为。这种认识是极为偏颇的，它使得村民在农村公共危机管理过程中始终处于客体地位，而忽略了村民本身所具有的主体性。广大村民提高防控意识、团结合作、服从政府统一安排、提高自救能力、尽快恢复生产也是农村公共危机防控的重要组成部分。

2. 农村公共危机防控过程

与其他公共危机相同，农村公共危机会通常会经历一个“潜伏→爆发→扩散→消除”的演变周期。因而，系统有效的农村公共危机管理也必然是一个连续不断的过程。美国危机管理大师罗伯特·希斯（RobrtHeath）在其代表作《危机管理》一书中提出了4R危机管理模式，即缩减力（Reduction）、预备力（Readiness）、反应力（Response）、恢复力（Recovery）。他用四个英文单词来代表危机管理不同发展阶段的四个不同管理目标，见表1-4。

表1–4　罗伯特·希斯危机4R模式

4R	含义
Reduction（缩减力）	通过风险评估及其管理，预防危机、减少冲击和损失
Readiness（预备力）	建立全方位应急机制，做好处理危机的相关准备
Response（反应力）	危机不可避免地爆发后，运用各种方法和动用各种资源，及时遏制危机扩散，全力避免危机的连锁破坏效应
Recovery（恢复力）	总结和弥补危机预警机制和危机管理方案的经验和不足，对整个危机处理和管理过程进行评估

应该说，4R模式是被各界广泛认同的危机管理模式。在此基础上，有很多学者根据自身的理解和创新，提出了两阶段模式、三阶段模式、五阶段模式、六阶段模式等危机管理周期理论。这些模型各有所长，不断细化，推动了危机管理理论的日益成熟。

（1）前期防范阶段。农村公共危机的前期防范是指在农村公共危机的潜伏阶段，针对危机事件可能发生的诱因，从危机意识、技术手段以及组织体系等方面采取具有主动性、合理性的防范措施，以减少甚至消除潜在公共危机的发生概率。前期防范既能够有效降低农村公共危机发生所造成的社会成本，也能提高农村地区在自然灾害中承受风险的能力。

（2）实时应对阶段。农村公共危机的实时应对是指农村公共危机事件已经爆发并有可能继续扩散的情况下，危机管理主体及时决策、适时启动应急预案，运用各种资源和方法，遏制危机的发展和蔓延，杜绝危机的连锁破坏效应，以保证危机事件能够最大限度地处于可控范围之内。实时应对是整个农村公共危机管理的过程中的关键环节，同时也是检测危机管理主体应急管理能力的真实情境。

（3）后期处理阶段。农村公共危机的后期处理是指在农村公共危机负面影响已经得到有效控制的基础上，对公共危机产生的后果进行处置，对公共危机发生的原因进行分析，对危机管理过程中的责任加以追究，对既定的应急方案加以修订。后期处理阶段一方面是对已经产生并消减了的危机事件进行全过程的总结，同时也是为了更好地避免与应对未来新的公共危机所做的“前期防范”。简而言之，后期处理是总结和修正危机管理方案，评估危机处理和管理工作并对未来可能的危机“未雨绸缪”。

1.3 战略分析方法与信息化战略

1.3.1 战略分析的概念

“战略”（Strategy）一词原本是军事方面的术语，在经过后人的不断演化后，其使用范围被日益拓展。目前，凡是重大、全局化的计谋与对策，都可称为战略。战略分析（Strategy Analysis）是指对组织自身、主要竞争对手以及组织所处的客观环境等主、客观因素进行全面分析，以找到自身独特的竞争优势，在避免短处、发挥长处的基础上制定出指引组织未来前进方向的宏伟蓝图。战略分析主要包括内部环境分析、外部环境分析以及战略目标的设定三个方面。

1.3.2 战略分析的步骤

战略分析的内容包罗万象，极其广泛，但是，战略分析通常由6个关键步骤构成，即确定战略分析主题、确定战略分析要素及范围、制定战略分析目标、制定战略分析的实施计划、战略分析实施、战略分析评估与改进。

（1）确定战略分析主题。确定战略分析主题的目的是为战略分析的初步目标及其方向做出指导。新建、战略型、战役型、亚战略型、战术型以及作业型等主题都是战略分析主题，但新建主题是指专门新构建的战略方向主题，而其他类型战略主题都是在已有战略和正在运行战略的基础上发现战略实施存在问题所提出的分析专题。

（2）确定战略分析要素及范围。确定战略分析主题后，接着要确定该主题的关键分析要素（Critical Analysis Factor，CAF），然后对关键分析要素进行深入的层级分解，并确定系统战略分析要素。在此基础上，根据战略分析、组织关键成功的要素，构建并确定战略分析的关键指标体系（Key Indicator System，KIS）。根据战略分析要素（Strategic Analysis Elements，SAE）和关键指标体系，最后确定战略分析范围（Strategy Analysis Scope，SAS）。

（3）制定战略分析目标。成功的企业或组织需要一个清晰而明确的战略目标。只有制定了清晰而明确的战略目标后，企业或组织才有前进的方向，不同的职能部门、不同阶层的员工在工作中才能形成一股合力，更好地发挥出企业团队的力量，表现出知识与技能的聚合作用，从而更好地促进战略目标的完成。制定战略分析的目标，确定战略分析的交付物，建立战略分析的评价标准和评价机制。

（4）制定战略分析的实施计划。在战略分析目标、交付物以及战略分析范围的基础上，制订实施计划，确定计划路线图和时间进度节点。

（5）战略分析实施。此阶段主要包括战略调研、搭建指标分析体系、具体分析、识别差距、识别趋势、选择战略方向、初步提出战略理念等内容。在战略分析实施的结束阶段，为进一步强化原定战略分析主题方向，可能会初步提出战略理念；也可能根据新的环境和条件，推倒和否定原定战略分析主题方向。

（6）战略分析评估与改进。建立战略分析工作的评价体系，对战略分析结果和过程进行评估和评价，及时发现问题，及时完善战略分析管理。

对战略分析主题的方向和已有战略具有重大影响的重要指标，如果需要进行长期监控，要建立常态的分析监控机制，为提高战略管理团队对内外环境“明察秋毫”的敏锐洞察力奠定基础。

1.3.3 战略分析的方法

随着社会的发展，常用的战略分析方法日益增多，如运筹学法、调研分析、指标体系分析、比较分析、定性分析、定量分析等。除常用的战略分析方法外，还有专用的战略分析方法，如 SWOT 分析法、价值链分析法、波士顿矩阵分析法等。

1.3.3.1 SWOT 分析

1. SWOT 分析法的内涵

SWOT 分析方法，最早由美国管理学教授韦里克（H.Weihric）于 20 世纪 80 年代初所提出。所谓 SWOT 分析，就是将组织或企业主要的内部优势、劣势、机会和威胁通过调查后列举出来，并依照一定次序，按矩阵形式展示，然后在系统分析思想的指导下，把各种因素相互匹配并加以研究，进而得出一系列相应结论的一种分析方法。该分析法是战略管理中环境分析的常用方法之一。清楚的确定公司的资源优势和缺陷，了解组织或企业所面临的机会和挑战，对于制定组织或未来的发展战略有着至关重要的意义。

S（Strength 优势）是组织或企业的内部因素，如优质产品质量、有利的竞争态势、充足的财政来源、良好的企业形象、强大的技术力量和规模经济、较大的市场份额、成本优势和广告优势等。W（Weakness 弱势）也是组织或企业的内部因素，是指在竞争中相对弱势的方面，如人才缺乏、设备老化、缺少关键技术、研究开发落后、经营不善、管理混乱、资金短缺、产品积压、竞争力差等。O（Opportunity 机会）是组织或企业的外部因素，如新市场、新产品、新需求、市场壁垒解除、竞争对手失误等。T（Threat 威胁）也是组织或企业所面临的外部因素，如经济萧条、市场需求萎缩、新竞争对手不断进入、替代产品日益增多、行业政策朝不利方向变迁、客户原有偏好改变以及突发危机事件等。

2. SWOT 分析法的步骤

一般情况下，SWOT 分析法主要有以下八个步骤：

第一步：列出组织或企业的关键外部机会；

第二步：列出组织或企业的关键外部威胁；

第三步：列出组织或企业的关键内部优势；

第四步：列出组织或企业的关键内部劣势；

第五步：将内部优势与外部机会相匹配，把作为结果的 SO 战略添入格中；

第六步：将内部劣势与外部机会相匹配并记录得出 WO 战略；

第七步：将内部优势与外部威胁相匹配并记录 ST 战略；

第八步：将内部劣势与外部威胁相匹配并记录 WT 战略。

最小与最小战略（WT 战略），即主要考虑劣势与威胁因素，其目的是通过努力使这些因素的负面影响最小化。最小与最大战略（WO 战略），即着重考虑劣势因素和机会因素，目的是努力使劣势趋于最小，使机会趋于最大。最大与最小战略（ST 战略），即着重考虑优势因素和威胁因素，目的是努力使优势因素趋于最大，使威胁因素趋于最小。最大与最大战略（SO 战略），即着重考虑优势因素和机会因素，目的是在于努力使这两种因素都趋于最大。

综上可见，WT 战略是组织或企业处在最困难的情况下不得已而采取的对策，是最悲观的战略；WO 战略和 ST 战略是组织或企业处在一般情况下采取的战略，可谓是苦乐均有；SO 战略是组织或企业在最为顺畅的情况下采取的战略，是最理想的战略。

如图 1-1 所示，处在第Ⅰ象限的组织或企业，具有较多的外部机会和很好的内部竞争优势，理应当采取增长型战略。处在第Ⅱ象限的组织或企业，虽受到内部劣势的限制，却面临非常大的外部机会，理应采取转向型战略，在克服内部劣势的基础上，最大限度地利用外部环境可能带来的机会。处在第Ⅲ象限的组织或企业，外部面临强大的威胁，内部也存在较大的劣势，没有实力、也不可能实施扩张战略，应采取防御型战略。处在第Ⅳ象限的组织或企业，外部环境存在较大威胁，但具有一定的内部优势，因而应采取多样化战略。

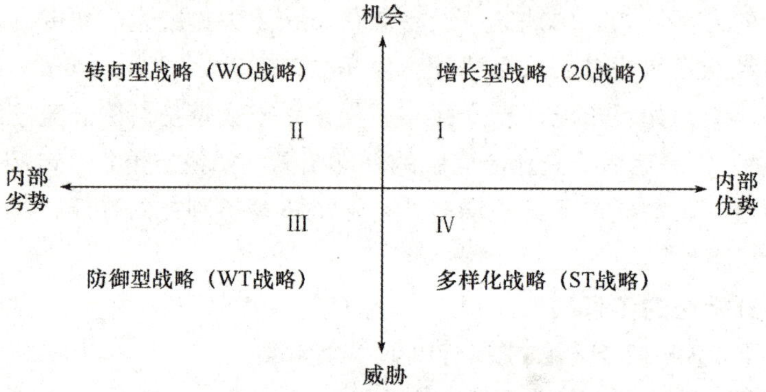

图 1-1　战略地位评估矩阵

组织或企业的战略计划能够影响组织或企业竞争优势的持续时间，主要影响的三个关键因素：第一，建立这种优势要多长时间？第二，能够获得的优势有多大？第三，竞争对手做出有力反应需要多长时间？组织或企业在维持竞争优势过程中，必须深刻认识自身的资源和能力，采取适当的措施。因为一旦组织或企业在某一领域积累了竞争优势，行业竞争对手势必会对此予以格外关注。按照一般规律而言，组织或企业在经过一段时期努力后，将会在某个或某些领域建立起竞争优势；然后，组织或企业就会处于努力维持已有竞争优势的阶段，但竞争对手的反应也会日益强烈；而后，倘若竞争对手对组织或企业的优势发起攻击，或采取其他有力策略，这种优势将会被削弱。

当然，SWOT 方法的重要贡献就在于用系统的思想将这些似乎独立的因素相互匹配起来进行综合分析，使得组织或企业战略计划的制定更加科学全面。

1.3.3.2　价值链分析法

1．价值链的内容

价值活动就是组织或企业所从事的能够带来价值增值的物质和技术等活动，它们共同为客户创造价值，最终形成组织或企业的价值链。因不同组织或企业的价值活动划分与构成不尽相同，价值链也就不可能完全一致。按照价值链理论逻辑，因经济发展和技术使用具有一定的独立性，组织或企业价值增值过程是既相互联系又相互独立的动态发展过程，正是这个发展过程使组织或企业价值链得以形成。

以制造业为例，其价值链可以分为基本活动和辅助活动两部分，而价值链的基本活动由制造企业的内、外部后勤、市场营销以及服务等构成，辅助活动由制造企业的基础设施、人力资源、技术开发以及采购等构成（图 1-2）。制造企业的每个活动都由直接创造价值、间接创造价值以及质量保证等三种活动构成。制造企业内每项活动对其创造价值和降低成本的贡献大小有所差异，且每个价值活动的成本取决于各种不同的驱动因素。降低单个价值活动成本和企业最终成本的重要因素是价值链的各种联系，而价值链各个环节的变革与创新则是企业竞争优势的来源。

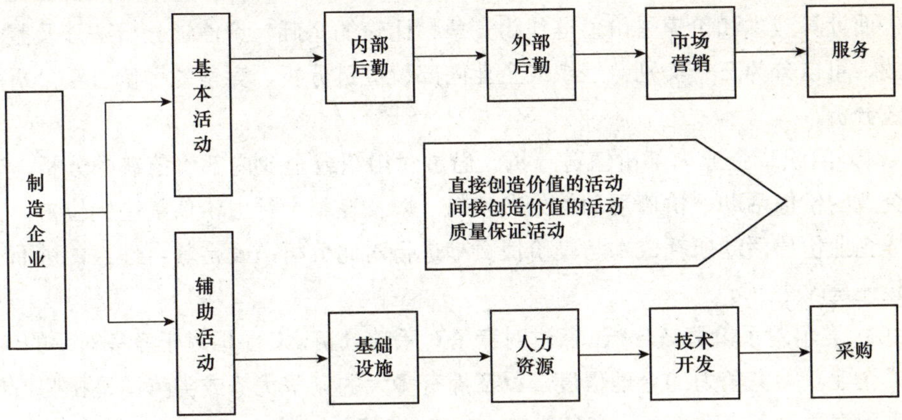

图 1-2 制造业的价值链活动

2. 价值链的特点

一般而言，企业或组织的价值链具有如下特点。

（1）分工与合作是价值链形成的基础。如果没有分工，各个价值增值环节就无法细分，价值链也就不可能存在，同时，合作是价值链中各个价值增值环节得以“链接”和连续的必要条件。而且，一个新的产业价值链的出现必然是因为出现了新的分工合作。

（2）价值链的增值性。虽然价值链前面环节投入的价值量并不一定都能在后面环节得以体现，但价值增值环节是在前面的价值产品的基础之上，进一步开发、改革、创新而实现的。价值链各个环节的分工之所以出现，是因为专业化的分工带来工作效率的改进，从而使得总的价值增值流量得到扩大。因而，增值性无疑是价值链的主要特征之一。

（3）价值链的循环性。产业价值链之间相互交织，往往呈现出多层次的网络结构。产业价值链是一个综合了原材料采购、生产、包装、销售、运送、分解和循环等活动的企业聚合体，在价值链系统中，企业通过有形交易和无形交流，实现“生产→流通→销售→服务→回收→生产”的循环过程，并在这个循环过程中实现了价值总量的增加。

（4）价值链的最终用户需求决定性。价值链增值性的实现同样需要最终用户的认可，价值链中的价值投入受最终用户需求的价值总量约束。

3．价值链分析法的类别

建立在成本分析和控制基础上的价值链分析法是一种战略性的分析工具，最初由美国哈佛商学院教授迈克尔·波特（Michael Porter）提出来，主要用来评估组织或企业当前的经营状况，评价拟定改进措施的潜在影响，寻求和确定组织或企业竞争优势。因而，价值链分析是指通过识别、确认价值活动，统驭并很好地控制成本动因，以消除不增值作业、重新配置价值链来创造可持续性竞争优势的分析方法。

组织或企业的业务要求推动了价值链的发展。价值链涉及满足特定类型客户（内部或外部）的一系列活动，为特定类型的客户或用户提供特定的工作活动是价值链分析的基础，而计算成本和价差是价值链作为竞争性比较的基础。价值链分析法涉及整个组织或企业，可以分为三个类别：组织或企业内部价值链分析、竞争对手价值链分析和行业价值链分析。

（1）组织或企业内部价值链分析。通过对组织或企业内部价值链的分析，确认组织或企业的价值活动、价值活动的分布状态，以及在整个行业价值链中的位置，并将本组织或企业价值活动所耗成本与其价值贡献进行对比分析，确定其合理性，进而决定对其消除还是改进。

（2）竞争对手价值链分析。通过对竞争对手的分析，发现相对于竞争对手的价值链。组织或企业获得竞争力的合理程度，以及拥有多大的竞争优势或劣势，是哪些价值活动或成本因素导致了合理程度、竞争优势或劣势的出现。

（3）行业价值链分析。通过对整个行业价值链的宏观分析，确定组织或企业是否需要实施纵向整合战略，或者并购上、下游供应商、购买商，或者以利益联结机制建立战略联盟以降低成本，构建竞争优势。

在有效客户反应背景下，价值链分析法为组织或企业实施有效客户反应提供了确定工作重点和战略方向的工具，同时也提供了将实际结果与目标期望进行比较的方法。当组织或企业利用价值链分析法确定其战略方向时，价值链分析法可以帮助组织或企业观察最重要的产品项目、产品品种服务，并确定如何运用有效客户反应。

4．价值链分析法的步骤

（1）前期准备阶段。在组织或企业高层管理者同意下，构建有高层管理者参与的价值链分析组织，制定数据收集计划、明确成员具体责任、安排工作计划以及确定预期结果等。

（2）确定当前成本基准。从组织或企业总账和盈亏平衡表中提取原始数据，将这些数据写入价值链分析所需的格式，并保证数据的正确性。

（3）在项目经理的统一安排下，收集主要业绩指标并完成相关业绩评估。

（4）评估有效客户反应（Efficient Consumer Response，ECR）的成熟程度。小组的所有成员和其他熟悉组织或企业情况的员工共同合作，评估各种 ECR 改进方法的成功程度，并撰写 ECR 成熟程度报告。

（5）估测成本的降低度。根据上述第（2）步和第（4）步的 ECR 成熟程度报告，组织或企业可以运行价值链分析模型以估测成本以及降低成本的机会。在此基础上，组织或企业检查估算的每种改进方法实现的成本降低程度，以保证小组的所有成员都了解估测值的形成，为相关工作奠定基础。

（6）准备最终报告。在小组发现及结论的基础上，对每种产品品种提出特定建议，包括反映组织或企业的优先行动方案的具体计划和经营目标的总体行动计划，并提供给高层管理者，作为实施 ECR 行动的基础。

1.3.3.3 波士顿矩阵

1．波士顿矩阵分析内涵

1960 年，全球闻名的美国波士顿咨询公司（BCG）在为一家造纸企业咨询时提出了波士顿矩阵分析法。波士顿矩阵是用两次衡量标准构成矩阵，分别把增长率和相对市场占有率作为战略经营领域和竞争地位的预期衡量标准。可见，波士顿矩阵分析法可视为一种投资组合分析方法。按照该分析方法，在增长率、市场占有率被计算或预估情况下，任何一个战略经营领域都能在波士顿矩阵中找出相应的位置（图 1-3）。

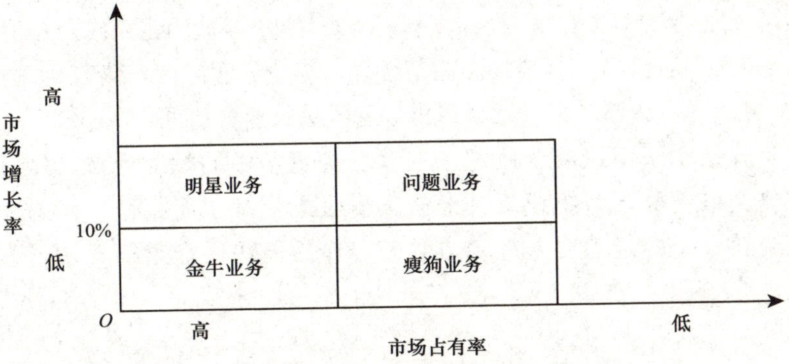

图 1-3 波士顿矩阵图

组织或企业的相对竞争地位（以市场占有率表示）和业务增长率（以市场增长率表示）决定了组织或企业业务组合中的某一特定业务应当采取何种战略，这是波士斯矩阵分析的假设前提。在图 1-3 中，矩阵的横轴表示组织或企业在整个行业中所占有的相对市场份额，其分界线为 1.0~1.5，划分出高、低两个区域；市场增长率以纵轴进行表示，在分析中通常用 10% 作为增长高、低的界限。

2．波士顿矩阵分析步骤

如图 1-3 所示，根据有关业务的行业市场增长率和组织或企业相对市场份额标准，波士斯矩阵可以把组织或企业全部的经营业务定位在四个区域中，即“问题业务”“明星业务”“金牛业务”和“瘦狗业务”。

（1）“问题业务”。“问题业务”是指处于高增长、低竞争地位的业务。通常情况下，“问题业务”的现金流量最糟糕。新创时期的组织或企业需要大量的投资，且其相对市场份额也非常低，能够生成的资金流极其有限。因此，在该状态下，组织或企业需要仔细考量“问题业务”的进一步投资，需要全面判断使其转变到“明星业务”所需要投资量，以及未来可能的盈利，进而判断其是否值得投资。

（2）“明星业务”，即高增长、强竞争地位的业务。“明星业务”处于市场份额尚有限，但增长迅速的市场状态。在组织或企业的全部业务当中，“明星业务”在增长和获利上有着非常好的长期机会，但它们同时也是占用了大量的投资。为保护或扩展“明星业务”在增长的市场中占主导地位，组织或企业应继续优先将资源配置给它们，支持其发展与扩张。

（3）“金牛业务”，即低增长、强竞争地位的业务。“金牛业务”处于成熟、低速增长的市场之中。此状态下，组织或企业业务市场地位有利，盈利能力很强，业务本身不仅不需要投资，而且能为组织或企业提供大量资金收入，支持组织或企业其他业务的开展。

（4）“瘦狗业务”，即低增长、弱竞争地位的业务。“瘦狗业务”处于饱和的市场当中。此状态下，组织或企业的业务竞争激烈，赢利能力很差，不能成为组织或企业资金的来源。即使此类业务尚能自我维持，也要加强内部管理，缩小经营范围。倘若此类业务已经完全失败，组织或企业应果断决策，及早退出经营或进行业务清理。

波士顿矩阵指明了组织或企业每个经营业务竞争中的相对地位，使其了解每个经营业务的作用或任务，为组织或企业有限资金运用提供了指南。同时，波士顿矩阵将组织或企业不同的经营业务综合放置在一个矩阵中，非常简单明了，便于企业决策。

1.4 研究内容及其分析框架

1.4.1 研究内容

除绪论外，本研究主要由五个战略组成，具体如下。

（1）战略之一：标准化战略。包括农村公共危机防控的标准化路径；标准化战略实施的信息化支撑；分类分级标准化案例。

（2）战略之二：“互联网＋应急产业”发展战略。包括“互联网＋应急产业”新概念；农村公共危机防控的“互联网＋应急产业”；“大数据＋应急产业”的战略构设。

（3）战略之三：智慧农村战略。包括从“智慧城市”到智慧农村建设；农村公共危机防控的智慧农村建设。

（4）战略之四：人才制胜战略。包括农村公共危机防控人力资源；危机预警人才：基于数据的反映；危机处理应变人才：灵敏、果敢、坚毅；危机善后人才：责任担当。

（5）战略之五：信息化示范省建设。包括农村农业信息化示范省建设工程；大数据支撑信息化示范省建设；农村公共危机防控与信息化示范省建设。

1.4.2 分析框架

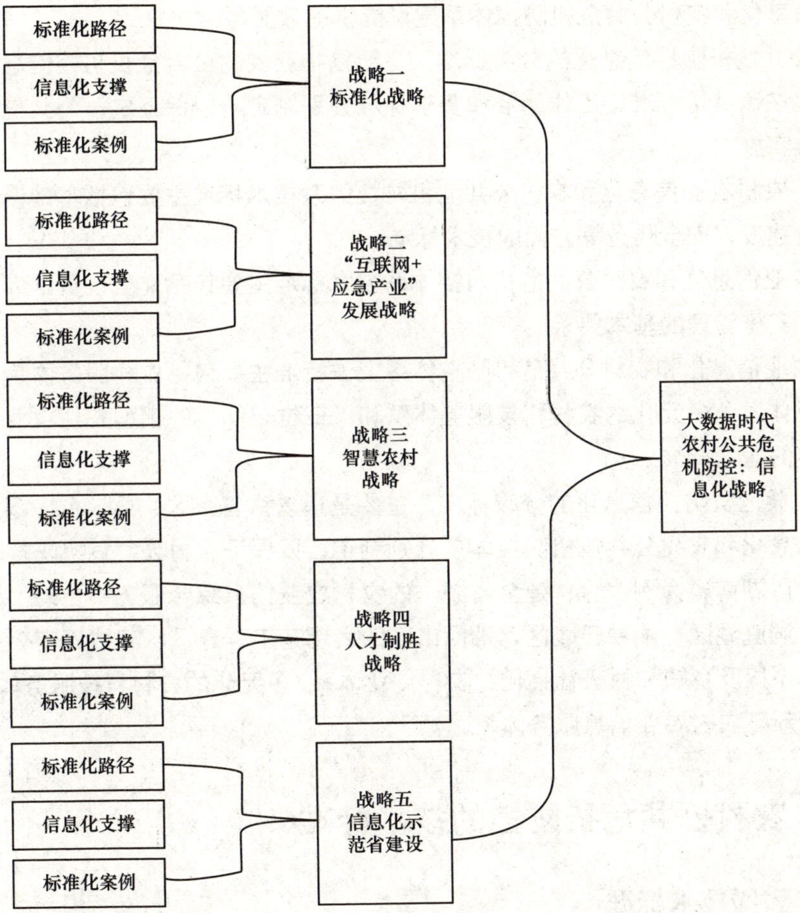

第2章 战略之一：标准化战略

2.1 农村公共危机防控信息化的分类分级标准

以“统一领导，统一规划，统一标准，整合资源”为指导思想，按照技术合理，方便实用，便于理解，易于操作的原则来分类制定相应标准，以为省、县、乡（镇）和村、农村农业信息化和农村公共危机防控体系建设提供有效服务。

农村公共危机防控信息化的分类标准，主要是指在农村公共危机防控信息化标准化战略中，要按照技术标准、工作标准和管理标准分别制定，以保证农村公共危机防控信息化的有效实施。

其中，农村农业信息化和农村公共危机防控体系技术标准主要包括基础设施、资源共享、平台建设、安全防范等方面的技术标准。

农村农业信息化和农村公共危机防控体系技术标准主要包括岗位设置、人员管理、工作内容、实施管理的基本要求。

农村农业信息化和农村公共危机防控体系工作标准主要包括农村服务体系、社会化的农村创业体系、多元化的农村科技服务体系和“三位一体”的新型农村农业信息服务体系过程中的管理标准。

农村公共危机防控信息化的分级标准，主要是指以为省、区、县、乡（镇）和村、农村农业信息化和农村公共危机防控体系分别制定，以保证农村公共危机防控信息化的因地制宜。以湖南省为例，除构建全省统一的农村农业信息综合服务平台外，还需打造长株潭区、洞庭湖区、湘中丘陵区、湘西山区四大示范工程建设，建成湖南公益化县域农村服务体系以及乡镇和村级社会化的农村创业体系、多元化的农村科技服务体系和“三位一体”的新型农村农业信息服务体系。

2.2 农村公共危机防控的技术标准

2.2.1 省级技术标准

为促进湖南省农村农业信息化和农村公共危机防控体系建设，按照分类分级标准化路径要求，需要建设覆盖省、县、乡（镇）和村四级农村农业信息网络系统。为确保农村农业信息网络系统整合提升、高效实用和稳定安全，以“统一领导，统一规划，统一标准，整合资源”为指导思想，按照技术合理，方便实用，便于理解，易于操作的原则来制定标准，以为省、县、乡（镇）和村、农村农业信息化和农村公共危机防控体系建设提供相应指导。

2.2.1.1 基本概要

1．总则

农村公共危机防控的技术标准应包含农村农业信息化和农村公共危机防控体系示范建设的基础设施、资源共享、平台建设、安全防范等方面的技术标准。并且符合以下规范性引用文件：《中华人民共和国行政区划代码》工程、湖南省国家农村农业信息化示范省建设示范《湖南省国家农村农业信息化示范点工作领导小组省建设实施方案》、湖南省人民代表大会常务委员会《湖南省信息化条例》、工信部、农业部、科技部、商业部、文化部《农村农业信息化行动计划（2010—2012 年）》《术语工作词汇第 1 部分：理论与应用》（GB/T 15237.1—2000）、《计算机场地通过规范》（GB/T 2887—2011）、《电子信息系统机房设计规范》（GB/50174—2008）、《信息技术 开放系统互连基本参考模型第 1 部分：基本模型》（GB/T9387.1—1998）、《通信线路工程验收规范》（YD 5121—2010）、《数字通信用对绞 / 星绞对称电缆》[YD/T 838.1—4（2003）]、ISO/IEC IS11801《用户建筑综合布线》、ANSIFDDI《光纤分布式数据接口高速局域网标准》、ANSITPDDI《铜线分布式数据接口高速局域网标准》、IEEE802.3《CSAM/CD 接口方式》、IEEE802.5《令牌环接口方式》、TSB—67UTP《布线系统传输性能测试标准》。

2．基本概念

（1）三网融合。为加大农村信息通道的建设力度，探索一条低成本高效率的农村信息通道建设路径，实现“电信网、广电网、互联网”三网融合和资源共享，以及广电和电信业务的双向进入，避免重复建设，提高信息通道利用率与设施水平。

（2）横向网络结构。按照“统一接入、单点登录、开放接口、资源共享”的原则，实现湖南涉农局域网的网际互联，以实现农村民生、农村科技、农村商务、农村政务、农村金融五大服务能力的提升。

（3）纵向网络结构。由省、县、乡、村四级构成的全省农村农业信息资源服务网络。

2.2.1.2 网络建设原则和基本程序

1．建设原则

湖南省国家农村农业信息化和农村公共危机防控体系示范省建设应遵从以下原则。

（1）底层设计高度集成化，各类数据、计算、共享高度统一，不同于单类应用的简单连接。

（2）采用先进和稳定的 IT 开发平台，系统稳定、安全、灵活、可扩充。

（3）以需求定应用，以应用选平台。

2. 基本程序

湖南省国家农村农业信息化和农村公共危机防控体系示范省建设应该经过需求调研、初步方案设计、安全保密方案设计、详细方案设计、网络互联、系统验收和系统运行等阶段。

（1）需求调研：了解现状及需求，研究必要性和可行性，编制需求分析报告。

（2）初步方案设计：根据需求分析报告进行规划，制定初步设计方案。初步设计方案应该包括农村农业信息技术现状，农村农业信息技术发展目标和任务，系统总体结构，网络管理和安全，财务预算，人员安排和实施计划等内容。初步方案须通过专家评审。

（3）安全保密方案设计：安全保密方案应当包括加密机和防火墙等安全产品的技术指标、采购方案等内容，安全保密方案须经过专家评审，并通过安全保密部门的批准。

（4）详细方案设计：详细方案是对初步方案的进一步细化，以此为基础应能进行湖南省国家农村农业信息化和农村公共危机防控体系示范省建设。详细方案应当包括基础设施要求、信息共享技术、信息平台技术、信息安全技术的建设规划和进度安排等内容。

（5）网络互联：安装网络接入设备、安全保密设备以及相关软件系统等。

（6）系统验收：测试、联调、试运行、验收，编写湖南省国家示范省建设技术验收文档。

（7）系统运行：在试运行的基础上，湖南省国家农村农业信息网络系统正式投入运行。

2.2.1.3 基础设施标准

（1）长株潭区本着“高起点，高标准”的建设思路，重点开展“三网融合”通道建设和“猪网”“种网”“米网”等“三产融合”应用示范，以及“休闲农业、红色旅游”乡村信息化建设示范，以现代服务引领现代农业发展，探索新型农村农业信息服务模式，逐步推广到全省，避免重复建设，提高信息通道利用率与设施水平。

（2）围绕洞庭湖生态区现代农业发展，推进以物联网技术为代表的现代信息技术在养殖业、农资配送、农产品物流、农业灾害预警预报等领域的应用与示范。选择远程教育设施齐全、农村农业信息化和农村公共危机防控体系基础设施良好的重点县（市、区）、龙头企业，开展现代农业物联网示范工程，为现代信息技术促进现代农业发展树立样板。

（3）湘中南丘陵区开展“农村电子商务”信息化示范工程建设，推进农村中小企业信息化，以农村电子商务带动区域经济发展，为现代服务业引领现代农业发展树立样板。

（4）湘西山区以建设农民远程培训、农业新技术应用、阳光政务、农村民生服务等信息化示范为重点，利用电子政务开展“改善农村民生、建设服务型政府、加强农村维稳、民主化管理和农村社会保障体系”等农村民生服务，完善农村低保、社保、三金、粮食直补、良种补贴、农机补贴、农民科技培训补贴等方面的公开透明机制，以“农村民生服务”信息化示范工程建设，带动农村农业信息化和农村公共危机防控体系工作的深入开展，为城乡统筹发展树立样板。

2.2.1.4　信息共享技术标准

1．横向网络结构标准

（1）按照“统一接入、单点登录、开放接口、资源共享”的原则，实现湖南涉农的“三网融合”以及各网的网际互联。

（2）建立全省农村信息资源统一发布和展示的省级综合信息服务平台，在不改变原网站的前提下，实现自动链接，用户通过平台门户，以链接方式接受“农技、农政、农资、农商、农金”等信息服务。

（3）“三网”中各涉服务平台，通过“省级农村农业综合信息服务平台”实现无缝对接，并有专门部门进行维护、管理和监督。

（4）全省农村信息资源网际互联协议选择 TCP/IP 协议。

2．纵向网络结构标准

（1）每个县级农村农业信息服务内部局域网节点和省级农村农业综合信息服务平台内部局域网节点的出口处，必须同时安装路由器、防火墙和加密机等网络接入设备和安全设备，并进行全省统一的安全策略制定、管理和加密隧道的建立以及全网设备的鉴别、认证和密钥分发。

（2）在湖南省国家农村农业信息化和农村公共危机防控体系示范省建设领导小组内部局域网中心节点设立省级农村农业综合信息服务平台管理中心，统一管理直接通过 DDN 或帧中继专线接入内部局域网的县级农村农业信息服务管理部门和全省农村农业信息资源服务中心直属单位的内部局域网节点。

（3）在省级农村农业综合信息服务平台管理中心建立全省统一的数字认证中心，为用户和系统服务提供数字证书签名、分发、管理和注销以及数据加密和身份认证等服务。

2.2.1.5　信息平台技术标准

1．网络平台标准

网络平台应优先考虑网络选型。网络平台应包括网络传输设备、交换设备、网络服务器、存储设备、综合布线系统等内容。各单位可根据需求和应用自行选用相应设备及相关技术，但所选设备和技术要经济、实用，方便升级。

（1）网络结构可根据具体情况选用星型、总线型或混合型拓扑结构，支持或扩展后能够支持三层交换技术，湖南农村农业信息网须支持以太网协议，网络主干的传输速率不低于 100 Mbit/s，到桌面的传输速率不低于 10 Mbit/s。

（2）服务器端均应配备速率不低于 100 Mbit/s 的网络接口卡。客户端应尽量选用兼容性强的网卡，并且传输速率不低于 10 Mbit/s，总线类型应能适应网络整体性能。

（3）网络交换设备应能支持或扩展后支持文字、图形、图像、音频、视频等多媒体数据的传输。网络交换设备应具备或扩展后具备三层交换功能和 VLAN 划分功能。

（4）网络服务器可在充分考虑用户数、并发用户数、应用系统的重要性及使用率等指标的基础上灵活选用 PC 服务器、工作站或小型机，中小型网络可选择 PC 服务器；大型网络可选择小型机。PC 服务器可安装 Windows NT Server 4.0 以上版本操作系统；小型机可安装 UNIX 类型操作系统。

（5）存储设备可根据实际需求选用合适的存储设备，如大容量硬盘、磁盘阵列、带库等。

2. 服务平台标准

省级综合信息服务平台主要由交互平台、应用服务平台、基础服务平台、业务数据库平台、云计算硬件资源平台五个子平台构成。

（1）交互平台：为全省农村信息资源统一发布和展示的窗口，包括数字门户、多媒体呼叫中心、产业社区、乡镇网站群等，主要为广大农村从业者和农村管理者提供信息服务。用户可以通过交互平台实现农业资讯、在线咨询、信息查询、远程诊断、农技培训、知识推送、社情民意调查、乡镇信息服务等服务功能。

（2）应用服务平台：以应用支撑系统为基础，集成农业农村、医疗卫生、气象预警、农业灾害预测、防汛抗洪、文化资源共享、远程教育等系统，开发生猪、柑橘等专业信息系统，为百万农户和万家企业提供各类应用服务。

（3）基础服务平台：为平台建设提供应用支撑框架和底层通用服务，主要由应用与数据集成系统、统一认证系统、知识库系统、内容管理系统、节目制作系统、工作流系统、电子交易系统和集成第三方支付等几部分构成。

（4）业务数据库平台：是整个平台的基础，为综合服务平台内各个业务子系统提供数据存储的场所，主要由配套农业知识库的数据库及业务子系统的数据库、通过应用与数据集成系统集成过来的外部数据库等。

（5）云计算硬件资源平台：是构成农村信息化综合服务平台的基础网络硬件环境，云计算硬件资源平台主要由计算、存储、网络、安全几大模块组成，可分为基础设施平台、数据中心资源池、资源池管理平台。

2.2.1.6 信息安全技术标准

信息安全技术指运用防火墙、代理服务器、加密机等设备，确保信息安全而采用的数据包过滤、数据加密及身份认证、入侵检测、病毒防治、内部地址转换和数据备份等多种技术。

（1）接入设备主要指路由器，安全保密设备主要指加密机和防护墙等。所选安全保密设备必须同时具备公安部的生产许可证、保密局的推荐证书和国家信息网络安全产品检测中心的认证证书。

（2）路由器需性能稳定，易于管理。支持或扩展后支持文本、图像、图形、音频和视频等多媒体信息的传输。速率不低于 100 M。支持两个以太网接口和至少两个广域网接口。

（3）加密机的传输速率不低于 2 M，支持对称和不对称两种加密算法。不对称加密算法的密钥长度不低于 128 位。

（4）防火墙应能提供地址过滤、安全代理和数据状态检测等安全机制，支持地址转换协议，速率不低于 100 M。

（5）安装入侵检测系统，对网络攻击和非法扫描适时检测，及时报警。

（6）系统安全可以采用双机热备或系统备份的方法；数据安全可以采用定期进行增量备份或完全备份的方法，重要数据要异地备份。

2.2.2 乡镇级技术标准

湘西山区“农村民生服务”农村农业信息化示范工程建设乡级技术标准

（一）范围

本标准包含湘西山区“农村民生服务”信息化示范工程乡建设的基础设施、资源共享、平台建设、安全防范等方面的技术标准，适用于湘西山区乡农村农业信息化示范建设。

（二）引用标准

下列文件中的条款通过本标准的引用而成为本标准的条款。凡是注日期的引用文件，其随后所有单（不包括勘误的内容）或修订版均不适用于本标准。然而，鼓励根据本标准达成协议的各方研究是否可使用这些文件的最新版。凡是不注日期的引用文件，其最新版本适用于本标准。

（1）GB/T 2260—2007 《中华人民共和国行政区划代码》。

（2）湖南省国家农村农业信息化示范省建设试 《湖南省国家农村农业信息化示范点工作领导小组省建设实施方案》。

（3）湖南省人民代表大会常务委员会 《湖南省信息化条例》。

（4）湖南省科技厅、湖南农业大学 《湘西山区“农村民生服务”农村农业信息化示范工程建设技术标准》。

（5）工信部、农业部、科技部、商业部、文化部 《农村农业信息化行动计划（2010—2012年）》。

（6）GB/T 15237—1994 《术语学基本词汇》。

（7）GB 2887—1989 《计算机站场地技术条件》。

（8）GB 50174—1993 《电子计算机房设计规范》。

（9）YD/T5040—2005 《通信电源设备安装设计规范》。

（10）idt ISO 7498：1984 《信息处理系统 开放系统互连 基本参考模型》。

（11）YD/T5097—2001 《接入网工程设计规定》。

（12）YD17 5138—2005 《本地通信线路工程验收规范》。

（13）YDT 838 《数字通信用对绞 / 星绞对称电缆》。

（14）ISO/IEC IS11801 《用户建筑综合布线》。

（15）ANSIFDDI 《光纤分布式数据接口高速局域网标准》。

（16）ANSITPDDI 《铜线分布式数据接口高速局域网标准》。

（17）IEEE802.3 《CSAM/CD 接口方式》。

（18）IEEE802.5 《令牌环接口方式》。

（19）TSB—67UTP 《布线系统传输性能测试标准》。

（三）术语

本规范采用下列定义。凡在本规范中使用但未定义的术语按相关国家标准或规范解释，无相关国家标准或规范的，按学术界惯例解释。

1．基层党建手机信息系统

充分发挥好湖南省委组织部管理的基层党建工作手机信息系统的作用，不断完善和拓展系统功能，实现移动、电信、联通等不同制式手机网络的互联互通，根据需要扩充相关基层党员数据库，开通手机彩信、手机报等服务，用好用活基层党建工作手机信息系统，创新和加强农村基层党建工作，扩大党的工作的影响力和覆盖面，增强基层党建工作的时效性和针对性，拓宽基层诉求表达渠道。

2．乡镇科技信息窗口

采取政府引导与市场运作相结合的方式，依托具有较好信息设备条件和较强信息化服务能力的乡镇信息服务站点，通过科技信息发布平台及时向龙头企业、农村专业技术协会和广大农户提供生产经营技术信息、农业新品种信息、农产品和农用物资供需信息及其他相关的涉农信息。

3．短信信息通道

在乡镇信息服务站建立短信信息通道。短信信息发布灵活方便，成本低廉，可以针对不同对象，不同人群进行发布，甚至可以对在全国各地打工的本乡镇居民发布，也可对外地进入本乡镇范围的人员发布，农村充分发挥短信信息通道的作用，是低成本普及农村信息化的有效手段。

（四）网络建设原则和基本程序

1. 建设原则

（1）底层设计高度集成化，各类数据、计算、共享高度统一，不同于单类应用的简单连接。

（2）采用先进和稳定的IT开发平台，系统稳定、安全、灵活、可扩充。

（3）以需求定应用，以应用选平台。

2. 基本程序

湘西山区“农村民生服务”应用示范工程建设应该经过需求调研、初步方案设计、安全保密方案设计、详细方案设计、网络互联、系统验收和系统运行等阶段。

（1）需求调研：了解现状及需求，研究必要性和可行性，编制需求分析报告。

（2）初步方案设计：根据需求分析报告进行规划，制定初步设计方案。初步设计方案应该包括农村农业信息技术现状，农村农业信息技术发展目标和任务，系统总体结构，网络管理和安全，财务预算，人员安排和实施计划等内容。初步方案须通过专家评审。

（3）安全保密方案设计：安全保密方案应当包括加密机和防火墙等安全产品的技术指标、采购方案等内容，安全保密方案须经过专家评审，并通过安全保密部门的批准。

（4）详细方案设计：详细方案是对初步方案的进一步细化，以此为基础应能进行湘西山区“农村民生服务”应用示范工程建设。详细方案应当包括基础设施要求、信息共享技术、信息平台技术、信息安全技术的建设规划和进度安排等内容。

（5）网络互联：安装网络接入设备、安全保密设备以及相关软件系统等。

（6）系统验收：测试、联调、试运行、验收，编写湘西山区“农村民生服务”应用示范工程建设技术验收文档。

（7）系统运行：在试运行的基础上，湘西山区“农村民生服务”应用示范工程建设网络系统正式投入运行。

（五）基础设施要求

（1）应用3G、IPTV，形成一条低成本、快速便捷的信息服务高速通道，湘西农村基本实现有线宽带100M光纤到村，实现基于2G+3G+WiFi的无线网络全覆盖，全面支撑农村互联网发展需要，3G移动通信覆盖所有乡镇，宽带接入能力达到100M。

（2）建立健全湘西山区“农村民生服务”乡（镇）农村农业信息化网站和网络系统。

（3）网络设备包括网络服务器、路由器、网络交换机、集线器和网卡等设备。

（六）信息共享技术

1．横向网络结构

（1）突出“农村民生服务”，按照“统一接入、单点登录、开放接口、资源共享”的原则，实现涉农网站与网络的网际互联。

（2）建立湘西山区“农村民生服务”乡镇农村农业电子信息服务平台及网络，以原涉农网站为基础，统一格式，自动链接，将农民远程培训、农村新科技应用与推广、阳光政务、农村民生服务等纳入该平台和网络。

（3）湘西山区乡级“农村民生服务”的农村信息资源网际互联协议选择TCP/IP协议。

2．纵向网络结构

（1）湘西山区“农村民生服务”的农村农业信息服务平台设计采用浏览器+服务器（Web服务器+数据库服务器）的B/S结构网络数据库技术。

（2）Web服务器应用平台设计选用IBM X260服务器，使用Linux操作系统，Web服务器软件设计使用Tomcat，数据库服务器设计选用SUN公司的V系列小型机作为硬件平台，操作系统采用Solaris 10，数据库软件采用Oracle 10g。

（3）设立湘西山区乡级“农村民生服务”的农村农业信息资源服务网络管理中心，统一管理直接通过DDN或帧中继专线接入内部局域网的县级农村农业信息服务管理部门和全省农村农业信息资源服务中心直属单位的内部局域网节点。

（七）信息平台技术

1．网络平台

网络平台应优先考虑网络选型。网络平台应包括网络传输设备、交换设备、网络服务器、存储设备、综合布线系统等，相关设备及技术要经济、实用，方便升级。

（1）网络选型以实用为主，兼顾发展，根据网络流量决定中心交换机的交换能力。网络中心交换机，应采用具有光纤接口、三层交换的可网管交换机。网络中心交换机推荐使用国际、国内知名品牌产品；终端交换机根据信息点数选用相应交换机。对可能有视频信息、工业控制信息传递的链路建议考虑使用具有可网管能力的交换机。

（2）服务器端均应配备速率不低于100 Mbit/s的网络接口卡。客户端应尽量选用兼容性强的网卡，并且传输速率不低于10 Mbit/s，总线类型应能适应网络整体性能。

（3）网络交换设备应能支持或扩展后支持文字、图形、图像、音频、视频等多媒体数据的传输。网络交换设备应具备或扩展后具备三层交换功能和VLAN划分功能。

（4）网络服务器可在充分考虑用户数、并发用户数、应用系统的重要性及使用率等指标的基础上灵活选用PC服务器、工作站或小型机，中小型网络可选择PC服务器；大型网络可选择小型机。PC服务器可安装windows NT Server 4.0以上版本操作系统；

小型机可安装UNIX类型操作系统。

（5）存储设备可根据实际需求选用合适的存储设备，如大容量硬盘、磁盘阵列、带库等。

2．服务平台

服务平台主要包括Internet服务、多媒体信息检索、视频点播、信息广播、远程计算、事务处理以及其他信息服务等。其中，Internet服务包括DNS服务、E-mail服务、Web服务和FTP服务等。内网中具体应提供何种服务，各单位或部门根据业务需求选用，但应包括DNS服务、E-mail服务和Web服务。

（1）农村农业信息网站服务界面除去常规栏目外，主要应涵盖以下四类内容：

对外宣传类，内容包括乡镇农业、名优特产、企业展台、联系信息等。

政务新闻类，内容包括农业动态、政务公开、网上办事等。

法规科技类，内容包括政策法规、农村科技、农业产业化、农业标准化、农业信息化、防汛抗旱信息等。

市场交互类，内容包括供求热线、市场行情、网上交易等。

（2）Web服务宜采用以关系数据库管理系统为核心，以浏览器为表现层，以Web服务软件为中间层的三层体系结构，不宜采用只用浏览器和Web服务软件的两层结构模型。Web服务软件和关系数据库管理系统应尽量安装在不同的服务器上。

（3）Web服务应集成动态网页发布和制作技术，支持本网站的全文检索，为用户提供方便的农村农业信息服务。

（4）Web服务应集成Web GIS管理平台，以方便农村农业信息资源空间数据的管理、维护和发布。

3．开发平台

开发平台主要包括数据库开发工具、GIS开发工具、Web开发工具、多媒体创作工具和编程语言开发工具等，各单位或部门根据开发需求自行选用。

（八）信息安全技术

信息安全技术指运用防火墙、代理服务器、加密机等设备，确保信息安全而采用的数据包过滤、数据加密及身份认证、入侵检测、病毒防治、内部地址转换和数据备份等多种技术。

（1）网络安全，建立网络查杀病毒，升级、全网查杀。

（2）采取有效措施将企业内部网络与外界网络有效隔离，干线网络等重要设备使用UPS（不间断电源）进行断电保护，避免因电源故障造成的损失。干线网络设备有专人巡检。关键设备应考虑备份配置，避免在设备发生故障时对系统造成更大影响。

（3）加强机房安全防范，机房应有严格的规章制度，指定专人巡检。防止未授权人员与设备接触。注意接地保护及设备器材的安全，保证机房的环境温度和湿度，加强防火工作。

（4）防火墙应能提供地址过滤、安全代理和数据状态检测等安全机制，支持地址转换协议，速率不低于100 M。

（5）安装入侵检测系统，对网络攻击和非法扫描适时检测，及时报警。

（6）系统安全可以采用双机热备或系统备份的方法；数据安全可以采用定期进行增量备份或完全备份的方法，重要数据要异地备份。

2.3 农村公共危机防控的工作标准

2.3.1 省级工作标准

（一）基本概要

1．总则

农村农业信息化和农村公共危机防控体系建设的工作标准主要包括岗位设置、人员管理、工作内容、实施管理的基本要求。

农村农业信息化和农村公共危机防控体系建设的工作标准需符合下列规范性引用文件：

（1）GB/T 4754《国民经济行业分类》。

（2）GB/T 12366—2009《综合标准化工作指南》。

（3）GB/T 20000（所有部分）《标准化工作指南》。

（4）GB/T 20001（所有部分）《标准编写规则》。

（5）GB/T 20002（所有部分）《标准中特定内容的起草》。

（6）GB 9385—2008《计算机软件需求规格说明规范》。

（7）《建筑与建筑群综合布线系统设计规范》。

（8）GB 50174—2008《电子信息系统机房设计规范》。

（9）GB 17859—1999《计算机信息系统 安全保护等级划分准则》。

（10）YD/T 926.1—2009《大楼通信综合布线系统》。

（11）GB 9254—2008《信息技术设备的无线电骚扰极限值和测量方法》。

（12）《信息化工程监理规范》。

（13）《计算机信息系统国际联网保密管理规定》。

（14）《计算机病毒防治管理办法》。

（15）湖南省国家农村农业信息化示范省建设试点工作领导小组《湖南省国家农村农业信息化示范省建设实施方案》。

（16）湖南省人民代表大会常务委员会《湖南省信息化条例》。

（17）工信部、农业部、科技部、商业部、文化部《农村农业信息化行动计划（2010—2012年）》。

2．基本概念

（1）工作标准（Duty standard）。对农业信息化标准领域中需要协调统一的工作事项所制定的标准。

注："工作事项"主要指在执行相应管理标准和技术标准时与工作岗位的职责、岗位人员基本技能、工作内容、要求与方法、检查与考核等有关的重复性事物的概念。

（2）咨询（Reference）。通过专业人员的答复和指导，帮助用户解决信息问题的一种专门咨询活动。

（3）信息服务（Information service）。信息服务是指通过研究用户、组织用户、组织服务，将有价值的信息传递给用户，最终帮助用户解决问题。从这一意义上看，信息服务实际上是传播信息、交流信息，实现信息增值的一项活动，包括良种服务、农资服务、农技服务、培训服务、信息服务、流通服务等方面的内容。

（4）审核（Audit）。审核是为获得证据和客观评价所确定的准则是否被满足的系统、独立和文件化的验证过程。审核是一个"判定"的验证过程，这意味着审核需要确定审核准则、界定审核范围，对所需要的信息进行收集、分析、说明。审核也是一个系统化的验证过程，需采用一定的方法和程序。

（5）监督（Supervise）。对信息化建设工程中或某一特定环节、过程进行监视、督促和管理，使其结果能达到预定的目标。

（二）基本原则

湖南省国家农村农业信息化和农村公共危机防控体系建设应遵从以下原则。

（1）各级各部门工作人员的高度协调统一。

（2）各级资金配置应发挥高效性。

（3）使农业信息化服务保持持续健康的发展。

（4）符合相关制度和法规，适合公共管理的特点。

（三）组织机构

1．农村农业信息化和农村公共危机防控体系领导机构

（1）设立湖南省国家农村农业信息化和农村公共危机防控体系领导小组，领导小组为信息化工作的决策机构，统一归口管理、指导、协调和监督农村农业信息化和农村公共危机防控体系建设工程。

（2）以湖南省省委书记为农业信息化工作主要领导人，负责统筹安排全省农村农业信息化和农村公共危机防控体系建设工程。领导小组由湖南省省委书记任组长，组员包括省委常委任副组长，省科技厅、省委远教办、省经信委、省财政厅、省水利厅、省农业厅、省林业厅、省商务厅、省卫生厅、省广电局、省供销社、省农科院、省气象局、

省通信管理局、湖南电信、湖南移动、湖南联通、湖南农业大学、中南林业科技大学、长沙市人民政府等有关部门和单位为成员的湖南省国家农村农业信息化和农村公共危机防控体系科技示范省建设试点工作领导小组。

2．农村农业信息化和农村公共危机防控体系建设工作组

成立了农村农业信息化和农村公共危机防控体系建设工作组，省科技厅牵头，由科技厅、远教办、省农办、经信委、农业厅等20个部门和单位有关处室主要负责同志组成（办公室设科技厅）。

3．农村农业信息化和农村公共危机防控体系建设专家组

成立农村农业信息化和农村公共危机防控体系建设专家组（以下简称“工作小组”）。由省科技厅牵头，由农业、信息化领域专家学者组长，主要负责农村农业信息化和农村公共危机防控体系建设的指导工作，同时还聘任国家农村信息化相关专家等作为专家组成员，参与指导农村农业信息化和农村公共危机防控体系建设工作。

（四）工作职责与工作内容

1．领导机构工作职责与内容

（1）工作职责。

①领导小组各成员单位要落实任务分工，开放涉农专业信息资源，加快资源整合与共享。

②建立健全农村农业信息化和农村公共危机防控体系合作协调议事机制，形成多部门共同推进的协作机制。

③领导小组成员应制定各部门工作制度。

④领导小组办公室负责协调各成员单位。

⑤履行综合协调职责，在人才、资金、政策、宣传等方面提供保障。

（2）工作内容对农村农业信息化和农村公共危机防控体系工作实行统一部署、组织，其主要工作内容包括以下几个方面：

①根据国家农村农业信息化和农村公共危机防控体系工作的方针、政策，对全省信息化工作进行统一领导和管理。

②审定信息化工作的发展规划、年度计划和有关规章制度。

③研究、审定并发布信息化建设工作的相关文件。

④研究、审批重大农村农业信息化和农村公共危机防控体系工程项目。

⑤开展对信息化工作的检查、协调和监督。

2．示范省建设工作组工作职责与内容

（1）工作职责。主要工作职责是负责具体推进湖南省国家农村农业信息化和农村公共危机防控体系示范省建设的各项工作，在信息管理过程中与相关部门沟通和协作，统管全省农村农业信息化和农村公共危机防控体系工作。

（2）工作内容。

①争取国家有关部委对示范省建设的支持与指导。

②协调省内各参与部门、单位共同推进示范省建设。

③明确资源整合内容，搞好工作层面衔接。

④解决示范省建设工作中遇到的具体问题。

⑤负责农村农业信息化和农村公共危机防控体系管理的发展战略、总体规划等重大问题的调查研究，负责起草信息化发展的战略、规划，向领导小组提出建议。

⑥落实领导小组的决议，组织完成领导小组交办的其他工作。

⑦负责审核计算机软、硬件配置及设备的选型，对一定标准内的信息化软、硬件设施购置进行审批。

3．示范省建设专家组工作职责与内容

（1）工作职责。主要工作职责是指导省国家农村农业信息化和农村公共危机防控体系示范省建设过程中的问题，增进信息化战略决策的科学化和民主化，积极有效地推动信息化发展进程。

（2）工作内容。

①按照信息化领导小组要求，就提交信息化领导小组审议的重要文件进行会前咨询评议。

②负责组织有关专家，接受信息化领导小组的咨询，就我省信息化发展中的重大问题提出建议。

③对信息化发展战略、政策和规划提出意见和建议。

④以独立研究为主的工作办法，发挥专家个人专长与集体智慧，通过深入开展调查研究，提供政策研究报告和发布信息等形式开展工作。

⑤不定期编发《信息化决策参考》，向信息化领导小组报告信息化战略问题研究成果，反映委员提出的重要意见和建议。

（五）岗位设置

从事农村农业信息化和农村公共危机防控体系工作，全省需要一个高效的组织体系。

1．省级综合信息服务平台

突出体现“平台上移”“一线牵两头”“共建一座庙，各拜各的神”的设计理念，通过系统集成，实现全省各类涉农信息资源的分布式共享，构建“一体两翼”的农村农业综合信息服务平台，完善与提升农村党员干部现代远程教育、农信通、科通信、供销通、网上供销社、呼叫热线等服务功能。

（1）综合信息服务平台维护人员的职责与权限。

①计算机及软件正常使用负责。

②网站的正常运行及安全负责。

（2）综合信息服务平台维护人员的工作内容与要求。

①负责所有计算机硬件及软件的安装。

②升级病毒库和需要更新的软件。

③熟练处理各类电脑故障，确保办公正常。

④负责网络中心机房网络设备（如网络交换机、服务器、防火墙、路由器、网络测试仪器仪表等）的维护与管理。

⑤根据统一制定的网络运行管理方案，熟练使用网络测试仪器仪表，负责网络中心的各类网络设备的配置、分析、监视、故障诊断、性能优化、软硬件升级等工作。

2．示范区信息化服务中心

（1）职责与权限。负责管理示范区的国家农村农业信息化和农村公共危机防控体系推进工作，加快示范区信息化综合服务中心等项目建设，努力为示范区各部门、各单位信息化应用打造公共支撑服务平台，完善示范区信息化发展基础环境。

（2）工作内容与要求。

①大力推进示范区电子政务、社会管理服务、“三网融合”等多领域信息化建设。

②促进信息化技术在农业领域的推广应用，着力提升示范区现代农业发展水平和农业科技示范辐射带动能力。

③坚持协同创新，形成合力，示范区科技信息中心要充分发挥信息化领导小组办公室的职责。

④采取有效措施，统筹协调，全力推进示范区信息化各项工作。

3．县级信息化呼叫中心

对示范区内涉及乡（镇、办事处）的管理系统、信息报送、信息发布等服务系统进行完善。

（1）呼叫中心主管。

1）呼叫中心主管的职责与权限：呼叫中心主管对呼叫中心的案件审批质量、服务水平及日常管理工作负总责。

2）呼叫中心主管的工作内容与要求。

①对上级部门的通知、交办案件，做到上传下达，认真落实，完成上级交给的各项任务。

②根据案件数量、结案情况及时做好人员的调度工作。

③收集合理化建议，不断完善内部管理制度、学习考核制度，保障中心业务水平不断提高。

④做好现场检查，提高整体服务水平。

⑤负责做好现场接待演示工作。

⑥开展好团队建设，合理分解落实中心工作，做到人尽其能，共同提高。

⑦建立定期的工作例会制度，对存在的问题进行总结，使呼叫中心成员在业务、技能及业务上不断进步，形成积极向上的工作氛围。

⑧每月底对人员工作纪律情况、思想动态、工作需求及建议等进行总结并交至上级部门。

（2）客服人员。

1）客服人员的职责与权限：要定期对群众反映的问题数量、内容及办理情况进行统计，对群众反映的热点问题归纳整理，并以电子文档的形式提交省政府门户网站。

2）客服人员的工作内容与要求。

①负责计算机的正常运行及管理。

②对工作中接收和产生的各类信息进行收集、整理、加工、传递、开发和利用工作。

③负责计算机数据的收集处理，并按职责权限控制使用级别。

④负责在网上发布各类文件、通知、新闻等。

⑤负责热线电话的接听和记录，并能适时解决问题，确保电话网络正常运行。

⑥协助专家开展工作。

⑦按照信息回访制度，定期回访信息使用者对信息的使用情况。

4．乡镇级信息化服务站

（1）职责与权限。镇级信息服务站是镇信息化建设的业务单位，接受区信息服务中心的业务指导，按工作需要配备 2 ～ 3 名信息员（可兼职）。

（2）工作内容与要求。

①开展网上宣传和信息服务，推动本镇信息化建设。

②推动乡镇管辖的村、居委会的信息点建设，并进行技术指导和业务指导；宣传山区信息化。

③建立灵活多样的（电子显示屏、布告栏、纸介资料、广播电视等）信息发布渠道，向企业、种养销售大户和农户等提供各种政策、社会、市场等方面的实用信息。

④组织乡镇的企业、大户和农户加入山区信息网，将企业基本信息、产品信息、供求信息、技术需求信息、招商信息等上传到信息网。

⑤为镇、村所使用的系统提供业务指导。

⑥负责乡镇信息服务站的计算机系统和网络等设备的管理和维护工作。

⑦培训企业、种养大户和农户使用山区信息化网络平台和软件，使用互联网，自助搜索有用信息或者发布信息。

5．村级信息化服务站

（1）职责与权限。村级信息服务站以服务“三农”为宗旨，以增加农民收入为目标，采取市场化运作，为广大农民提供方便快捷的信息服务，引导农民利用信息化手段改变传统的生活方式。

（2）工作内容与要求。

①村级信息服务站负责信息站管理，积极主动接受县信息呼叫中心的工作安排和指

导，为农民提供文明礼貌、热情周到的服务，做好基层信息服务的各项工作。

②承担农村党员干部现代远程教育和文化信息资源共享工程的有关职能。

③义务宣传新农村信息化及相关知识，引导农民应用信息技术解决生产、生活中的实际问题。

6. 监督人员

（1）职责与权限。监督人员主要负责检查、评估农业信息化建设工程，承担组织农业信息化监督管理的有关工作，并组织实施农业考核信息发布的工作。

（2）工作内容与要求。

①向有关单位和个人了解情况，查阅、复制有关资料。

②检查农业信息化建设工程实施情况。

③监督部门应当定期对信息化建设工程进行检查。

④应当对检查情况进行汇总，建立农业信息化监督管理档案。

⑤组织信息化工作的考评。

⑥责令改正农业信息化建设过程中的不良行为。

人员	工作形式	服务要求
领导小组	通过听取汇报，进行实地检查，召开工作会议等方式，统筹农村农业信息化和农村公共危机防控体系建设工作	每年召开两次工作会议，审议信息化工作部门提交的年度工作总结、第二年的工作计划一次，核查上半年工作进展实施情况及下半年计划一次，会议期间指定专人记录并整理会议纪要，会议纪要经领导小组组长审定后签发
专家组	通过进行实地检查，召开工作会议等方式	全体会议每半年举行一次，由组长负责召集。必要时，可以就咨询评议的问题举行专门会议。 各专业会议根据情况负责召集，每年不应少于两次，制定年度工作计划并进行总结；安排落实每一位专家的任务；检查计划完成情况
网站维护人员	负责计算机及软件正常使用； 网站的正常运行及安全	确保信息网络正常运行，软件维护率达到 100%，故障处理及时率达到 100%
监督人员	通过实地检查、报告等方式了解农村农业信息化和农村公共危机防控体系实施情况	每半年一次对信息化建设工程进行检查并汇总。 每年年底建立农业信息化监督管理档案。 每年组织一次信息化工作的考评工作

（六）资金支持

创新农村信息化投入机制，积极引导社会资金、风险资金参与农村信息化工作，以政府投入为引导，社会资金、风险资金积极参与的多元化农村信息化投入体系。

通过多渠道筹集建设资金，用于支持关键技术研究、综合信息服务平台建设与维护、信息资源建设、基层站点建设与人员培训、技术服务队伍建设、示范工程建设。

（七）工作流程

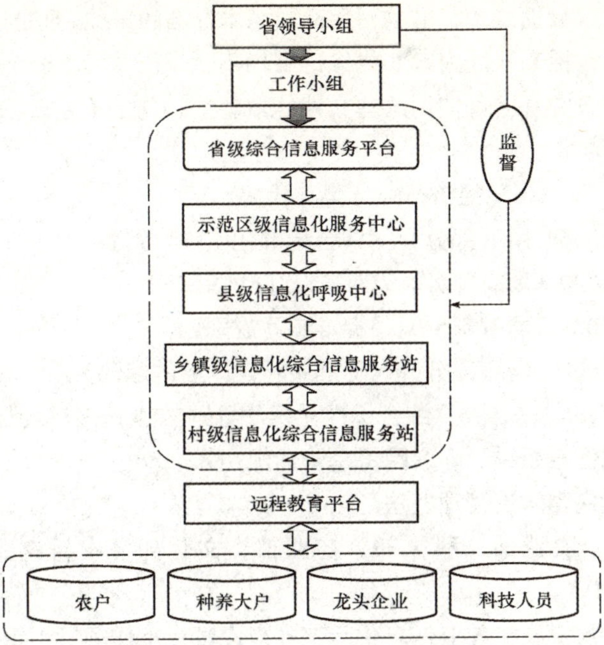

（八）检查与考核

（1）由省级相关领导按照此标准进行检查。

（2）每年一次进行定期督查、考核。

（3）考核工作由省级领导在每年年底依据本标准进行考核，先给各职能部门下发自查表，由各职能部门先自查并将自查整改结果上报信息化工作小组，经信息化工作小组汇总后再以抽查、普查等方式进行考评，根据考评分数高低给予奖励和考核。

（4）将信息化工作纳入省委、省政府年度综合考核，并将农业农村信息化建设列入重点考核内容。

2.3.2 乡镇级工作标准

湘西山区“农村民生服务”农村农业信息化示范工程建设乡级工作标准。

（一）范围

本部分给出了湖南省湘西自治州乡级国家农村农业信息化建设的岗位设置、人员管理、工作内容、实施管理的基本要求。

本部分适用于我省西部地区乡级层面国家农村农业信息化示范建设。

（二）规范性引用文件

下列文件中的条款通过本标准的引用而成为本标准的条款。凡是注日期的引用文件，其随后所有单（不包括勘误的内容）或修订版均不适用于本标准。然而，鼓励根据本标准达成协议的各方研究是否可使用这些文件的最新版。凡是不注日期的引用文件，其最新版本适用于本标准。

（1）GB/T 4754《国民经济行业分类与代码》。

（2）GB/T 12366（所有部分）《综合标准化工作导则》。

（3）GB/T 20000（所有部分）《标准化工作指南》。

（4）GB/T 20001（所有部分）《标准编写规则》。

（5）GB/T 20002（所有部分）《标准中特定内容的起草》。

（6）GB/T 12366.3—1990《综合标准化操作导则 农业产业综合标准化一般要求》。

（7）《计算机信息系统国际联网保密管理规定》。

（8）《计算机病毒防治管理办法》。

（9）工信部、农业部、科技部、商业部、文化部《农村农业信息化行动计划（2010—2012 年）》。

（10）湖南省国家农村农业信息化示范省建设试点工作领导小组《湖南省国家农村农业信息化示范省建设实施方案》。

（11）湖南省人民代表大会常务委员会《湖南省信息化条例》。

（三）术语和定义

本标准采用以下术语和定义。

（1）工作标准（Duty standard）。对农业信息化标准领域中需要协调统一的工作事项所制定的标准。

注：“工作事项”主要指在执行相应管理标准和技术标准时与工作岗位的职责、岗位人员基本技能、工作内容、要求与方法、检查与考核等有关的重复性事物的概念。

（2）咨询（Reference）。通过专业人员的答复和指导，帮助用户解决信息问题的一种专门咨询活动。

（3）信息服务（Information service）。信息服务是指通过研究用户、组织用户、组织服务，将有价值的信息传递给用户，最终帮助用户解决问题。从这一意义上看，信息服务实际上就是传播信息、交流信息，实现信息增值的一项活动，包括良种服务、农资服务、农技服务、培训服务、信息服务、流通服务等方面的内容。

（4）政务一体化（Administrative integration）。政务一体化是指政府部门综合运用现代信息网络与数字技术，彻底转变传统工作模式，实现公务、政务、商务、事务的一体化管理和运行，同时实现政府组织结构和工作流程的重组优化，超越时间、空间和部门分隔的制约，向全社会提供高效、优质、规范透明和全方位的管理与服务。

（5）审核（Audit）。审核是为获得证据和客观评价所确定的准则是否被满足的系统、独立和文件化的验证过程。审核是一个“判定”的验证过程，这意味着审核需要确定审核准则、界定审核范围，对所需要的信息进行收集、分析、说明。审核也是一个系统化的验证过程，需采用一定的方法和程序。

（6）监督（Supervise）。对信息化建设工程中或某一特定环节、过程进行监视、督促和管理，使其结果能达到预定的目标。

（四）总则

湘西山区乡镇级农村农业信息化示范建设应遵从以下原则。

（1）形成结构合理的多元化农村信息服务人才队伍。

（2）各部门工作人员的高度协调统一。

（3）加强各级农村服务人才队伍建设。

（4）合理安排资金投入。

（5）符合相关制度和法规，适合公共管理的特点。

（五）机构设置

1．领导机构

为了保证农村农业信息化建设工程的顺利实施，各乡镇应成立由乡长或党委书记担任组长，分管农业的领导任副组长，其他相关部门的成员组成的领导工作小组，负责乡镇信息化工程的实施、管理和监督。

（1）工作职责。制定适合本乡镇特点的农村信息化建设的相关政策，推动本地区信息服务体系的建设，提高民生服务质量。

（2）工作内容。

①宣传县一级政策，传达县一级指示。

②对乡镇信息化工作进行统一领导和管理。

③审定乡镇级信息化工作年度计划和有关规章制度。

④对乡镇信息化工作进行宣传。

⑤按照上级政策实施乡镇信息化工程。

⑥开展对信息化工作的检查、协调和监督。

2. 部门设置

（1）乡镇信息服务站（信息化办公室）。

1）工作职责。依托乡党委建立乡镇信息服务站（信息化办公室），作为直接面对各农村用户的基层服务平台。主要职责是为本地党委、政府、农民提供农村农业信息化服务。作为省、市、县涉农部门延伸到乡的终端用户，承担市、县涉农部门和当地农村农业信息引报、下载工作；承担指导村信息点及直接为农民提供信息查询、发布、咨询服务工作。

2）工作内容。

①负责起草地区信息化发展的战略、规划，向领导小组提出建议。

②负责组织、开展信息化建设的日常工作。

③制定各基层信息服务单位的工作制度。

④设立县级信息服务呼叫中心，利用各类数据资源、各类农业科技信息网站等优势资源为各服务站点提供支持，为农民提供个性化服务；组织和协调本地的专家、科技资源及其他共享资源对县区服务站提供支持。

⑤组织农民参加信息技术培训。

⑥建立乡镇村一级的信息站，引导农民运用先进技术获取信息。

⑦制定农村信息化服务人才发展规划，有计划地选拔和培养农村信息化咨询机构的管理人员队伍。

⑧对本地区农业信息化实施的情况进行监督检查。

（2）政务管理监督小组。

1）工作职责。监督和管理政务一体化开展工作。

2）工作内容。

①负责监督政务公开的实施，接受有关部门和群众的监督反馈。

②认真对待群众质疑，对反映、举报问题作明确的答复。

③定期召开监督小组会议，研究反馈的问题。

④严格审查公开内容，确保公开质量。

⑤督促公开程序的进行及严格按公开的程序、承诺办事。

⑥邀请人大代表、政协委员对政务公开及有关工作进行监督。

⑦设立监督电话和意见箱，接受群众举报投诉，并建立月工作通报制度。

⑧投诉、通报情况将作为机关干部实施奖励、批评、待岗和辞职的依据。

（六）岗位设置

农村农业信息化工程的建设，地方政府需要一支高效的团队，工作实施主体包括专家和信息员，工作监督主体包括监督考核人员。

1．政务一体化管理人员

（1）职责与权限。受理各类相关政务，对农户进行直接间接服务。

（2）工作内容与要求。由政务管理工作人员坐班，受理群众日常来信来访和政务热线电话；及时受理群众申办事项，并按照难易程度做出即办、限期办理等承诺。

2．专家咨询团队

（1）职责与权限。从高等院校和科研机构聘请有经验的专兼职专家，形成一支有效的科技专家服务团队。为当地政府开展农村农业信息化工程提出参考意见；并为农村科技的示范、推广、咨询提供技术服务。

（2）工作内容与要求。

①为广大农民群众提供产前服务、产中咨询服务、产后信息服务，指导农民搞好农业生产。

②根据当年农业生产条件搞好农业预警工作。

③协助做好本单位、本系统信息网络建设，推进信息工作制度化、规范化、标准化。

3．专兼职信息人员

（1）职责与权限。负责为农户提供解决生产中实际问题的信息服务，服务方式相对灵活，收集、上传、下载农村农业综合信息；为本地政府领导和涉农部门提供服务；管理和指导乡镇村信息站（点）；直接面向农村用户服务。

（2）工作内容与要求。

①维护设备正常运行，确保信息畅通。

②熟练掌握和使用信息设备，上网浏览涉农网站，查看农业信息，及时对外发布和下载信息并在信息栏公布。

③了解掌握专家组成员的技术服务内容和联系方式。

④对农民群众在农业生产生活中通过电话咨询提出的问题，要进行详细登记，及时提出解决办法，对登记的信息表每月要进行分类归档管理。

⑤采集、核实、编辑当地及周边农产品和农资供求信息发布，对农作物病虫害、动物疫情疾病要及时上报信息，会请专家及时把诊防治。

⑥下载、保管和播放现代农业科技推广服务资源，农村文化资源共享和开展农村党员干部远程教育，组织群众积极参与并做好工作记录，及时采集基础数据信息，建立数据库。

⑦积极参加各类信息化培训，达到会操作、会收集、会分析、会传播信息的“四会”要求，开展对村民的信息化培训，指导农民上网查询信息，提高群众的信息化使用水平。

⑧严格遵守党和国家的各项政策和法律法规，不得利用网络采取欺诈等手段进行非法活动，否则视其情节依据有关规定及法律法规进行处理。

⑨报送信息标题醒目，主题明确，内容翔实，文字精练，数据准确。

⑩信息报送要快捷，不能中断、延误。

4．农业科技人员

（1）职责与权限。协助当地政府按照农业信息化管理标准行使各项农业管理职能，做好农业信息化服务工作。承担和组织实施选定的农业技术推广项目和上级下达的农业技术重点推广科技项目；提高农业信息化服务水平。

（2）工作内容与要求。

①选定农业信息项目和技术，贯彻技术标准，制订技术规程。

②负责上级安排和本地区农业新技术、新材料、新工艺的引进、试验、示范、应用工作，加速农业科技信息的推广和转化。

③宣传、普及农业科技知识，培训农业科技人员。

④指导群众性科技组织、科技示范户、科技示范园区的农业信息活动。

⑤引进和推广实用的农业科学技术和农业经营管理技术，引导农民发展高产、优质、高效益的农业。

⑥开展种养殖技术、作物栽培、蔬菜花卉、植保植检、农业环保、土壤肥料、农产品经销等专业技术服务，并为农业劳动者从事生产经营活动提供物资、技术、信息、咨询服务。

⑦加强农业技术推广基础设施管理，发挥其效能。

⑧承担州、市、县党委政府及上级业务部门交办的其他事项。

5．网站维护人员

（1）职责与权限。

①负责计算机及软件正常使用。

②负责网站的正常运行及安全。

（2）工作内容与要求。

①负责所有计算机硬件及软件的安装。

②升级病毒库和需要更新的软件。

③熟练处理各类电脑故障，确保办公正常。

④负责网络中心机房网络设备（网络交换机、服务器、防火墙、路由器、网络测试仪器仪表等）的维护与管理。

⑤根据统一制定的网络运行管理方案，熟练使用网络测试仪器仪表，负责网络中心的各类网络设备的配置、分析、监视、故障诊断、性能优化、软硬件升级等工作。

6．监督人员

（1）职责与权限。监督人员主要负责检查、评估农业信息化建设工程，承担组织农业信息化监督管理的有关工作，并组织实施农业考核信息发布的工作。

（2）工作内容与要求。

①向有关单位和个人了解情况，查阅、复制有关资料。

②检查农业信息化建设工程实施情况。

③监督部门应当定期对信息化建设工程进行检查。

④应当对检查情况进行汇总，建立农业信息化监督管理档案。

⑤组织信息化工作的考评。

⑥责令改正农业信息化建设过程中的不良行为。

（七）信息源

信息包含农业政策信息、种植技术、养殖技术、加工技术、市场信息、社会保障、就业培训、医疗卫生等相关信息，来源于各厅级单位及下属相关单位。

（八）资金支持

通过多渠道筹集建设资金，用于支持关键技术研究、综合信息服务平台建设与维护、信息资源建设、基层站点建设与人员培训、技术服务队伍建设、示范工程建设。

（九）工作流程

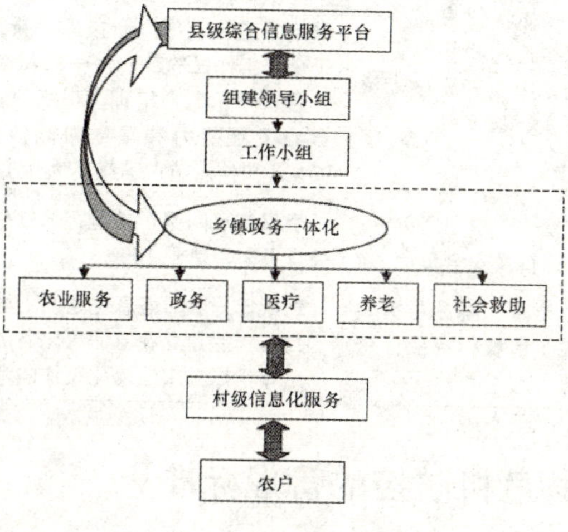

（十）检查与考核

（1）由上级相关领导按照此标准进行检查。

（2）考核工作由上级领导在每年年底依据本标准进行考核。

（3）将信息化工作纳入乡镇政府年度综合考核，并将农业农村信息化建设列入重点考核内容。考核的结果要列入目标责任制范围。

（十一）各岗位人员情况

各岗位人员工作情况见表 2-1。

表 2-1 各岗位人员工作情况

机构和人员	工作形式	服务要求
领导小组	通过听取汇报，进行实地检查，召开工作会议等方式，统筹安排农村农业信息化建设工作	每年召开两次工作会议，审议信息化工作部门提交的年度工作总结、第二年的工作计划一次，核查上半年工作进展实施情况及下半年计划一次，会议期间指定专人记录并整理会议纪要，会议纪要经领导小组组长审定后签发
乡级专家团队	根据农民的需要组织农业技术培训，其形式采用放农业技术视频、讲课和现场指导等形式，适度进行必要的农业试验，掌握农业生产必要的数据和参数	每季度召开一次会议，研究科技入户工作，遇重大问题时可随时召开； 根据工作需要，专家组成员每年保证一定时间到基层从事科技入户工作。每人每年提供直接或间接服务次数不少于 24 次
信息人员	运用电话语音系统和专家在线解答相结合的方法，通过电话、网络收集、整理、加工、传递各类信息	坚持按时开放工作制，电话热线每天开放时间不少于 6 小时，每周开放时间不少于 5 天，节假日、周末为语音留言时间； 信息发布每月不少于 10 条；信息每月更新次数不少于两次； 每月统计电话和网络访问量，及访问内容； 问题处理及时率应达到 100%
农业科技人员	做好先进技术，优良品种的引进和示范推广；积极开拓农村技术市场，组织开展技术承包、技术开发、技术转让、技术咨询等活动	每个科技员至少联系 1 个村、20 个示范户，指导科技示范户应用、推广新技术、新品种，到“户”时间不少于全年工作日的二分之一、入“户”平均不少于 10 次；开展科技示范户培训，提高科技示范户学习接受能力、自我发展能力和辐射带动能力，技术入户率不少于 90%，科技示范户满意率达 90% 以上
网站维护人员	计算机及软件正常使用负责。网站的正常运行及安全负责	确保信息网络正常运行，软件维护率达到 100%，故障处理及时率达到 100%
监督人员	通过实地检查、电话号码、报告等方式了解农村农业信息化实施情况	每半年一次对信息化建设工程进行检查并汇总。 每年年底建立农业信息化监督管理档案。 每年组织一次信息化工作的考评工作

2.4 农村公共危机防控的管理标准

2.4.1 省级管理标准

（一）基本概要

1. 总则

农村农业信息化和农村公共危机防控体系建设的管理标准应包含依托全国农村党员干部现代远程教育网络开展国家农村农业信息化和农村公共危机防控体系示范省建设试点工作过程中，建设全省统一的农村农业信息综合服务平台，打造长株潭区、洞庭湖区、湘中丘陵区、湘西山区 4 大示范工程建设，建成湖南公益化的农村服务体系、社会化的农村创业体系、多元化的农村科技服务体系和“三位一体”的新型农村农业信息服务体系过程中的管理标准。适用于省级国家农村农业信息化和农村公共危机防控体系示范建设管理。

农村农业信息化和农村公共危机防控体系建设的管理标准应符合规范性引用文件：

（1）农业部《全国农业和农村信息化建设总体框架（2007—2015）》。

（2）湖南省国家农村农业信息化示范省建设试点工作领导小组《湖南省国家农村农业信息化示范省建设实施方案》。

（3）湖南省人民代表大会常务委员会《湖南省信息化条例》。

（4）工信部、农业部、科技部、商业部、文化部《农村农业信息化行动计划（2010—2012年）》。

（5）农业部《全国农业农村信息化发展“十二五”规划》。

2．基本概念

（1）信息基础设施。主要包括电信传输网、数据通信网、智能业务网、数字综合业务网、有线电视增值业务网以及卫星通信网等。

（2）信息网络。指以计算机和通信技术为主要手段，传递信息的业务处理系统。

（3）信息资源。指广泛存在于经济、社会各个领域和部门，有益于促进社会进步、经济增长和人民生活水平的提高，并被广泛利用的信息。

（4）信息资源的开发利用指以计算机技术和数据库技术为主要手段，采集、储存、处理信息以达到可以利用的过程。

（二）管理原则

湖南省国家农村农业信息化和农村公共危机防控体系示范省建设管理应遵从以下原则。

（1）各级各部门工作人员的高度协调统一。

（2）各级各部门资源共享。

（3）使农业信息化服务保持持续健康的发展。

（4）符合相关制度和法规，适合公共管理的特点。

（三）管理范围

湖南省国家农村农业信息化和农村公共危机防控体系示范省建设管理工作主要包括以下几项。

（1）编制农村农业信息化和农村公共危机防控体系示范省建设发展规划、年度计划。

（2）审查农村农业信息化和农村公共危机防控体系示范建设项目的立项，并组织验收。

（3）农村农业信息化和农村公共危机防控体系示范建设项目设计开发单位的资格等级认可。

（4）农村农业信息化和农村公共危机防控体系示范建设项目质量监督检验机构的资格认证。

（5）农村农业信息化和农村公共危机防控体系示范建设项目安全保护等级审定。

（6）农村农业信息化和农村公共危机防控体系示范建设项目运行管理。

（7）农村农业信息资源开发与利用管理。

（8）农村农业信息化和农村公共危机防控体系示范建设资金与资产管理。

（9）农村农业信息化和农村公共危机防控体系示范建设人员配备与队伍建设管理。

（四）管理机构与职责

1. 农村农业信息化和农村公共危机防控体系领导小组

省国家农村农业信息化和农村公共危机防控体系示范省建设试点工作领导小组（以下简称领导小组）为国家农村农业信息化和农村公共危机防控体系示范省建设的管理机构，负责全省农村农业信息化和农村公共危机防控体系示范建设工作的组织实施。其主要职责是：

（1）审定国家农村农业信息化和农村公共危机防控体系示范省建设工作规章制度和有关技术标准。

（2）审议国家农村农业信息化和农村公共危机防控体系示范省建设规划。

（3）审批国家农村农业信息化和农村公共危机防控体系示范省示范建设项目。

（4）决策国家农村农业信息化和农村公共危机防控体系示范省建设工作的重大问题。

（5）审议国家农村农业信息化和农村公共危机防控体系示范省建设试点工作领导小组办公室的工作报告。

2. 农村农业信息化和农村公共危机防控体系日常管理机构

省级领导小组下设办公室为国家农村农业信息化和农村公共危机防控体系示范省建设的日常管理机构，负责督办落实省级领导小组的各项工作要求，承担与中央国家农村农业信息化和农村公共危机防控体系示范省建设领导小组联合秘书处的日常联络任务。其主要职责是：

（1）在领导小组的领导下，对国家农村农业信息化和农村公共危机防控体系示范省建设进行统筹管理。

（2）组织编制国家农村农业信息化和农村公共危机防控体系示范省建设规划。

（3）组织制定国家农村农业信息化和农村公共危机防控体系示范省建设工作规章制度和有关技术标准。

（4）审核国家农村农业信息化和农村公共危机防控体系示范省建设年度项目计划。

（5）组织重大国家农村农业信息化和农村公共危机防控体系示范省示范项目建设和重大课题研究。

（6）协调解决国家农村农业信息化和农村公共危机防控体系示范省示范建设工作中的关键问题。

（7）承办省级领导小组交办的其他工作。

3．农村农业信息化和农村公共危机防控体系下属机构

各示范区及区内进行示范建设的各级政府要成立相应的国家农村农业信息化和农村公共危机防控体系示范建设领导机构和设立工作部门，具体负责本示范区、本行政区域范围的国家农村农业信息化和农村公共危机防控体系示范建设管理工作，并接受上一级农村农业信息化和农村公共危机防控体系示范建设工作领导机构的指导。

（五）管理模式与管理方法

国家农村农业信息化和农村公共危机防控体系示范省建设采用“归口管理、分级负责”的管理模式。国家农村农业信息化和农村公共危机防控体系示范省建设工作归口管理部门是各级国家农村农业信息化和农村公共危机防控体系示范建设试点工作领导小组，负责各级各类国家农村农业信息化和农村公共危机防控体系示范工程建设的组织、管理工作。

省级国家农村农业信息化和农村公共危机防控体系示范省建设试点工作领导小组负责全面统筹和指导国家农村农业信息化和农村公共危机防控体系示范省建设工作，领导小组办公室要加强领导，亲自督办相关工作的落实，及时协调解决工作中遇到的重大问题。

省级领导小组成员单位和各级政府要明确国家农村农业信息化和农村公共危机防控体系示范省建设工作负责机构与人员，赋予其相应的管理职能，并根据任务和分工，精心组织，进一步明确需求，制定可行计划，编制建设方案，确保各级各类国家农村农业信息化和农村公共危机防控体系示范工程项目建设有人抓、有人管、有人干。

各级领导小组办公室要加强协调和督促指导，建立与国家、省农村农业信息化和农村公共危机防控体系建设领导小组办公室的对口联络机制，定期召开工作会议，督促指导各单位确保工作进度，有序推进各项试点工作。

省级领导小组各成员单位定期向省级领导小组办公室报送国家农村农业信息化和农村公共危机防控体系示范省建设试点工作推进情况。

相关示范工程所在县（市）应成立相应的协调小组，负责本区域内国家农村农业信息化和农村公共危机防控体系示范工程建设。相关业务部门依据国家农村农业信息化和农村公共危机防控体系示范省建设总体规划和技术要求，负责提出需求和目标，确定业务流程和应用数据。

各建设、研发、实施、监理等建设队伍在统一管理及组织下、建立负责人联络制度，协同推进项目建设工作。其他参与方负责参与项目建设的咨询、环境准备、测试把关、运行、应用等工作。

各级政府、各部门在实施国家农村农业信息化和农村公共危机防控体系示范省建设规划中所出现的涉及全局或部门、地区间的重大问题，报省级领导小组协调解决。

（六）规划与计划

省级领导小组办公室负责组织编制国家农村农业信息化和农村公共危机防控体系示范省建设规划和年度建设计划。

省级领导小组办公室中央部委有关国家农村农业信息化和农村公共危机防控体系建设规划组织编制本省的国家农村农业信息化和农村公共危机防控体系示范建设规划，对全省国家农村农业信息化和农村公共危机防控体系示范建设进行统筹谋划。

省级领导小组办公室组织成员单位和业务需求牵头研究单位，按照规划要求和国家农村农业信息化和农村公共危机防控体系示范建设发展需要，研究制定国家农村农业信息化和农村公共危机防控体系示范建设年度计划。

省级领导小组成员单位应严格执行农村农业信息化和农村公共危机防控体系示范建设规划和年度计划。如确需调整年度计划，由相关单位提出变更申请，送省级领导小组办公室，按规定履行审核程序。

长株潭“三网融合、三产融合”示范区、洞庭湖“现代农业物联网”示范区、湘中南丘陵“农村电子商务”示范区、湘西“农村民生服务”示范区等相关农村农业信息化和农村公共危机防控体系示范建设管理机构要本区域农村地方特征和区域产业特点，制定相应的农村农业信息化和农村公共危机防控体系发展规划，其内设机构和成员单位要根据规划要求制定年度计划，保证农村农业信息化和农村公共危机防控体系建设的有序推进。

各示范区内各级农村农业信息化和农村公共危机防控体系建设管理机构应当会同有关部门，根据本行政区域城乡规划和信息化发展规划，编制本行政区域农村农业信息化和农村公共危机防控体系建设规划，并根据规划要求制定详细的年度计划。

（七）示范建设项目管理流程

1. 申报

示范县建设申报单位在《湖南省信息化条例》《湖南省国家农村农业信息化示范省建设实施方案》《湖南省人民政府办公厅关于加强农业信息化建设的意见》等框架文件的指导下，结合实际工作需求，向湖南省国家农村农业信息化和农村公共危机防控体系示范省建设试点工作领导小组办公室申报国家农村农业信息化和农村公共危机防控体系示范县建设计划。

领导小组办公室对通过初审的信息化示范县建设项目统一上报领导小组。

县级以下示范项目申报单位向示范县建设试点工作领导小组办公室申报示范项目建设计划，报省领导小组办公室备案。

对通过初审的信息化示范县建设项目，启动建设时，建设单位需向领导小组办公室正式行文申请立项，并附项目建设方案（包括技术方案、建设目标、验收标准和经费预算等）。

2. 论证

各级示范项目建设领导小组办公室根据建设单位的立项申请和项目建设方案，指导建设单位进一步完善项目建设方案，并会同相关政府部门组织专家论证会对申报项目进行评审。建设单位应严格按照专家论证会的意见对方案进行完善，交专家组组长签字确认。

3．立项

对通过专家论证的示范建设项目，以“高效、实用、节约”的原则，对示范项目建设内容及预算进一步细化，制定预算简表。经领导小组办公室办公会议研究后，提交领导小组批示立项。领导小组批示同意后下达示范项目启动建设批复。

4．实施

示范项目建设单位根据领导小组办公室批复的建设内容填写采购申请表和采购清单。采购申请表和采购清单经领导小组办公室审核盖章确认后方可提交政府采购。领导小组办公室会同财政部门监督、指导项目采购。

中标项目均要签订建设合同，合同除规定条款外还须明确中标公司免费维保事项以及免费提供操作手册、维护手册、培训文档、开发工作报告、测试报告、数据字典、源程序和软件安装包等资料。如分期付款，合同尾款不得低于20%。合同报领导小组办公室备案。

工程的设计、施工和监理必须严格执行国家、行业及地方规定的相关强制标准和推荐标准。

项目建设必须严格按照建设方案实施。领导小组办公室和财政部门要对施工过程进行监督检查。建设单位应每月向领导小组办公室提交《××信息化示范县建设项目执行情况表》。项目实施过程中，建设内容原则上不得变更，如变更须填报项目变更表和变更说明，报领导小组办公室审批后方可继续施工。

5．验收

示范项目完成后，由建设单位向领导小组办公室申请项目验收。领导小组办公室组织专家对具备验收条件的项目进行验收，并出具项目验收意见书。验收不合格的，由建设单位根据相关意见进行整改，直至通过验收。

（1）信息化示范建设项目验收包括以下内容：

①检查项目是否达到计划任务书和合同书的总体要求。

②技术文档是否齐全，是否达到技术规范要求。

③检查各项技术指标是否达到设计要求；使用的设备质量是否达到国家有关部门标准的规定要求。

④项目是否达到国家的安全保护等级标准。

⑤系统连续运行的记录报告。

⑥技术培训人员是否达到熟练操作的程度。

⑦管理规章制度是否建立和健全。

⑧项目的财务决算和经济、社会效益分析。

（2）建设单位和用户意见。农村农业信息化和农村公共危机防控体系建设项目验收，应当以国家标准、行业标准、地方标准和建设过程中有效的技术资料为依据。

6. 绩效评价

示范项目建设投运 1 年后由领导小组办公室根据绩效评价管理的有关规定，采用科学方法，组织对各级农村农业信息化和农村公共危机防控体系示范建设项目的预期目标实现情况、建设过程、投资效益、作用和影响等进行绩效评价。

（八）示范项目建设的设计、施工和监理单位的资质管理

农村农业信息化和农村公共危机防控体系示范建设项目设计、施工和监理单位应当严格按照国家和地方规定的资质等级承揽相应的信息化项目的设计、施工和监理工程。禁止未取得资质证书和超出资质证书等级许可范围承揽信息化示范工程项目。

各级农村农业信息化和农村公共危机防控体系示范建设主管部门负责对本行政区域信息工程市场进行监督、检查和管理，并对在本行政区域从事信息工程设计、开发、施工和监理的单位的资质进行审查。

（九）示范项目建设的安全和涉密管理

农村农业信息化和农村公共危机防控体系示范项目的设计方案，应当包括信息系统安全技术应用的设计，并且能够满足信息系统安全运行需要。能够依据信息化项目的功能、特点、作用、对象、结构以及等级保护等需求，按照信息安全的有关规定、标准和要求编制信息安全解决方案。涉密信息项目的设计和施工，应当符合保密管理的有关规定。信息化项目的设计和施工不符合保密规定的，由相关部门依法追究责任。具体实施按照《中华人民共和国保守国家秘密法》和湖南省实施《中华人民共和国保守国家秘密法》若干规定执行。

（十）示范项目建设的监察监督

农村农业信息化和农村公共危机防控体系示范建设项目的监督检查工作要遵循国家法律、法规有关规定。农村农业信息化和农村公共危机防控体系示范建设行政主管部门的监察部门负责监督检查相关具体业务工作部门在农村农业信息化和农村公共危机防控体系示范建设项目建设管理上执行国家政策、法规和制度情况。农村农业信息化和农村公共危机防控体系示范建设项目应当建立监督检查机制，开展日常监督、定期和不定期的检查，强化项目的监管，确保项目建设质量。

（十一）农村农业信息化和农村公共危机防控体系示范建设项目运行管理

各级政府成立专门机构负责农村农业信息化和农村公共危机防控体系示范建设项目建成后的运行管理，制定运行维护规范，细化各项管理制度，建立运行维护工作考评机制，

制定应急预警方案，确保应用系统和网络安全稳定运行。

（十二）农村农业信息资源开发与利用管理

各级农村农业信息化和农村公共危机防控体系主管部门应当会同有关部门，按照统一的技术标准，积极引导农村农业信息资源的合理开发利用。

信息资源的开发必须遵循以下原则。

（1）按照统一的技术标准分类开发。

（2）政务信息资源由政府职能部门组织开发。

（3）保密的信息资源按照密级由相应的部门进行开发。

（4）公益性信息资源，由相应服务单位开发，面向社会服务。

国家机关和社会公共服务单位应当建立农村农业信息资源库及应用系统，重点加强基础数据库、知识库、数字媒体、课件等信息资源库建设，以及能够满足农民对“农技、农政、农资、农商、农金”等信息服务需求的信息服务产品和内容建设，用“可靠、可信、可用”的信息帮助农民和农村中小企业解决实际问题，达到“信息支农、信息富农、信息惠农”的目的。

鼓励社会力量开发农村农业信息资源，按照“谁开发，谁受益”的原则，依法保护农村农业信息资源开发者的合法权益。

各级国家机关应当利用统一的电子政务网络平台和信息安全基础设施，建立健全政务信息交换机制，实现互联互通和资源共享。

从事农村农业信息资源开发的单位，应对其采集、加工和提供的信息负有审核真伪、优劣和实时维护的责任。禁止用错误信息危害社会、误导公众，严禁不健康的信息污染社会环境。

（十三）资金与资产管理

湖南省国家农村农业信息化和农村公共危机防控体系示范省建设资金主要由国家示范省建设专项资金、省专项配套资金、政府各部门（如水利、农业、林业、卫生、文化、气象等）在农村农业开展行业信息化建设的投入资金、四大运营商在信息通道建设方面的投入资金，以及IT企业和龙头企业融资等组成。其中，国家示范省建设专项资金0.3亿元，湖南省按1∶1配套。

建设项目经费要专款专用，不得挤占挪用。

建设项目经费要严格履行规定的审批程序，建立制约机制，强化资金安全。

项目建设形成的国有资产，要及时办理资产登记相关手续，纳入国有资产统一管理。

（十四）人员配备与队伍建设管理

1．管理机构人员配备

省级（含示范区）示范建设要专设农村农业信息化和农村公共危机防控体系建设日常工作管理机构，配置专职人员；县级示范建设单位可设或代管农村农业信息化和农村公共危机防控体系建设日常工作管理机构，配置专职人员；乡、村示范建设单位代管农村农业信息化和农村公共危机防控体系建设工作管理机构，配置专职或兼职人员。

2．业务人员（专家）配备

为充分发挥专家在示范省建设工作中的咨询和技术指导作用，成立省级（含示范区）专家指导组，重点对示范省建设实施方案进行评估和指导。县、乡、村级示范建设单位配置专兼职信息员。

3．农村农业信息化和农村公共危机防控体系队伍建设

各级各部门相关单位要加强对各级管理人员和业务人员进行农村农业信息化和农村公共危机防控体系知识的宣传普及，按照“会操作、会收集、会分析、会传播、会经营、能维护、能培训和掌握互联网应用法律法规”的要求对信息员进行农村农业信息化和农村公共危机防控体系应用技能培训，建设信息员队伍。信息员需经过有关部门认证。

农村农业信息化和农村公共危机防控体系的应用技能应作为相关部门公务员、员工上岗考核的重要内容。

要建立农村农业信息化和农村公共危机防控体系的管理制度和农村农业信息系统运行的安全措施。

要重视信息化人才的引进、使用和培养，对农村农业信息化和农村公共危机防控体系建设工作中做出贡献的单位和个人，应给予表彰和奖励。

对违反有关规定，影响农村农业信息化和农村公共危机防控体系建设工作开展的，要给予批评，造成重大事故和损失的，应依法追究相关责任者和单位负责人的责任。

2.4.2 乡镇管理标准

湘西山区“农村民生服务”农村农业信息化示范工程建设乡级管理标准。

1．范围

本规范主要包括湘西山区“农村民生服务”信息化示范工程建设管理原则、管理范围、标准化管理机构、管理模式和示范建设项目管理流程等方面的内容，适用于湘西山区乡级农村农业信息化示范建设。

2．规范性引用文件

下列标准所包含的内容，通过本标准的引用而构成本标准的组成部分。本标准出版时，所示版本均为有效。所有标准都会被修订，使用本标准时应探讨使用下列标准最新版本的可能性。

（1）湖南省国家农村农业信息化示范省建设试点工作领导小组《湖南省国家农村农业信息化示范省建设实施方案》。

（2）湖南省人民代表大会常务委员会《湖南省信息化条例》。

（3）工信部、农业部、科技部、商业部、文化部《农村农业信息化行动计划(2010—2012年)》。

（4）农业部《全国农业和农村信息化建设总体框架（2007—2015）》。

3．术语

本规范采用下列定义。凡在本规范中使用但未定义的术语按相关国家标准或规范解释，无相关国家标准或规范的，按学术界惯例解释。

（1）“农村民生服务”应用示范工程。以建设农民远程培训、农业新技术应用、阳光政务、农村民生服务等信息化示范为重点，利用电子政务开展“改善农村民生、建设服务型政府、加强农村维稳、民主化管理和农村社会保障体系”等农村民生服务，完善农村低保、社保、“三金”、粮食直补、良种补贴、农机补贴、农民科技培训补贴等方面的公开透明机制，以“农村民生服务”信息化示范工程建设，带动农村农业信息化工作的深入开展，为城乡统筹发展树立样板。

（2）专业信息服务站。围绕湖南省优势主导产业和区域特色产业，选择信息化水平较高、专业化水平较高、具有广泛示范辐射带动作用的龙头企业、农业科技园区、农民专业合作组织、专业技术协会、乡镇农技站、农教中心、农资经营实体建立服务站点，围绕产业链条，开展全方位技术与信息服务。

4．管理原则

湘西山区“农村民生服务”信息化示范乡建设管理应遵从以下原则。

（1）统筹规划。

（2）资源整合。

（3）共建共享。

（4）服务民生。

5．管理范围

湘西山区“农村民生服务”信息化示范乡建设管理工作主要包括：

（1）编制“农村民生服务”信息化示范乡建设发展规划、年度计划。

（2）制定“农村民生服务”信息化示范乡建设技术标准、规范。

（3）审查“农村民生服务”信息化示范建设项目的立项，并组织验收。

（4）“农村民生服务”信息化示范建设项目安全保护等级审定。

6．管理机构及职责

（1）乡（镇）人民政府以及有关部门、单位应当建立“农村民生服务”信息化示范建设工作领导机构，党政主要负责人担任组长、分管农业镇长担任副组长、镇党政领导为成员。

（2）领导小组职责：

①组织编制本乡镇农村农业信息化建设计划（规划）。

②研究部署本乡（镇）信息化示范建设工作，协调解决本乡镇“农村民生服务”示范建设工作中的关键问题。

③协调与审议涉及本乡（镇）全局信息化项目。

④积极了解和掌握“农村民生服务”政策和相关知识，协助推进本乡镇电子政务系统，农村民生信息服务系统等工作。

（3）乡级综合信息服务站是本乡（镇）农村农业信息化示范建设责任部门，负责本行政区域内农村农业信息化示范建设的指导、协调、管理和监督工作。其他各有关职能部门在各自职责范围内做好农村农业信息化示范建设促进工作。

7．规划与计划

（1）乡级综合信息服务站根据国家农村农业信息化发展有关方针、政策和湖南省国家农村农业信息化示范省建设及湘西山区“农村民生服务”信息化示范工程建设的要求，编制本乡（镇）农村农业信息化建设规划，包括总体发展规划，应用系统、网络基础设施、运行维护等信息化要素规划等。

（2）乡级综合信息服务站组织业务需求牵头研究单位和相关部门，按照规划要求和农村农业信息化发展需要，根据乡（镇）各示范村及有关站（所）等相关机构提出的年度项目申请，研究制定本乡（镇）农村农业信息化建设年度项目计划。

（3）乡（镇）内各示范村及有关部门应严格执行农村农业信息化建设规划和年度项目计划。如确需调整年度项目计划，由各示范村及有关部门提出变更申请，送乡（镇）农村农业信息化示范建设主管部门，按规定履行审核程序。

8．信息员队伍建设与人员培训

（1）乡级综合信息服务站至少配备一名专兼职信息员。信息员需经过有关部门认证。

（2）按照湖南省国家农村农业信息员队伍建设相关要求，对国家农村农业信息员统一编制、配发培训教材，定期开展专业知识、操作技能等方面的培训，提高信息员综合素质，便于示范站点的日常管理、维护。信息员必须参加培训，并取得资格证书。

（3）要对政府工作人员、村干部、党员、农业龙头企业、农民专业合作社、种养大户、农村经纪人、农民开展有针对性的培训。要有培训方案和年度培训计划。

培训内容及标准：

①信息员、政府工作人员、村干部、党员：会利用互联网浏览信息、发送电子邮件、搜索信息、发布供求信息，并会使用办公软件。

②农业龙头企业、农民专业合作社、种养大户、农村经纪人、农民：会利用互联网浏览信息、搜索信息、发布供求信息、发送电子邮件。

9．配套管理制度

农村农业信息化示范乡（镇）要有健全的规章制度，有《乡镇信息采编审核发布管理办法》《信息员工作职责》《农业信息化建设考核实施办法》《计算机网络管理办法》《计算机网络保密管理制度》《计算机机房管理制度》等。

第3章 战略之二："互联网+应急产业"发展战略

3.1 "互联网 + 应急产业"新概念

3.1.1 "互联网 +"的内涵及应用

3.1.1.1 "互联网 +"的提出

国内"互联网 +"理念的提出，最早可以追溯到 2012 年 11 月，于扬在易观第五届移动互联网博览会的发言。易观国际董事长兼首席执行官于扬首次提出"互联网 +"的理念。他认为"在未来，'互联网 +'公式应该是我们所在的行业的产品和服务，在与我们未来看到的多屏全网跨平台用户场景结合之后产生的这样一种化学公式；我们可以按照这样一个思路找到若干这样的想法；而怎么找到你所在行业的'互联网 +'，则是企业需要思考的问题。"

2014 年 11 月，李克强出席首届世界互联网大会时指出，互联网是大众创业、万众创新的新工具。其中，"大众创业、万众创新"正是此次政府工作报告中的重要主题，被称作中国经济提质增效升级的"新引擎"，可见其重要作用。

2015 年 3 月，人大代表马化腾在两会上提交了《关于以"互联网 +"为驱动，推进我国经济社会创新发展的建议》的议案，对当前经济社会的创新与发展问题提出了自己的建议和看法。他强烈呼吁，全社会要鼓励产业创新，要以"互联网 +"为驱动，促进行业、产业跨界融合，并将之惠及社会民生，推动我国经济和社会发展由要素驱动向创新驱动转变。他同时还表示，"互联网 +"在新领域创造了新生态，这种生态应被国家采纳，成为国家的主导发展战略。

2015 年 3 月，"互联网 +"行动计划首次在李克强总理的政府工作报告中提出。总理的报告认为，"要制定'互联网 +'行动计划，推动移动互联网、云计算、大数据、物联网等与现代制造业结合，促进电子商务、工业互联网和互联网金融健康发展，引导互联网企业拓展国际市场。"

3.1.1.2 "互联网 +"的内涵

"互联网 +"是互联网思维的进一步实践成果，它代表一种先进的生产力和产业发展的新方向，推动经济形态不断地发生演变，从而带动社会经济实体的生命力，为改革、创新、发展提供广阔的网络平台。简单地说，“互联网＋”就是“互联网＋各个传统行业”。当然，这并不是互联网与各个传统行业的简单组合，而是通过现代信息技术和互联网平台，促进互联网与传统行业深度融合，以创造新的发展生态。因而，从内涵上看，“互联网＋”是充分利用互联网在社会资源配置中的优化和集成作用，将互联网的创新成果与经济、社会各领域深度融合，提升全社会的创新力和生产力，形成更广泛的以互联网为基础和实现工具的经济发展新形态。其实，当前大众耳熟能详的互联网金融、电子商务、在线旅游以及“进淘宝逛街、进京东买电器、打车叫滴滴”等现象都是“互联网＋”的杰作。

“互联网＋”给传统行业加上了一双新的翅膀，使传统行业获得了新的发展生机。如互联网金融，由于与互联网的相结合，诞生出了很多普通用户触手可及的理财投资产品，并使中小微企业、普通百姓也能参与融资，比如余额宝、理财通以及众筹、P2P 等，使金融变得平民化；再如互联网医疗，传统的医疗机构由于互联网平台的接入，使得人们实现在线求医、问药、甚至远程诊断和手术都成为可能，这些都是“互联网＋”最典型的案例。

3.1.1.3 “互联网＋”的特征

（1）跨界融合。产业跨界融合（Industry Cross-Border Integration）是指不同产业或同一产业内部的不同行业的相互渗透、相互交叉，使原有边界消失，最终融合为一体，逐步形成新产业的动态发展过程。“+”本质上就是跨越行业边界、变革和开放、重塑与融合。行业的边界被打破了，创新的基础就更坚实了；融合协同了，群体智能才能充分施展，从研发到产业化的路径就会更为垂直。融合本身也指代身份的融合，客户消费转化为投资，伙伴参与创新，等等。

（2）创新驱动。创新驱动（Innovation-driven）是指根据资源集约利用原则，以产业结构和消费结构转型升级为目标，以发展绿色低碳经济为抓手，通过体制机制和技术创新，培育核心竞争力等行为。较长时期以来的、粗放的资源驱动型增长方式早就难以为继，我国经济增长必须转变到创新驱动的道路上来。这种转变正是互联网的内在特征和独特优势，即用所谓的互联网思维来求变甚至革命，以发挥创新之力量。

（3）重塑结构。一个国家或地区的结构包括社会、经济、地缘、文化等方面的结构。全球化、信息革命、互联网业使原有的各种结构发生裂变。议事规则、权力分配以及话语权在不断发生变化和更替。“互联网＋社会治理、虚拟社会治理”也将展现出与传统治理模式风格迥然不同的特征。

（4）尊重人性。尊重人性是指尊重人的生理需要方面的自然性，人际交往、安全、自尊、价值等需要的社会性以及自主需要的主体性。科技进步、经济增长、社会发展、文化繁荣最根本的力量源自于人性光辉，对人性的最大限度的尊重、对人体验的敬畏、对人的创造性发挥的重视正是互联网力量强大之根本。

（5）开放生态。“互联网 +”具有低门槛、宽准入的开放特征，而生态的本身就是开放性的。推进“互联网 +”的一个重要方向就是要化解制约创新的环节，将孤岛式创新有效连接，让人性决定的市场驱动研发，努力创业、创新者的价值有机会得以实现。

（6）连接一切。连接一切既是“互联网 +”的表征，也是其内涵。“互联网 +”连接是有层次的，可连接性虽然具有差异，且连接价值也相差很大，但是连接一切同样是“互联网 +”的重要特征。

3.1.1.4 “互联网 +”的应用

1．传统工业制造业

“互联网 + 工业”是指传统工业制造业企业利用云计算、大数据、移动互联网、物联网等信息和通信技术，对原有产品的研发、生产方式及流程进行改造，使之与“工业互联网”“工业 4.0”具有一致内涵。

（1）“云计算 + 工业”。一些互联网企业基于云计算技术打造了统一的智能产品软件服务平台，为不同厂商生产的智能硬件设备提供统一的软件服务和技术支持，优化用户的使用体验，并实现各产品的互联互通，产生协同价值，创造协同效应。

（2）“移动互联网 + 工业”。汽车、服装、家电等传统制造厂商可以借助移动互联网技术，通过在工业产品上增加网络软硬件模块，实现用户远程操控、数据自动采集分析等功能，这极大地改善了传统工业产品的使用体验，也使其焕发新的行业生机。

（3）“物联网 + 工业”。工业企业可以运用物联网技术，将生产机器、厂内运输设备等接入互联网，构建网络化物理设备系统（CPS），进而使各生产设备能够自动交换信息、触发动作和实施控制。

（4）“网络众包 + 工业”。各类工业企业可以在互联网的帮助下，通过自建或借助现有“众包”平台，根据自身项目建设发布研发创意需求，广泛收集外部人员的想法，集成众家智慧，扩展了创意来源。工业和信息化部信息中心搭建的“创客中国”创新创业服务平台，实现了链接创客创新能力与工业企业创新需求的有效对接，为各类工业企业开展网络众包开创了新的思路，打造了可靠的第三方平台。

2．金融业

当余额宝刚刚问世的时候，有人怀疑二维码支付存在安全隐患，银行也觉得其具有不可控性，但随着互联网金融的快速发展、相关研究的日益深入以及相关技术的快速革新，互联网金融以不可抗拒的步伐在金融业中异军突起。同时，国家相关政策的支持和鼓励，以及银联对二维码支付标准的制定，互联网金融发展的有序性大为增强。

从组织形式上看，“互联网+金融”的结合至少有三种方式。第一种是传统金融机构的互联网化，传统金融机构利用互联网，将相关业务网络化；第二种是互联网企业做金融，如果这种现象大范围发生，那就是名副其实的互联网金融颠覆；第三种是互联网企业和金融机构联手合作，实现资源共享和优势互补。

业内普遍认为，2013年是互联网金融元年。从2013年以虚拟货币、理财APP、在线支付、电商小贷、P2P、众筹、金融网销等为代表的细分互联网嫁接金融的新模式、新概念进入大众视野以来，互联网金融以超过很多人想象的速度爆炸式发展，成为一个新金融行业。互联网金融的普惠为普通大众、中小微企业提供了可选择的、更为多元化的投、融资模式，使许多领域长期以来的金融抑制得以缓解或消除。

（1）供应链（Supply Chain）是指围绕着核心企业，在信息流、物流和资金流等的控制下，将供应商、制造商、批发商、零售商以及最终消费者连成一个整体的功能网链。供应链融资是金融机构依赖供应链中核心企业的良好信用和强大履约能力，向整个供应链提供金融解决方案的一种融资模式。如我国建设银行推出的订单融资、动产融资，中国银行推出的融信达、融易达，美国的UPS（United Parcel Service）基于库存的供应链融资等。

（2）P2P网络信贷。P2P信贷（Peer to Peer Lending）指个人与个人之间通过金融服务专业网络平台实现的小额信贷融资，我国大陆有拍拍贷、陆金所、人人贷等，欧美有的Prosper、Lending Club、Zopa等。2012年以来，无论是从平台规模、信贷资金，还是从参与人数、社会影响的角度来看，我国P2P网络信贷市场都出现了爆炸式增长。据统计，2014年，我国规模不一的P2P平台数量已经达到1 575家，全年成交金额更是高达2 528亿元。

（3）众筹（Crowdfunding）是指资金需求方通过利用互联网或社会性网络服务（Social Networking Services，SNS）传播的特性，寻求众多意向投资者，并将这些投资者的每份小额投资汇总以达到资金需求总量，进而完成特定目的的融资方式。融资门槛和融资成本低、期限和回报形式灵活是众筹的主要特点，因此，众筹成为除天使投资之外初创企业的重要融资渠道。据专家统计，目前我国已经有100多家众筹平台。

（4）互联网银行（Internet Bank）是指通过云计算、大数据等方式在线实现为客户提供存贷款、结算、汇转、支付、电子票证、电子信用、账户管理、投资理财、金融信息等全方位的、快捷的、安全和高效的互联网金融服务机构。2014年，互联网银行政策正式落地，标志着“互联网+金融”的融合进入了一个全新的发展阶段。2015年4月18日，深圳前海微信银行试营业正式对外营业，国内首家互联网民营银行正式诞生。互联网模式下的微众银行节省了有形网点建设和管理安全等庞大的运营成本以及客户跑银行网点的时间成本，也通过不受时间、地点、空间等约束的交易方式以及网络化、程序化和计算机自动化的业务处理方式大大提高了金融交易的效率。

3．商贸业

相对而言，商贸业与互联网融合的历史时间相对较长，电子商务业务伴随着我国互联网行业几乎同步发展壮大。近些年来，在零售、电子商务等领域都可以看到和互联网结合明显的趋势，正如马化腾所言，"它是对传统行业的升级换代，不是颠覆掉传统行业。"在其中，又可以看到"特别是移动互联网对原有的传统行业起到了很大的升级换代的作用。"

中国互联网络信息中心（CNNIC）发布的《第35次中国互联网络发展状况统计报告》显示，截至2014年，中国有网站400多万家，网民6.49亿，全年的电子商务交易额超过13万亿元人民币。应特别指出的是，该年有4家中国企业在全球网络企业排名榜中进入了前10强，互联网经济已经悄然成为我国经济增长的重要引擎。

2014年，我国B2B电子商务业务快速增长，其收入规模达到了192.2亿元人民币，28.34%的增长速度远超其他行业。同时，B2B电商业务也正在逐步转型升级，阿里巴巴、慧聪网、华强电子网等多家B2B平台开展了针对企业的"团购""促销"等活动，培育企业的在线交易和支付习惯，一些新的业态正在形成。

在国际贸易方面，截至2014年，中国跨境电子商务试点进出口额已经突破30亿元，一大批跨境电子商务平台日益走向成熟。以外贸B2C网站兰亭集势为例，该网站2014年前三季度服装品类的净营业收入同比增长103.9%。

2015中国化妆品零售大会于2015年5月18日在上海召开，600位化妆品连锁店主、百余位代理商以及数十位主流品牌代表共商行业发展对策。会议提出了"零售业＋互联网"的运作概念，在结合国家战略发展思维，发扬"+"时代精神，以零售环节为切入点推动化妆品行业渠道变革等方面达成了共识。

4．通信业

从2015年第一季度财务报表来看，三大运营商利润全部呈现了出了负增长，这预示着其战略转型已经迫在眉睫。但不管是"去电信化"还是"流量经营"，三大运营商都面临移动互联网下大数据的强劲挑战，要避免大数据领域的"哑管道"危机，各运营商必须向数据挖掘、分析、应用的价值高端迈进。因此，掌握着所有用户通话与数据流量消费数据的三大运营商，必须要在大数据时代解放思想、创新思维、转变发展观念，组建专业化团队，用更加开放和互联网化的方式进行运作，以释放自身管道中庞大数据所蕴含的巨大潜在力量，力争在数据清洗、建模、分析甚至交易等方面打开突破口，创建一个自身具有竞争优势且潜力无限的市场，迎来行业发展的又一个春天。

5．交通业

打车软件、网上购票、出行导航系统等已经成为人们日常生活的一部分，可见，"互联网＋交通"已经在交通运输领域产生了明显的"化学效应"。"互联网＋交通"实现了服务流程的再造，完全无纸化，推动了业务办理、网上缴款、寄递交付一体化；"互联网＋交通"能及时提供路况、危险路段、道路施工、恶劣天气等信息服务，可以随时了解动态。

从国外的 Uber、Lyft 到国内的快的打车、滴滴打车，移动互联网催生了一批打车拼车专车软件，即使它们目前仍存在不同的争议，但其通过移动互联网和传统交通出行的相结合，实实在在改变了人们出行的方式，提高了车辆使用率，同时也减少了尾气排放，无形中保护了空气环境。

6．民生业

“民生”（People’s Livelihood）通常是指人民的生计，包括衣、食、住、行方面的物质民生和文化、教育、卫生、体育方面的非物质民生。“互联网 + 民生”真正体现了“互联网 +”的平民性。“不用出村，不用求人，就把困难给解决了。”河北乐亭县毛庄镇毛庄村村民肖凤安老人家中闭路电视出现故障，他到村里的综合信息超市求助，老人起初只是想打听一下该找哪个部门，但超市政务代办工作人员告诉他，没那么麻烦，超市通过网络就能解决。第二天，电视台工作人员就上门把故障解决了。农村综合信息超市除去商品服务之外，还融合了社会管理和社会服务两大板块功能，覆盖了群众日常生活的衣食住行游购娱等各个方面，为农民的生产生活带来了方便。据报道，大唐电信旗下的新公司将依托大唐电信在云计算、大数据、信息安全等领域的技术和资源优势，通过“369Cloud 云平台”和“一体两翼”的创育模式，整合公共服务领域和民生服务行业垂直市场的资源，打造移动互联网云服务平台海量投资生态系统，面向教育、健康、养老、体育、金融等民生服务领域，形成广覆盖、可持续、市场化运营的产业集群。可见，“互联网 +”正在深入寻常百姓家。

7．旅游业

从旅游行业来看，“互联网 + 旅游”推动了互联网与传统旅游产业的融合，诞生了智慧景区、智慧旅游、旅游 O2O 等新生市场。从经营者来看，“互联网 + 旅游”有效提升了景区管理运营效率和景区对于游客的服务质量，加强了整个景区的竞争能力。从游客来看，微信可以实现微信购票、景区导览、规划路线等功能；腾讯云可以帮助建设旅游服务云平台和运行监测调度平台；游客只要在景区扫一扫微信二维码，即可实现微信支付；购票后，微信将根据市民的购票信息，进行智能线路推送；而且，微信电子二维码门票自助扫码过闸机，无须人工检票入园。

8．医疗产业

“互联网 + 移动医疗”能优化传统的诊疗模式，为患者提供一条龙的健康管理服务。通过互联网医疗，患者有望从移动医疗数据端监测自身健康数据，做好事前防范；在诊疗服务中，依靠移动医疗实现网上挂号、询诊、购买、支付，节约时间和经济成本，提升事中体验；并依靠互联网在事后与医生沟通。因而，现实中存在看病难、看病贵等难题能通过“互联网 + 移动医疗”从根本上得以解决。

目前，百度、阿里、腾讯纷纷涉足互联网医疗产业，形成了巨大的产业布局网络，它们利用各自的优势和资源，不约而同地在改变着传统医疗行业。

搜索霸主百度基于其云计算和大数据技术方面的优势，推出了“健康云”概念，形成“监测、分析、建议”的三层构架，对用户实行数据的存储、分析和计算，为用户提供专业的、一条龙式的健康服务。同时，百度还利用其超强的搜索技术优势提供一站式医疗服务平台，这其实与新型的智能医疗服务平台健趣网有异曲同工之妙，所以在智能搜索方面，百度与健趣网有着极大的合作前景与广阔的开发空间。

“未来医院”与“医药O2O”是阿里在移动医疗领域的重要布局，“未来医院”以支付宝为核心优化诊疗服务，“医药O2O”以药品销售为主，且已与多家上市公司“联姻”。

腾讯以QQ和微信两大社交软件为把手，投入巨资收购丁香园和挂号网，并在第一时间从QQ上推出“健康板块”，为微信平台打造互联网医疗服务整合入口，其“互联网＋医疗”发展战略已经一目了然，从资本运作，到微信服务，再到智慧医疗，腾讯的用户争夺战始终是它布局“互联网＋医疗行业”的重头戏。

2013年中国移动医疗市场规模为19.8亿元，同比增长50.0%。专家预计，2017年我国移动医疗市场规模将达到200.9亿元，其复合增长率高达78.5%。

9．教育产业

有专家作了这样的描述：一所学校、一位老师、一间教室，这就是传统教育；一张网络、一个移动终端，若干学生，学校和老师任你挑，这就是“互联网＋教育”。“互联网＋教育”虽不会颠覆教育，也不会颠覆学校的现有体制，但必将改变现有的教育模式。

在教育领域，面向中小学、大学、职业教育、IT培训等多层次人群开放课程，可以足不出户在家上课。“互联网＋教育”的结果，将会使未来的一切教与学的活动都围绕互联网进行，老师在互联网上教学，学生在互联网上学，信息在互联网上流动，知识在互联网上成型，线下的活动成为线上活动的补充与拓展。

“互联网＋教育”的影响不只是创业者们，还有一些平台能够实现就业的机会，在线教育平台能提供的职业培训就能够让一批人实现职能的培训，而自身创业就能够解决就业。总理提出的“大众创业，万众创新”是对于教育而言有深远的影响。教育不只是商业，就类似极客学院上线一年多，就用近千门职业技术课程和4 000多课时帮助80多万IT从业者用户提高职业技能。

第一代教育以书本为核心，第二代教育以教材为核心，第三代教育以辅导和案例方式出现，如今的第四代教育，才是真正以学生为核心。中国工程院院士李京文表示，中国教育正在迈向4.0时代。

10．政务

据统计，截至2014年11月27日，有数据统计的全国政务微信公号为16 446个。其中，中央部委及其直属机构政务微信公号为213个，省（自治区、直辖市）、地市、区县三级地方类政务微信公号16 233个。到2015年2月6日，国家网信办在石家庄举办的政务新媒体建设发展经验交流会上传出消息，政务微博账号达 24 万个，政务微信账号已逾 10 万个。政务微信公众号从数量到影响力，已是一支不容忽视的传播力量。

同时，一些地方政府已经悄然开始了与互联网巨头的合作，试图通过互联网提升政府效率，增加行政透明度，助力向服务型政府转型。2014 年，腾讯先后宣布与河南省、重庆市和上海市政府合作打造“智慧城市”，其中一项重要内容就是将交通、医疗、社保等一系列政府服务接入微信，把原来东奔西走排大队办理的业务通过手机完成，提高效率。

阿里巴巴和其新近成立的蚂蚁金服也已开始同地方政府接洽，计划将上述政务服务接入支付宝和新浪微博移动客户端。浙江省政府也计划在未来允许支付宝承接省内非税类收费业务。接入阿里巴巴支付宝移动客户端的政务服务体系已在上海、杭州、广州、厦门等东部沿海城市以及山西全省上线。

包括阿里巴巴和腾讯在内的中国互联网公司通过自有的云计算服务正在为地方政府搭建政务数据的后台，将原本留存在政府各个部门互不连通的数据归集在一张网络上，形成了统一的数据池，实现了对政务数据的统一管理。

11．农业

从表面上看，农业似乎离互联网最为遥远，但“互联网 + 农业”的潜力却是巨大的。以日本为例，日本是一个人均耕地面积少得可怜且人口老龄化非常严重的国家，但日本的“互联网 + 农业”却开展得非常好。日本通过高度传感器收集气象数据和农作物生产数据，实时发给农户或者管理人员，使其能够合理浇灌和施肥；通过互联网实时记录消费者对于农产品的消费情况，方便生产者在最短的时间内迎合市场调整种植计划，避免信息不对称而导致的滞销发生；利用全球定位系统，无人驾驶拖拉机在大规模农场进行 24 小时耕作。

“互联网 + 农业”的具体应用模式将在本书第 6 章加以论述，在此略过。

3.1.1.5 “互联网 +”的发展趋势

从现状来看，“互联网 +”尚处在初级发展阶段，部分商家或企业仍持观望的态度。从探索与实践来看，互联网商家或企业会比传统商家或企业主动，毕竟这些商家是“互联网 +”的产物，有足够的人才积累和可循经验，可以凭借这些优势去探索和开辟另外的区域，进而不断的融合更多的行业，持续扩大自己的生态边界。

无论是价值倾向或思维习惯，还是市场格局或产品风格，都决定了“互联网 +”真正难以改造的恰恰就是那些极其传统的行业。但在市场法则下，这并不意味着传统企业会永远拒绝“互联网 +”。在过去几年，众多传统企业已经开始尝试营销互联网化，借助 B2B、B2C 等电商平台来扩建网络渠道。但更多的线下企业依然还停留在信息推广与宣传的阶段，参与网络交易方面营销的深度明显不够，主要原因是这些企业尚未找到线下渠道和线上渠道冲突的合适解决方案。个别商家自建商城，但因人才、技术等原因的制约，成功案例并不多。值得指出的是，通过自创品牌，借助电商平台经营服装及零食等行业的商家已经摸索出了一条电商之路，尽管这些行业的企业贴着鲜明的传统行业标签。

与部分传统企业迟钝表现截然不同的是，在当前"全民创业"氛围下，与互联网高度融合的新型项目与日俱增，成功案例也比比皆是，其主要原因是这些项目诞生在"互联网＋"时代，与生俱来具有"互联网＋"的形态，无须经历传统企业转型与升级的阵痛。从该角度看，"互联网＋"下的新生无须耗费人、财、物去研究与实施转型。因此，可以说，在社会的每一个发展阶段都会有一个与之相适应的发展常态和发展趋势，"互联网＋"时代到来之前的常态是千万企业的转型升级，而之后的发展趋势则是大量"互联网＋"模式的爆发以及传统企业的"破与立"。

1．政府大力推动"互联网＋"

"互联网＋"代表着一种发展趋势，具有广阔的利用范围，各地政府都会制定相应建设方案，出台相关鼓励政策支持其发展。可以预见，在今后较长的时期内，政府将会在"互联网＋"的实施过程中扮演引领者与推动者的双重角色。

（1）是发现那些符合国家政策、具有区域特色和发展潜力的企业并将其立为标杆，发挥其示范效应，带动一批企业。

（2）是挖掘那些目前尚未涉足"互联网＋"，但将来能够发展成为"互联网＋"型的企业，并对其进行重点培育。

（3）是在本地区位、资源禀赋的基础上，建立更接地气的"互联网＋"孵化器或者产业园，批量培育具备互联网思维的企业群。

（4）是以政府行为引进和推广"互联网＋"应用技术，如定期邀请业内专家、行业精英、技术骨干等为当地企业培训互联网知识或解决经营中出现的问题。

2．"互联网＋"服务商崛起

互联网服务商是指为互联网用户（含个人、企业、政府）提供互联网接入服务或者信息服务的网络运营商，又可细分为 SIP、IAP 和 CIP。随着"互联网＋"的深入发展，接下来将会出现许许多多在政府与企业之间的第三方服务企业，它们可能会以互联网企业为主，但部分传统类型的企业也可能逆袭或转型成为"互联网＋"服务商，并抢占一定的市场份额。本质上讲，这是一种类似于中介或桥梁的角色，虽然它们本身并不会从事"互联网＋传统企业"的业务，但是通过它们的协作，线上、线下双方能实现有效对接，其盈利正是来自于双方成功对接而实现的增值。

这些增值服务的形态将是多种多样的，如培训、招聘、设备引进、形象设计、方案设计、资源寻找、车间改造、流程再造等。同时，"互联网＋"服务商会经历单体经营到复合体经营的历程，甚至会演变成为纯互联网模式的平台型企业。

3．"互联网＋"技术将是最热门职业

由于"互联网＋"与各行各业的深度融合，将会催生大量的专业技术需要，"转型红利"

期的最热门的职业会是“互联网 +”技术。通过培训上岗的人员、成熟的技术人员及运营人员都将是这个职业群体的重要构成。“互联网 +”服务商职业将要求每一个人都有整体规划性的思路，能够根据“互联网 + 整体解决方案”解决问题，然后再有建立在自身禀赋之上的，诸如运营和技术方面的具体擅长领域，并通过不断的向下延伸而匹配到线下的传统企业中，彰显自身价值。甚至，随着分工细化，“互联网 +”服务商将会为每个合作企业配备数个专业服务代表，通过“驻岗”“驻商”等方法为服务对象提供一对一的、全天候的服务。

4．“互联网 +”职业培训兴起

目前，“互联网 + 教育”主要体现在学生等级考试、各类职业资格等领域，但随着政府及企业对“互联网 +”人才的急骤增加，“互联网 +”的职业培训将会爆发。在线教育领域中，职业教育一直就是很火的教育类型，每年都会有很大的进步，如新东方、华图等都在在线教育领域取得了不俗的成绩。并且，随着“互联网 + 职业教育”的不断创新，每个工作岗位（如会计、人力资源管理等）的在线培训也将兴起。“互联网 + 职业培训”主要是面向两个群体：传统企业在职员工和想从事该行业的人员，但这已经是一个超巨大的市场。

5．平台（生态）型电商热度不减

从目前的发展态势来看，无论是淘宝、京东等大型平台还是某些专业性或区域性的小型平台，都将会有更多的传统型企业融入，平台（生态）型电商的热度不会减退。这些平台甚至会成立独立的“互联网 +”服务公司，深入到企业内部，开展更加全面和精细的合作。对于需要转型发展的传统类型的企业来说，加入平台既可以积累部分资源并学习其运营模式，也可以避免自搭平台承担过高风险。

6．供应链平台更受重视

供应链平台（Supply Chain Platform）是指以核心企业为中心，以物流基础设施和供应链信息平台为基础，对采购原材料开始到产品到达最终消费者手中的过程中的网链结构进行管理，对信息流、物流、资金流进行控制，以实现整体协调、流程优化以及成本最优的综合性平台。在供应链管理思想日益普及的今天，专门设计和研究供应链的商家会成为构成传统企业新商业模式主架构部分的服务者，供应链平台也会成为“互联网 +”的重要发展趋势。

7．创业孵化器深耕“互联网 +”

创业孵化器（Incubator）是指为新创企业提供办公场地、设备、咨询意见、解决方案及等的模拟企业综合系统。目前，全国已经有 1 600 多家科技企业孵化器，115 家大学科技园，8 万多家在孵企业，1 000 多家活跃的创业投资机构，其资本总量超过 3 500 亿元，互联网的接入超过 6.3 亿，固网普及率已经达到 50%。同时，由此产生的技术交易也非常活跃，2014 年全国全年技术交易成交额达到了 8 577 亿元，且近些年来一直以

15% 左右的速度在增长。当前我国正处在大众创业、万众创新的时代，各级政府都将围绕扩容增量，提升传统平台，推动“四众”发展，打造新型平台，加快转型升级而努力。同时，大部分创业项目都与移动互联网有直接或间接的关联，都可谓是“互联网 +”的产物。火热的智能硬件、在线教育、O2O 等创业项目不仅创造了新的业态，也间接推动了传感器、集成电路、软件服务以及新材料等行业的繁荣昌盛。更应指出的是，许多创业项目同样在这些领域不断涌现。相信在政策的激励和诱导下，会有更多的互联网创业项目涌现。因而，“互联网 +”项目无疑会成为各级地方政府主推的孵化器项目。

3.1.1.6 “互联网 +”的最新指导意见

从 2014 年到 2015 年，中国互联网经济正从量变走向质变。互联网像一只小鸡，正在冲破自己的躯壳，融入周围的实体世界中。将各行各业有机联合起来，Internet 已经在实现。因而，互联网实现自身价值的方式，就是融入各行各业之中，激发活力，成为驱动创新发展的新引擎。2015 年既是我国基本实现工业化之前的最后一个五年规划，同时也是“十三五”规划“大盘子”的确定之年。把互联网确定为工业化之后的新引擎，驱动工业化、城镇化和农业现代化，促进整个经济充满活力地发展，已经成为非常现实和极其紧迫的重大命题。

2015 年 7 月，国务院印发《国务院关于积极推进“互联网 +”行动的指导意见》（以下简称《意见》）。《意见》指出：“互联网 +”是把互联网的创新成果与经济社会各领域深度融合，推动技术进步、效率提升和组织变革，提升实体经济创新力和生产力，形成更广泛的以互联网为基础设施和创新要素的经济社会发展新形态；互联网与各领域的融合发展具有广阔前景和无限潜力，已成为不可阻挡的时代潮流，正对各国经济社会发展产生着战略性和全局性的影响；加快推进“互联网 +”发展，有利于重塑创新体系、激发创新活力、培育新兴业态和创新公共服务模式，对打造大众创业、万众创新和增加公共产品、公共服务“双引擎”，主动适应和引领经济发展新常态，形成经济发展新动能，实现中国经济提质增效升级具有重要意义。

《意见》指出了推进我国“互联网 +”行动的总体思路：顺应世界“互联网 +”发展趋势，充分发挥我国互联网的规模优势和应用优势，推动互联网由消费领域向生产领域拓展，加速提升产业发展水平，增强各行业创新能力，构筑经济社会发展新优势和新动能；坚持改革创新和市场需求导向，突出企业的主体作用，大力拓展互联网与经济社会各领域融合的广度和深度；着力深化体制机制改革，释放发展潜力和活力；着力做优存量，推动经济体制增效和转型升级；着力做大增量，培育新兴业态，打造新的增长点；着力创新政府服务模式，夯实网络发展基础，营造安全网络环境，提升公共服务水平。

《意见》提出我国“互联网 +”行动总体目标：到 2018 年，互联网与经济社会各领域的融合发展进一步深化，基于互联网的新业态成为新的经济增长动力，互联网支撑大众创业、万众创新的作用进一步增强，互联网成为提供公共服务的重要手段，网络经济与实体经济协同互动的发展格局基本形成；到 2025 年，网络化、智能化、服务化、协同化的“互联网 +”产业生态体系基本完善，“互联网 +”新经济形态初步形成，“互联网 +”成为经济社会创新发展的重要驱动力量。

《意见》还指出，近年来，我国在互联网技术、产业、应用以及跨界融合等方面取得了积极进展，已具备加快推进“互联网 +”发展的坚实基础，但也存在传统企业运用互联网的意识和能力不足、互联网企业对传统产业理解不够深入、新业态发展面临体制机制障碍、跨界融合型人才严重匮乏等问题，亟待加以解决。

《意见》明确“互联网 +”创业创新、“互联网 +”协同制造、“互联网 +”现代农业、“互联网 +”智慧能源、“互联网 +”普惠金融、“互联网 +”益民服务、“互联网 +”高效物流、“互联网 +”电子商务、“互联网 +”便捷交通、“互联网 +”绿色生态以及“互联网 +”人工智能 11 项重点行动。

如关于“互联网 +”创业创新，《意见》指出要强化创业创新支撑：

（1）鼓励大型互联网企业和基础电信企业利用技术优势和产业整合能力，向小微企业和创业团队开放平台入口、数据信息、计算能力等资源，提供研发工具、经营管理和市场营销等方面的支持和服务，提高小微企业信息化应用水平，培育和孵化具有良好商业模式的创业企业。充分利用互联网基础条件，完善小微企业公共服务平台网络，集聚创业创新资源，为小微企业提供找得着、用得起、有保障的服务。

（2）要积极发展众创空间：充分发挥互联网开放创新优势，调动全社会力量，支持创新工场、创客空间、社会实验室、智慧小企业创业基地等新型众创空间发展。充分利用国家自主创新示范区、科技企业孵化器、大学科技园、商贸企业集聚区、小微企业创业示范基地等现有条件，通过市场化方式构建一批创新与创业相结合、线上与线下相结合、孵化与投资相结合的众创空间，为创业者提供低成本、便利化、全要素的工作空间、网络空间、社交空间和资源共享空间。实施新兴产业“双创”行动，建立一批新兴产业“双创”示范基地，加快发展“互联网 +”创业网络体系。

（3）要发展开放式创新：鼓励各类创新主体充分利用互联网，把握市场需求导向，加强创新资源共享与合作，促进前沿技术和创新成果及时转化，构建开放式创新体系。推动各类创业创新扶持政策与互联网开放平台联动协作，为创业团队和个人开发者提供绿色通道服务。加快发展创业服务业，积极推广众包、用户参与设计、云设计等新型研发组织模式，引导建立社会各界交流合作的平台，推动跨区域、跨领域的技术成果转移和协同创新。

《意见》提出了“夯实发展基础、强化创新驱动、营造宽松环境、拓展海外合作、加强智力建设、加强引导支持和做好组织实施”等推进“互联网 +”的七方面保障措施。

"夯实发展基础"应从巩固网络基础、强化应用基础、做实产业基础以及保障安全基础等方面入手；"强化创新驱动"应从加强创新能力建设、加快制定融合标准、强化知识产权战略以及大力发展开源社区等方面入手；"营造宽松环境"应从构建开放包容环境、完善信用支撑体系、推动数据资源开放以及加强法律法规建设等方面入手；"拓展海外合作"应从鼓励企业抱团出海、发展全球市场应用以及增强走出去服务能力等方面入手；"加强智力建设"应从加强应用能力培训、加快复合型人才培养、鼓励联合培养培训以及利用全球智力资源等方面入手；"加强引导支持"应从实施重大工程包、加大财税支持以及完善融资服务等方面入手；"做好组织实施"应从加强组织领导、开展试点示范和有序推进实施等方面入手。

3.1.2 应急产业

3.1.2.1 产业的内涵

了解和掌握产业的形成与发展过程是研究产业经济的基础，在不同的历史时期，产业被赋予了不同的含义。如何正确地理解和把握产业的形成、内涵以及分类并对应急产业进行重点介绍是下面需要解决的问题。

1．产业的形成

（1）产业是社会分工的产物。从社会发展的历史进程来看，产业伴随着社会分工而产生，并随着社会分工而发展，因而产业是社会分工的产物。野蛮时代早期，人类过着群居生活，生产力水平极其低下。那时，狩猎和采集几乎就是人类全部的劳动，社会分工尚未出现，生产部门也没有形成，产业当然也无从谈起。到了野蛮时代中期，游牧民族已有自己的财产——牲畜，牲畜累积到一定数量时，就可以时常提供超出满足自身消费后的剩余。此时，事实上已经出现了游牧民族与非游牧部落之间的分工，经常交换的前提条件已经具备。野蛮时代晚期，农业和手工业之间发生了进一步的分工，从而发生了直接作为交换的、日益增加的一部分劳动产品的生产，这就促使不同生产者之间的交换变成了社会的迫切需要。文明时代巩固并加强了所有这些在它以前发生的各次分工……此外它又加上了一个前三次、它所特有的、有决定意义的重要的分工：它创造了一个不从事农业生产而只从事产品交换的阶级——商人。这也就是农业、畜牧业、手工业和商业等产业部门在三次社会大分工之后便逐渐形成的主要原因与历程。

随着社会生产力水平和劳动生产率的进一步提高，社会分工进一步深化，其主导形式开始演变成了特殊分工。例如，农业以可细分为种植业、畜牧业、林业、渔业、副业；工业也可以细分为基础工业、制造业、建筑业等产业。而且，这些大类下的产业种类也随着社会生产力的提高再进一步提高，社会分工再进一步细化，又不断出现新兴产业，并使特殊分工的主导形式日益复杂化。

（2）生产力发展的必然结果。生产力发展的主要标志是生产工具的进步。石器时代之前，人类使用的生产工具是来源于自然的、没有加工改造的天然工具，其制作水平相当简陋、落后，因而生产力水平也非常低下，社会分工也没有出现。到了石器时代，人类开始使用经过简单加工和制作的石器工具，生产力水平有了长足进步。随着社会生产力日益提高，新工种陆续出现，畜牧业形成了自身特色和产业边界，正式从农业中分离出来而成了独立的产业部门。再后来，人类进入了青铜器和铁器时代，开始使用金属制成的生产工具和生活用具，这种飞跃大大促进了生产力发展，并使金属冶炼、工具制作等成了新生产部门。此时，在生产力不断提高的推动下，专门从事商品交易的商业部门也独立出来，形成了新的生产部门。与此同时，手工业部门也出现了分工深化，制酒、制盐、丝绸、棉纺等传统手工业不断发展，劳动生产率大大提高，社会生产力的迅速发展，新产业部门开始不断出现。20世纪初和中期的第二次工业革命和第三次科技革命大大地促进了社会生产力的发展，各产业内部分工进一步细化，再次诞生了大批新兴产业部门。

（3）产业内涵、外延不断充实、扩展。产业发展的另一个标志是：随着社会生产力水平的不断提高，产业的内涵不断充实，外延不断扩展。在社会生产力水平低下的时期，将人类生产活动分成比较简单大类的一般分工是社会分工的主导形式，如农业、工业、服务业。随着社会生产力水平的提高，社会分工的深化，其主导形式开始表现为特殊分工。进入资本主义工业生产以后，工业的发展对社会经济各行各业和各个部门都产生深远的影响，产业的内涵由此不断扩大。进入近代，产业的内涵扩展到了农业、工业和服务业三大产业及其相应的细分行业；进入当今时代，产业的内涵与外延进一步拓展，凡是具有投入产出活动的行业或部门均可纳入产业范畴。从部门来看，产业既包括物质资料部门，也包括非物质资料部门；从范围来看，产业既包括生产领域，也包括流通领域。

2．产业的内涵

从语义角度看，“产业”一词可以有多种解释。在英文中，“产业”“行业”“工业”等都可以是同一个单词——“Industry”。从经济学的角度看，“产业”泛指具有某种同类属性的经济活动的集合。目前，比较普遍的产业的定义有以下几种。

（1）产业是现在经济生活中从事生产或作业的各行业、各部门以及企业和私人服务单位的集合，换而言之，产业是为国民经济提供产品或者劳务的组织或部门的集合。

（2）产业是存在并发展与社会生产劳动过程中的技术、物质和资金等要素及其相互联系构成的社会生产的基本组织结构体系，也就是说它是社会劳动的基本组织体系。

（3）狭义的产业是指从事同类经济活动的企业、事业单位和个体所构成的一个具有共同特点的整体。

（4）广义的产业是指从事国民经济中性质相同的生产或其他经济社会活动的企业

单位、事业单位、机关团体和个体的综合。

从上述有关产业的描述可以看出，有些界定是就产业的外延而言的，有些则是对产业内涵进行了概述，有些是描述了狭义角度的产业，有些则是描述了广义角度的产业。可见，产业是一个涉及面非常广泛、内容极其庞杂的复合概念。但通常认为，产业是建立在社会分工基础之上，国民经济体系中在产品和劳务的生产和经营方面具有某些相似特征的企业或单位及其活动的集合。简单地说，产业是指具有某种共同特性的企业的集合。共同特性是将企业划分为不同产业的衡量标准，但同一企业也会有多种不同的表现特征，如果用不同视角审视企业相关共同特征，则可将同一企业划归于不同的产业。

3．产业的分类

对产业进行分类是为了研究和管理产业，因而产业分类体现着人类的主观意志，分类方法与水平也标志着人类对产业发展规律的认知和把握程度。总体而言，所有关于产业的分类方法都遵循着共同的思维，即按一定的标准，把具有不同特点的产业划分为不同类型，以便对其进行研究和有效管理，促进其更好地发展。

作为国民经济的中观层次，产业及其相互关系相互交错、彼此影响，且整个国民经济的运行和发展正是建立在产业发展及其互动的基础之上。同一对象，从不同的角度可以划分成不同的系统。如人体，从物理学的角度可以看成是由分子、原子、电子构成的系统；从生物学的角度可以看成是由细胞构成的系统；从心理学的角度又可以看成是由性格、气质构成的系统。产业系统同样如此，从不同的角度可以作各种不同的划分，且具有合理性和逻辑性。由于客观对象自身千差万别，内涵与表征多种多样，加上分析主体的研究重点、切入视角以及依据标准等的不同，产业分类的方法及其分类明细也就不尽相同。下面主要介绍马克思两大部类分类法、农轻重产业分类法和霍夫曼产业分类法。

（1）马克思的两大部类分类法为了揭示资本主义生产的本质和剩余价值产生的秘密，马克思在对社会再生产过程进行剖析时采用了两大部类分类法。该分类法分类标准是产品的最终用途，分类的目的是为了分析不同物质生产部类的相互关系，进而揭示社会再生产的实现条件。按照马克思的观点，产品主要有生产消费和生活消费两大用途，因而，社会生产部门也可分为相应的两大部类。

第一，生产资料的产业部类（第Ⅰ部类）。该部类主要指生产各种生产资料的部门，包括生产各种生产工具、设备、原料、材料的生产部门，其产品用于生产消费。换而言之，两大部类分类法下第1部类是指所有未进入最终消费的产品的部类。

第二，生产消费资料的产业部类（第Ⅱ部类）。该部类主要是指生产各种个人消费品的生产部门，其产品用于个人生活消费，而不再进入消费领域。

应该说，马克思关于两大部类的均衡发展的精辟分析，深刻地揭示了社会再生产运动的内在规律，论证了要使社会再生产正常进行，就必须要对生产资料的生产和消费资料的生产进行追加，而且这两个补偿和追加之间还要保持适当的比例关系。马克思关于两大部类分类方法是产业结构理论的基本来源之一，是投入产出经济理论（Input-output Economic Theory）创始者华西里·里昂惕夫（Wassily W·Leortief）编制投入产出表的基础。该分类法揭示了社会再生产顺利进行时两大部类产业间的实物和价值构成比例平衡关系，为社会再生产过程的研究提供了重要的理论基础。这也是两大部类分类法曾经引起较大重视的原因所在。

但两大部类分类法也存在非常明显的应用缺陷。第一，该分类方法未将诸如服务类的非物质生产部门包括进去。随着经济社会的不断发展，产业早已突破物质生产领域的界限，扩展到了非物质生产部门，而且非物质生产部门已经分化成为一个庞大的产业系统，不仅自身创造了巨大的国民财富，也为物质生产部门提高生产效率做出了巨大贡献。由此可见，建立在两大部类分析法上的产业分析很难真正反映产业结构升级和转换的内涵。其次，如果再细分现实生产中的产业，会发现其中包含着多种产业部门之间相互提供中间产品和服务的错综复杂的联系，而两大部类分类法难以描述产业间错综复杂的投入产出关系和其他产业关联关系。上述两大因素也许正是马克思两大部类分类法未能得以、也不可能得以广泛使用的原因所在，但无论如何，该产业分类思想为其他人的相关研究开启了智慧之门。

（2）农轻重产业分类法。农轻重产业分类法来源于苏联，是当时社会主义国家的分类方法，涉及农业和工业两个领域。农轻重产业分类法是基于物质生产的不同特点而进行的分类。受苏联的影响，新中国成立到改革开放前一直使用该分类法作为制定国民经济发展规划的分类工具。按照该分类法的逻辑，社会经济活动中的物质生产可分为农、轻、重三个产业部门。

第一，农业。如种植业、畜牧业、林业、渔业等。

第二，轻工业。泛指以提供生活消费品为主的工业，如食品、日用化工、纺织、鞋帽、印刷、家具、制革等。

第三，重工业。泛指为国民经济各部门提供物质技术基础的主要生产资料工业，如钢铁、冶金、电力、化工、石油、机械等。

然而，这种产业分类方法同样存在一定的局限性。第一，它没有突破马克思两大部类分类法的局限，仍然是针对物质生产领域的分类，非物质生产部门依然排除在外，这显然不利于对产业经济问题进行全面、系统的研究。第二，随着科学技术的快速发展和产业融合的不断深入，农、轻、重界线越来越模糊，且许多新兴产业难以归类到哪一部门，这对该分类方法提出了致命性的挑战。第三，农轻重分类法本身也不够精细，它既很难深层次地揭示产业结构变化对经济发展的影响，也使统计结果的比较价值大打折扣，这都给产业经济的分析和研究带来了重重困难。上述局限决定了该分类法只适用于工业化早期阶段，随着工业化的纵深推进和社会的发展，它必然会被弃用。

（3）霍夫曼产业分类法。1931 年，德国经济学家霍夫曼（Heinz Hoffmann）在其著作《工业化的阶段和类型》一书中将产业划分为三大类，即消费资料产业、资本资料产业和其他产业。霍夫曼分类的主要目的在于区分消费资料产业和资本资料产业。霍夫曼产业分类法的基本原则是：某产业产品的用途有 75％以上是消费资料，该产业归于消费资料产业（Consumption Goods Industries）；75％以上是资本资料，该产业归于资本资料产业（Capital Goods Industries）。上述原则下无法确定归属的产业，就全部列入其他产业范畴。

第一，消费资料产业。消费资料主要用于生活消费，如食品工业、纺织工业、皮革工业、家具工业等。

第二，资本资料产业。资本资料是形成固定资产的生产资料，如冶金及金属材料、一般机械工业、运输机械工业、化学工业等。

第三，其他产业。如造纸、橡胶、木材、印刷工业等。

霍夫曼分类法是从工业生产过程进行的产业分类，主要是用来衡量工业化程度。这一划分的缺点是，他确定以 75％为划分界限在实际生活中是难以划分和量度的，因而这一分类方法在特定条件下才有实际应用价值，不具有普适性。

（4）费希尔 - 克拉克分类法。1935 年，澳大利亚经济学家费希尔（Fisher）在《安全与进步的冲突》一书中，首次系统地提出了现代广为使用的三次产业分类方法及其依据。1940 年，英国经济学家科林·克拉克（Colin Clark）在《经济进步的条件》一书中，运用三次产业分类法研究了经济发展与产业结构变化之间的关系和规律，从而开拓了产业结构理论的研究领域，使费希尔的三次产业分类法自此得到了广泛的应用。因而，后人也将费希尔的三次产业分类方法称为费希尔 - 克拉克分类法。

费希尔 - 克拉克分类法，是以产业发展层次顺序及其与自然界的关系作为产业分类标准，把全部经济活动划分为第一产业（Primary Industry）、第二产业（Secondury Industry）和第三产业（Tertiary Industry）。其中，第一产业是指与人类第一个初级生产阶段相对应的农业和畜牧业，具体包括种植业、畜牧业、渔业、狩猎业和林业；第二产业是指与工业的大规模发展相对应的、以对原材料进行加工并提供物质资料的制造业为主的产业，具体包括制造业、采掘业和矿业、建筑业以及煤气、电力、供水等；第三产业是指以非物质产品为主要特征，包括商业在内的服务业，具体包括运输、通信、仓储、商业贸易、金融、房地产、旅游、饮食、文化、教育、科学、新闻、传播、公共行政、国防、娱乐、生活服务等行业。

费希尔 - 克拉克分类法提出来后，受到了各国的普遍重视，20 世纪 50 年代至今，一直是国际通用的分类法。

3.1.2.2 应急产业的内涵

1. 应急产业的含义

应急产业是公共安全与应急救援产业的简称，是指为有效应对自然灾害、事故灾难、公共卫生事件、社会安全事件等突发事件的发生及其影响，在事前预警防范、事中处置与救援、事后恢复与重建等环节提供应急产品、应急设施或应急服务的社会经济组织的集合。

中共十六大以来，特别是“非典”以来，我国对公共事件应急体系建设的步伐明显加快。同时，《中华人民共和国突发事件应对法》诸多章节对支撑我国应急管理能力的产业进行了规定，如第 36 条中的“鼓励、扶持教学科研机构和有关企业研究开发用于突发事件预防、监测、预警、应急处置与救援的新技术、新设备和新工具”；《国家突发公共事件总体应急预案》也提出“依靠科技，提高素质，……”等。我国国家发展与改革委员会于 2011 年在《产业结构调整指导目录》中新增加了鼓励发展的“公共安全与应急产品”类别，首次将应急产业作为单独产业类别鼓励发展，共确定了 43 项重点发展的突发事件监测、预防、处置和服务产品。应急产业的发展对提高应急管理能力，促进我国经济结构转型具有重要意义。

2. 应急产业的分类

根据《中华人民共和国突发事件应对法》和《国家突发公共事件总体应急预案》的有关规定和应急管理活动的四个过程，我国的产业体系主要包括预防产业、监测预警产业、应急处置与救援产业、事后恢复与重建产业以及应急保障相关产业，其中应急保障相关产业又包括教育培训产业、应急物资储备保障产业、应急通信保障产业和科技支撑产业等。

（1）预防产业。预防产业是指与防灾减灾能力相关的产业，如有关防汛抗旱、防震抗灾、海洋灾害防护工程、农田和耕地保护、生物多样性工程、森林防火工程、地质灾害防灾工程等的产业，均可属于预防产业。

（2）监测预警产业。监测预警产业是指与公共安全监测、预防以及预警相关的产业。社会安全和事故灾难监测预警需要大量安保科技产品；自然灾害监测预警需要卫星遥感、航天航空等高新技术；卫生突发事件监测同样需要大量高科技检测设备与试剂。这些都是应急产业中的监测预警产业。

（3）应急处置与救援产业。应急处置与救援产业主要是指应急处置装备的生产和维护相关的产业，具体涉及应急救援的人力资源、物资保障、专用装备、技术、物流体系、通信设施等。应急处置装备不仅要求专业、先进，而且要讲究配套性。

（4）事后恢复与重建产业。事后恢复与重建产业主要是指消除事件影响、妥善安置受害人员、恢复正常秩序等相关产业。具体涉及需求评估、金融信贷、保险、规划选址、工程实施、技术保障、基础设施、生态环境等。

（5）应急保障相关产业。应急保障相关产业主要包括教育培训、应急物资储备保障、应急通讯保障和科技支撑等方面的产业。

第一，教育培训产业。应急教育培训产业主要包括应急知识宣传普及、应急演练、应急管理培训等。培训对象有领导干部、应急管理干部、基层工作人员、企业负责人、各层级应急队伍、应急救援志愿者和基层单位管理人员、培训教员和社会公众等。教育培训有职内培训和职外培训等。

第二，应急物资储备保障产业。应急物资储备保障产业主要包括应急物资监管、生产、储备、调拨、紧急配送体系等。

第三，应急通信保障产业。应急通信保障产业是指与建立健全应急通信、应急广播电视保障工作体系，建立有线和无线相结合、基础电信网络与机动通信系统相配套的应急通信系统，确保通信畅通相关的产业。如应急通信产品、技术和服务等。

第四，应急科技支撑产业。应急科技支撑产业主要是指为提高事前预警防范、事中处置与救援、事后恢复与重建等环节防控水平的相关产业。

3．应急产业的特性

作为一个产业，从整体来说，应急产业具有如下特性。

（1）需求的广泛性。公共卫生事件、社会安全事件、自然灾害、事故灾难等突发事件几乎无处不在，时有发生，因而应急事件发生的广泛性决定了应急产业涉及领域的广泛性。从需求主体角度来看，个人、家庭、企业、政府等各类经济社会主体均有可能产生应急需求；从空间分布角度看，既有国际应急需求，也有国内应急需求，同时，国内应急需求中，又有跨省应急需求、省内应急需求等；从行业分布角度看，国民经济的每个行业都存在着应急需求；从应急活动环节来看，存在着事前、事中和事后应急需求。

（2）需求的诱致性。通常情况下，对应急产品的需求不是直接性的，而是因为要应对发生或可能发生的应急事件而产生的需求。应急需求主体提出各种应急要求的目的是着眼于减少生产生活中各种突发事件和意外事故发生的概率，减少事故可能带来的损害。

（3）需求的刚性。需求刚性（Rigid Demand）是指生产一件产品或建设一项工程，对各种物资的需求，质上替代性小，量上是既定的。在事件发生时，需求主体对应急产品或应急服务的需求具有明显的需求刚性。

（4）供给的多样性。因为许多应急事件的破坏是全方面的，应急产业面对的需求也就遍及国民经济和社会生活的各方各面，这决定了应急产品或服务供给的多样性。如为了应对洪水，需要供给的产品就包括抽水泵、水带、砂、水桶、铁锹、对讲机、水泥、雨衣、雨裤、雨鞋、发电机、应急电缆以及药品等。

（5）供给的关联性。应急产业在我国是近些年来才被当作一个独立的产业看待的，它脱胎于传统产业，服务于国民经济各行各业，它的发展理所当然离不开其他产业的支持，与相关产业有极强的交叉性、渗透性和关联性。比如，一旦产生应急产品需求，与之密切相关的医疗服务和药品的需求的就必然会产生。

（6）时效性。时效性（timeliness）强调的是产品或服务仅在一定时间段内具有价值的属性。“不用不急，用则急需”，应急产品和服务需在突发事件发生的第一时间内使用，否则就会失去其价值属性，甚至产生负面影响。

3.1.3 “互联网＋应急产业”的现状和主要内容

3.1.3.1 “互联网＋应急产业”现状

信息化时代，互联网技术已渗透到人们生产生活的每个角落，改变了人们的消费习惯和行为方式。互联网也在深刻地影响并改变着各行各业。有专家预言，继服饰、3C数码之后，应急产业电子商务将是下一个开发的市场。在互联网的大浪潮下，如何快速抓住时机，利用互联网思维来重塑行业，实现转型升级，是所有应急产业企业必须深入思考的一个问题。

事实上，近些年来，“互联网＋应急产业”已经悄然出现在人们应对各类突发事件选项中，大大提高了人们的应对能力。2010 年青海玉树遭遇 7.1 级强震，给当地人们的生产生活带来了严重的破坏。在应对该突发事件的救援过程中，已经看到了“互联网＋应急产业”的强大力量。如远程影像诊断系统，使伤员病情影像在最短的时间内远程传输，让伤员得到远在千里之外的专家诊断和救治；新高原保障车等多种新技术后勤装备，让远离灾区的人们能实时了解其物资短缺情况。与互联网密切相关的大量新技术和新装备的投入使用，为救援提供了及时而高效的保障，为不断创造出生命奇迹奠定了坚实的基础。

3.1.3.2 “互联网＋应急产业”主要内容

关于“互联网＋应急产业”新概念，我们可以从以下几个方面来理解。

（1）“互联网＋危机预防产业”。网络环境下，由于信息传播速度快，危机控制能力变弱，社会和组织面临着形式多样、层出不穷的各类危机。但危机并非神出鬼没、深不可测，它是可以被预防和控制的。任何危机从酝酿到爆发都有一个形成和扩散的过程，在这个过程中会有各种或强或弱的信号发出，会有或强或弱的痕迹显露。众所周知，预防是解决危机的最好方法，因此，社会和组织需要在网络环境下充分准备，未雨绸缪，增强抵御危机的能力，积极进行实时危机信息侦测、信息评估、适时响应并采取预控措施，降低社会和组织可能遭受的损失，将危机扼杀在萌芽状态。这样“互联网＋危机预防产业"就产生了。如近年来，电台直通车、电视对话、网上交流逐渐成为政府和老百姓沟通的新途径，这些产业实际上可视为"互联网＋危机预防产业"。

（2）"互联网＋应急管理"。"互联网＋应急管理"重点在于应用新技术、转变新思维、发展新模式。以移动互联网、物联网、大数据为核心的信息技术不仅作为工作效率提升的工具，更要和业务结合进行流程和管理的变革创新，实现应急管理模式转变。其中最核心的是引入互联网思维替代传统的管理思维，包括用户思维，扁平思维、平台思维、跨界思维，迭代思维等。具体在应急管理信息化上主要体现融合、智能、协同、体验。通过信息化和管理变革的深度融合，在预防预备、监测预警、应对处置、善后恢复阶段可真正做到从容应对，急变不"急"。实际上，这些都是"互联网＋危机管理产业"

（3）平台化危机产业。平台化为应急救援开辟新渠道。建立向社会开放的自主应急救援服务平台，打破封闭的应急救援管理体制，一方面可以吸收社会力量参与应急救援工作，另一方面也可以疏通应急救援信息的来源渠道。如国外紧急救援（E-Call）业务的模式和经验，在物联网条件下，将先进的车联网技术和各种救援信息网络相结合而建立的应急救援服务平台，实际运行中效果非常良好。这些实际上就是平台化危机产业。

（4）大数据危机产业。以大数据为工具，可以快速提供综合的决策模型，为应急决策指挥提供支持，提升应急救援能力。大数据时代提供了海量数据及其处理能力，将其应用于主动安全和应急救援系统上，将有效改善应急救援的现状。大数据技术可以快速整合信息数据，构建安全模型，全面深入分析各类危机事件，满足应急救援所需要的实时获取信息、预测预警、智能研判、信息共享、应急联动和辅助决策等需求；同时，可靠的信息来源，除了保障应急救援决策外，还有利于封锁谣言，开辟正面的信息发布通道，准确清楚地向公众传递相关危机信息，避免社会恐慌，维护社会正常秩序，减少次生伤害。因此，与危机相关的大数据收集、抽取、挖掘、预测和推演等，均可视为大数据危机产业。

（5）"互联网＋应急培训产业"。为了应对危机，企业和社会要建立健全安全应急培训、实训机制，将基础理论培训、现场装备设备实训融为一体，全面开展仿真模拟体验式培训；企业和社会要通过互联网，建立专业的应急救援网络教育培训体系，使更多的员工或公众了解和掌握应急救援所需的知识与技能；社会要建立专业网站，传播应急救援产品、技术等知识，要传递救援信息、自救手段，实现信息交流等。这些就是"互联网＋应急培训产业"。

综上所述，"互联网＋应急产业"是利用现代信息通信技术以及互联网平台，让互联网与传统应急产业深度融合，创造出一种新的发展生态。"互联网＋应急产业"能充分发挥互联网在社会资源配置中的优化和集成作用，将互联网的创新成果深度融合于应急产业各个环节之中，是全社会创新力和生产力的重要组成，它不仅提升了企业和社会的应急响应能力，减少可能的危机或真正的危机对社会的冲击的破坏，也促进了行业自身的发展。

3.2 农村公共危机防控的“互联网＋应急产业”

3.2.1 农村公共危机

3.2.1.1 农村公共危机的含义

学者们一般认为，“危机”（crisis）一词是源自希腊语“krisis”（决断）和“krinein”（分隔、决定、判定），但也有不同意见，部分人认为拉丁语的“decisio”（决定、决断）是危机的词源。最初，希腊语的“危机”一词普遍应用于医学领域，其原意是形容病人是走向死亡，还是逐渐恢复的关键转折点，后来被逐渐演绎成人们不可预期的、难以控制的状态。

1972年，危机理论研究先驱赫尔曼（Hermann）给危机下了这样的定义：“危机是威胁到决策集团优先目标的一种形势，在危机状态下，决策集团能决策和反应的时间极其有限，且形势常常向决策集团意想不到的方向发展。”但对于这种“决策取向型”的定义，后来的学者们大多认为其观点过于狭窄。1993年，英国经济学家巴顿（Barton）提出，危机是“一个会引起潜在负面影响的具有不确定性的大事件，其后果可能对组织及其员工、产品、服务、资产和声誉等造成巨大的损害”。该定义是从负面效应出发而下的定义，说明了危机包括看不见的隐性危机和看得见的显性危机。1998年，斯格（Seege）等认为，危机是“一种能够带来高度不确定性和高度威胁的、特殊的、不可预测的、非常规的事件或一系列事件。”他从危机的主要特征出发对危机的含义进行了描述。

从中文来看，“危机”是由“危”和“机”两个字构成，“危”蕴含有“险、急、紧”等意思，而“机”则蕴含有“时机、时刻、机会、机遇”等意思。国内对危机及危机管理的研究虽起步较晚，但近些年来发展较快。2000年，我国学者李云宏、吕洪兵将危机的定义界定为：“在任何组织体系及其子系统中，因其内部条件和外部环境的突然变化，对组织系统的利益及其总体目标构成巨大威胁而导致的一种极为紧张状态。”该定义认为危机是一种紧张状态，且这种紧张状态是由于组织内部条件和外部环境的突然变化所致。2003年，我国著名危机管理学者薛澜对危机做了这样的描述，“危机通常是在决策者的核心价值观念受到严重威胁或严峻挑战，且有关决策信息极不充分，事态发展具有高度的不确定性以及需要快速决策等诸多不利情境的汇聚。”此定义既具有经济学的视角也具有管理学的视角，它强调了危机具有重大影响且化解危机也是困难重重。2004年，国内危机管理研究者刘刚在综合国外研究成果的基础上，将危机定义为，“一种对组织基本目标的实现构成威胁、要求组织必须在极短的时间内做出关键性决策和进行紧急回应的突发性事件。"

综观上述，对危机的理解需要从以下三个角度来把握。即危机是对组织系统构成不利影响的特殊事件，可能是一件，也可能是一组或一系列，会给当事人带来严重损失甚至生存威胁；危机的突发性决定了处理时间的紧迫性、回旋余地的狭窄性以及决策和行动的果断性；危机是一个不断积累的量变过程的最终爆发和最终呈现。

因此，本书认为，危机是指这样一种状态，事物在一定矛盾量变的不断积累下，导致事物内在矛盾的突然性激化，当出现突发事件等诱因时，该事物将会受到冲击和破坏，进而严重地威胁到其正常的生存与发展，甚至改变或完全颠覆其整体发展趋势和运行轨迹。

虽然国内外学者从不同的侧面对危机做了较多的界定，但关于农村公共危机的定义则明显不多。李燕凌等（2005）提出，农村公共危机是一系列严重危害农村社会安全、政治稳定和经济可持续发展的社会政治经济现象。伍国勇（2014）则认为，农村公共危机是指在自然、经济、政治与社会矛盾运行中，由于对立性矛盾的积累和激化导致的冲突性事件，危机可以表现为自然状态、社会状态、经济状态、宗教、政治与文化状态等冲突，危机一旦爆发就会导致社会福利的整体下降。

目前，国内学者对公共危机的划分标准不尽一致，主要从危机诱因、性质和影响等几个层面进行分类。杨安华（2005）对少数民族地区的农村公共危机进行了分类，即自然灾害型、传染性疾病、文化冲突型、宗教异化型和利益失衡型五大类。李飞星、陈万灵（2007）则认为农村危机表现形式主要有三类：由纯粹自然界引发的社会危机、人们行为导致自然界生态系统失衡而产生的自然灾变、基于利益或意识形态的矛盾、冲突而产生非和平的、越轨的、犯罪的行为所引起的巨大社会动乱。由此可见，农村公共危机诱发的原因并非单一，危机本身的复杂性和多样性决定了其分类的复杂性。因而，不同学者给出不同的划分标准及明细也是情有可原。

本书认为，农村公共危机是指冲击农民的基本价值观念和道德规范的、危害农村社会安全、政治稳定、生态环境及经济可持续发展的经济、社会和政治现象的总称。

3.2.1.2 农村公共危机的主要表现形式

大体而言，农村公共危机的主要表现形式有农村群体性突发事件、农村灾难危机、农村民主政治建设危机、农村生态环境危机、农村多元文化的冲突危机以及农村公共服务落后和公共产品供应不足导致的教育、医疗、生态等系列危机。

（1）农村群体性突发事件。农村群体性突发事件通常是指发生在农村地区、由农村内部社会矛盾引发并形成一定规模，给区域内经济发展和社会和谐造成负面影响的事件。其表现形式主要有请愿、集会、上访、集众械斗、游行、堵塞交通、冲击党政机关等。如2008年的贵州瓮安事件、云南孟连事件、广东惠州717骚乱事件等。

（2）农村灾难危机。农村灾难危机主要是指各种自然灾害和安全事故。我国是一个自然灾害频繁的国家。如2015年西部地区频发的地震、全国多次来袭的低温雨雪、时有发生的风雹旱灾以及严重的地质灾害等。

（3）农村民主政治建设危机。我国农村地区实施的是村民自治，但在基层民主政治建设中，特别是在村委会选举中出现贿选和暴力选举等情况，这已经成为基层民主选举中的一颗毒瘤，严重影响村级民主和村民自治的推进。2010年在云南省建水县临安镇永善村的选举现场，贿选的村民雷某在村民中说“谁愿意付钱给选民，选民就投谁的票。”雷某还直接给选自己侄儿的选民付钱；太原市“城中村”改造，花费千万只为买一个村主任等，类似情况在我国农村地区屡见不鲜。

（4）农村生态环境危机。农村生态环境危机包括土地面源的污染、农村工业发展的负面影响、城市污染转移以及自然资源的乱垦乱伐等。首先，由于农业生产技术落后，许多农村地区依靠大量化肥、农药和农膜的使用，以追求农产品数量增长，致使这些地区土地面源的污染严重；其次，许多农村地区在发展工业的时候，只顾眼前利益，工业废气、废水不经任何处理随意排放，造成农村空气、地表水、地下水和土壤的严重污染。再次，一些地区“污染下乡”现象较为严重，给农业生产和农民生活造成了极大威胁。最后，许多农村地区为了经济利益，盗采乱伐自然资源，直接造成了生态环境危机。

（5）农村多元文化的冲突危机。在当今信息时代，农村对外交流和互动与日增加，其文化也呈现出了流行性、多元性的特征。文化素质本来不高的中国传统农民面对这种新形势和新变化，很容易陷入惆怅和惘然之中，不知所措，导致文化认同上的茫然，而文化认同的茫然将导致价值选择困惑，而价值选择困惑又将导致信仰危机。近些年来，一些落后文化、宗教迷信、黑恶势力在农村死灰复燃，以及赌博、反动会道门、蒙骗活动又开始在农村猖獗，这些都与农村多元文化冲突危机具有一定的内在关联。

（6）农村公共服务落后和公共产品供应不足导致的教育、医疗生态等系列危机。长期的城乡二元结构矛盾，导致农村教育、农村公共卫生资源、城乡社会保障事业与城市相比存在巨大的差距，而这些差距不仅自身就是导致农村危机发生的直接因素，而且也使得预防和应对农村危机的基本物质条件极其匮乏。

3.2.2 “互联网+”下的农村公共危机防控

3.2.2.1 危机防控决策依据

决策（Decision Making）一词的意思就是做出决定或选择。从本质上讲，现代决策是从决策目的出发，依据一定的认识模型对信息加工处理并制定相应方案的过程。因而，信息、认知模型、分析时间是决定决策质量高低的三个主要因素。第一是信息，从人类决策的流程来看，人们都是通过信息了解客观系统的运动状态、规律及其内在联系，从而达到对客观事物的把握和对问题的确定。因而，信息是决策最基本的要素，信息的缺失或者不完备会使整个决策活动成为无米之炊而难以进行，即使做出了决策，也会与客观事物运行规律发生偏离，造成资源浪费。第二是认知模型，要将信息转换为决策知识，支撑决策，就必须要经过认知模型对信息进行加工、解读和转换，从而形成有关客观对象的决策知识。如果人们对客观对象的内在联系与规律一无所知或者知之甚少，或者认识模型不科学，那么就会形成对信息的错误解读，从而导致决策的无效。第三是可以利用的时间。决策中，信息要经过收集、传递、分析、加工、转换，然后还要确定问题、制定策略，这都需要耗费一定的时间资源。

综上所述，信息的完备性、准确性、及时性以及认知模型正确程度和决策与利用的时间共同构成了约束决策质量的前提条件，而危机决策在这三个方面往往难以具备，限制了有效决策知识的形成，从而构成了危机决策的困境。

3.2.2.2　信息与农村公共危机防控决策

农村危机事件通常是对农村社会系统的基本价值和行为准则体系等产生严重威胁，并且需要在信息极为缺乏、时间约束性很强和不确定性极高的情况下，必须对其做出紧急决策的这一类事件。因而，农村危机真正出现时，人们所面对的是一种不同于常规的、“小概率”特殊情景，其非常见性、爆发突然性、时间紧迫性、发展难以预测性和不确定性非常明显且交织在一起，这些特点构成了农村公共危机管理所面临的特殊决策情势。

在应对农村危机中，决策者经常面临的最严重的问题是有效信息的缺失。在一个良好的农村危机应对机制中，决策者必须具备两类基本信息：农村公共危机事件所处的环境信息和导致危机因子的有关信息。前者如基础设施、自然环境、交通区位、人口规模、政策法规、应急资源、危机管理者组织、危机利益相关者等方面的信息，后者是每一类危机事件特有的信息，如地震、风暴、洪水等自然灾害的等级、烈度信息，以及传染病的感染率、传染速度信息等。因为农村危机事件的突发特性，反映出信息模糊、散乱、混沌的特点，以“信息雾”的状态存在，再加上农村信息基础设施较差，传播不畅，这样造成决策者所掌握的信息不完全、不及时、不准确，形成了一个巨大的信息差，加大了农村公共危机防控决策的难度。

同时，在农村公共危机中，决策者也同样面临着认知困境和时间困境。在传统的小数据时代，储存在人们有限的记忆库中类似的信息非常稀少，更谈不上具有科学的认知模型。人们对于农村应急事件的起因、发展，走势等内在联系知之甚少，即使有了少量的相关信息，由于“分析瘫痪”，人们面对农村危机仍然是茫然无措，束手无策。与此同时，应对农村危机是一个高度紧张和巨大压力的情景，相关决策者必须在极为有限的时间内做出快速反应并果断决策，然而，在现实中往往是由于信息传递、加工、转换的迟滞，等决策者拿出方案时，农村有关危机已经深化、恶化，干预的最佳时机已经失去。

由此可见，信息对农村公共危机防控决策何等重要。

3.2.2.3 农村公共危机防控的“互联网 + 应急产业”

由于以上决策困境的存在，使得农村公共危机决策的质量难以提高，只能徘徊在经验决策与非理性决策的范围之内，不能有效地对农村公共危机进行干预和控制。大数据和“互联网 +”技术作为人类的一种新信息技术与新认知方法，在很大程度上可突破农村公共危机决策中面临的困境，提高决策质量，有效干预和控制农村公共危机。

哪怕是偏远的农村地区，大数据技术也可极大地扫除信息盲区，可使人类获得针对自然与人类社会运动变化的巨量信息，由于技术限制，过去不能进入人类认识视野的客观现实，也将进入人类的认识领域。在当今大数据时代，GPS 设备、RFID 设备、视频监控设备、卫星遥感、个人电脑、智能手机、数码相机等各种传感器以及博客、微博、微信、播客、社会化网络等新型传播途径使得有关农村自然环境与农村社会环境的变化都能以传感数据、交易数据、交互数据等方式进入人类认识视野。农村环境各种变化以及社会的各种活动，例如，农作物生产、地质、水质、生物、农资运输、农村商业、农村社会舆情等方方面面都可以数据化的方式表现出来。多样化的海量的数据出现，加上现代数据处理软件，使人们能够深入地、及时性地把握农村自然与社会的相关变化状态。决策者，包括危机决策者对农村世界的认识不再局限于以往有限的感官认识和少得可怜的数据，对农村客观对象的了解和掌握达到了新的高度，其认识边界也不断扩大。因此可以说，大数据技术将使人们在农村公共危机处理中占有了及时、完备的信息，从而摆脱了过去常常面临的决策信息困境。

作为一种人类的新认识方法，大数据可在海量信息的基础上快速形成可供决策的有效知识。人们认识客观对象的方法有理论方法、实验方法与仿真方法，随着大数据时代的到来，出现了“数据探索”——这一人类获得知识的新方法，一些学者将这一方法称为人类认识的“第四范式”。通过云计算技术对海量数据的科学分析与深入挖掘，可以迅速刻画出社会与自然运行的模型、推演未来变化趋势，通过大规模的数据并行处理，人们很快就可在局部化的信息中发现事物的整体走向，在杂乱无章的困境中找到解决问题的出路。这些功能和特性使得大数据技术能在最短的时间内，为农村公共危机的防控提供知识和智力支撑，进而极大地提升了农村公共危机决策的质量。

正如美国社会学教授加里·金所言，“这是一场革命，庞大的数据资源使得各个领域开始了量化进程，无论学术界、商界还是政府，所有领域都将开始这种进程”。也许大数据技术在应用于农村公共危机防控方面还存在一定的、需要跨越的技术障碍，但相信这种趋势是不可改变的。在农村未来的生产、社会、自然灾害等公共危机的处理中，大数据技术无疑会成为辅助人们做出科学决策、解决复杂问题的必不可少的工具。那么，农村公共危机防控的“互联网＋应急产业”也必将是一个潜力巨大的产业。

3.3 “大数据＋应急产业”的战略构设

3.3.1 大数据在应急管理中应用的基本框架

整体而言，从现实和技术两个角度看，“大数据”在不同领域内包含着三层含义。一是指数据的巨量化和多样化，现实方面强调的是数据海量化，技术方面强调的是海量数据的存储。二是指大数据技术，现实方面强调的是对已有或者新获取的大量数据进行分析和利用，技术方面则是指云存储和云计算。三是指大数据思维或者大数据方法，现实方面强调的是把目标全体作为样本的研究方式、模糊化的思维方式、侧重相关性的思考方式等理念，技术方面强调的是利用海量数据进行分析、处理并用以辅助决策，或者直接进行机器决策、半机器决策的全过程大数据方法。这种对大数据的认知方式涉及“大数据项目”或“大数据技术应用”的认知，并由此可以延伸出大数据视角下的应急管理方式。

大数据在公共危机事件管理中的应用方式可分为大数据技术和大数据思维两部分。前者既包括数据仓库、数据集市和数据可视化等旧一代的技术，也包括云存储和云计算等新一代的技术；而后者则是从海量数据中发现问题，用全样本的思维来思考问题，形成了模糊化、相关性和整体化的考虑方式。大数据技术与思维相互融合和作用，共同形成了大数据的应用，并对包括公共危机事件管理在内的很多公共管理领域产生了巨大影响。

按照农村公共危机的时间顺序，整个应急管理大致可以分为事前、事中和事后三个阶段，包括预防准备、监测预警、应急处置、善后恢复等多个环节。由于当前大数据在应急管理中大多处于技术应用阶段，并没有针对应急管理中大数据的应用进行严格分类，因此本研究根据应急管理最简单的时间序列划分法，对大数据在农村公共危机管理中事前、事中和事后应用的基本框架进行了探讨。

当然，由于农村公共危机管理针对的事件类型不同，并非所有的农村公共危机管理领域都会涉及大数据在三个过程中的应用。有时候可能并不需要进行数据的重新收集和硬件系统的整合，而只需要进行管理模式和思维的变化，就可以形成新的大数据应用方式，这也是大数据在农村公共危机管理甚至是公共管理应用中不同于纯技术导向应用的核心所在。

3.3.2 大数据在农村公共危机管理中应用的分析与实践

由于农村公共危机管理在不同阶段面临不同任务，且不同性质的突发事件也有发生机理、破坏方式以及传递路径等方面的差异，针对不同类型的农村公共危机进行应急管理时，所采用的策略及其侧重点也有所不同。如泥石流、地震、海啸等发生突然，现场反应时间极其短暂，“事中响应”就变得异常困难，应急的着重点是预防和救援；而突发传染病、农业面源污染等预防困难，救援难度大，现场应对变得更加重要。因此，需要根据农村公共危机事件的不同类型和不同特点，在不同阶段应用大数据。

3.3.2.1 事前阶段：积极准备

在事前准备阶段，也就是危机尚未发生的阶段，需要为大数据的应用进行相应的管理准备和设施准备。与大数据管理、大数据方法相匹配的人事准备和管理提升属于管理准备。大数据应用所需要的硬件和软件设施则是设施准备。硬件设施主要涉及新技术背景下的数据采集，而软件设施不但涉及新数据的采集，也可以针对旧有数据进行分析和挖掘。

1. 人员管理准备

当前，我国农村公共危机发生时，因为缺乏充分的人员准备，各级部门相关人员都只能充当“救火”队员，而基层干部和群众则更是束手无策。人员管理准备主要是对市、县（区）相关部门负责人（非基层培训）和乡（镇）干部、村委干部、广大农民（基层培训）的培训和管理。非基层培训要进行相应的领导体制变革和知识培训，基层培训则可能要新设机构、增加专业技术人员和信息采集人员，并做好相应的培训。

2. 应用的设施准备

我国农村信息化建设较为滞后，相关应用的设施准备也很不完备。设施准备主要指为大数据的应用提供基础设施，随着技术的不断发展，“传感器”将成为大数据农村公共危机管理应用中的重要一环。20 世纪 60 年代以来，为预防风暴和海浪袭击，美国陆续建立健全了海浪检测系统。2005 年，美国国家数据浮标中心在原有设备的基础上架设了大量新型海洋地理传感器，用以实时监测海浪情况，传递相关数据。国家数据浮标中心将全美海岸线被分为 7 个部分，先是独立布点，然后在区域联网的支持下，根据海浪运动的物理原理扩展联网，将整个海岸线串联起来。全部联网完成以后，整个监测网有 296 个传感器，实时收集数据。这项计划产生极大的社会价值，虽然无法统计该预测系统的预报具体拯救了多少人，但不用怀疑的是，更好的实时海浪监测系统就意味着能预防更多的事故，拯救更多的人。

软件准备也是大数据设施准备的重要内容。软件的升级包括算法的更新，分析方法和数据处理方法的改进，多源数据的融合分析等。在阿富汗战争最激烈的时期，美国国防高级研究计划局曾派遣数据科学家团队和可视化技术团队到阿富汗。在一个名为“Nexus7”的计划中，这些团队将卫星数据与地面监控数据相融合，用以观察道路网中的交通流，以便作战人员能准确定位并摧毁简易爆炸装置。由于地面监控和卫星图像等硬件设备早为美军所部署，在阿富汗反恐作战中，图像处理技术、多源数据融合技术和可视化技术是充分挖掘原有数据并使之产生价值的关键所在。这种模式经过改进，同样可以移植到农村公共危机的管理之中。

3.3.2.2　事中阶段：快速响应

农村公共危机管理中，牵扯到政府、非政府组织、农民等多方主体。在事中响应阶段，大数据的应用能为政府、非政府组织或农民开展农村公共危机应急响应提供很大便利。对于政府而言，大数据化的应急管理意味着技术支撑基础上的融合与协作，它不但为协作带来很大便利性，也保证了日常业务连续性和危机处置及时性之间的平衡。对非政府或农民来说，大数据可以为其危机管理提供更加和更多灵活、便捷的手段。

1．基于大数据信息流的多元合作

从宏观角度看，整个农村公共危机响应可以分为决策指挥、现场应对和外界援助等三个层面，这之间以海量数据信息、高效计算能力和数据传输能力为基础，实现信息有效沟通和机器预测预判，进而帮助指挥部门协调各方、现场处置和救援、与外界通过信息沟通提供援助，实现多元化协作的应急处置。

从微观角度看，相关部门需要在农村公共危机应急处置和业务连续性之间保持平衡。大数据基础上的决策支持系统将成为强大的信息管理系统，能够做到实时报告，而且操作简单，能够同时集合多项关键指标的高效指挥决策辅助系统。在大数据决策支持系统的支撑下，交通、医护、警务、基础设施管理部门，需要及时沟通，为农村公共危机的处置提供有力的犯罪打击、充足的物力资源、及时的导航信息和必要的建筑图纸等。不同部门提供的信息，都需要纳入到大数据支撑的决策支持系统。如警务系统在接到报警后，将信息发送到决策支持系统，系统进行分析，确定事件的类型和位置，信息会在电子地图上显示，根据实践情况同时列出关键设备需求表，随后进行危机通报与应急响应。同时，交通部门将路况信息、可用资源和监控数据传输到决策支持系统，系统进行可视化操作，确定出通行路段和避免经过的路段，确定路线。医护部门根据决策支持系统的信息实时跟踪状态，可以有效调配可用资源，提高响应速度，与地理信息系统和地图系统相连以后，救护效率也会提高。民政部门则根据信息安排相关救援物质，保证受灾农民和救援队伍的物质供应。

2．非政府组织或个人提供地理信息

随着网络地图的普及，非官方的、自发式的地理信息给危机事中响应提供了方便。即使在农村，没有专业知识的普通百姓也可以利用自动或半自动的相关处理设备，在地理信息系统的基础上绘制简易地图。20 世纪 90 年代后，GPS 设备、网络，特别是移动网络的普及，普通百姓进行定位和地图关联变得更为容易。其实，在“大数据”概念出现之前这种方法就已经在某些领域为个别人所应用，谷歌的“My Maps”服务使普通百姓也能完成以往只有绘图师才能完成的专业性任务。普通民众可以通过自身获取的定位数据、官方公布的坐标或者网上未经证实的地理位置进行整理、关联、绘图，提供给相关紧急需求方。这种绘制还能将一些特殊的地理情况反映出来。而且，这一过程所使用的大多为开源数据，类型多样且基本上都是非结构化的。美国在应对南加州森林大火时时常应用这种方法，主要用来绘制火情、火势地图，用以指导人们逃生和避险，为当地应对森林大火的事中响应提供了方便。

一直以来，森林大火都是困扰南加州地区的一个梦魇，2007 年 7 月，持续两个月的扎卡大火（Zaca Fire）爆发，此时，报纸、广播和电视是居民了解火情的主要渠道，信息传递不仅非常缓慢且获取也极其被动。2008 年 7 月开始，盖普大火（Gap Fire）发生时，非官方的、自发式的地理信息开始在网络上出现，为政府信息提供及其相关决策提供了有益补充。2008 年 11 月，“茶叶”大火（Tea Fire）发生时，网上迅速出现了文字报告、图片和视频等各类自发式地理信息。虽然谷歌当时并没有即时将这些信息整理和发布，但当地的一些报纸和社团组织办的网站开始整理和发布这些资料。特别是一些志愿者意识到，倘若将搜集和编译后的相关分散信息整合进电子地图里面，就可容易地制作出灾害地图，而这种地图比政府提供的相关信息还要方便、快捷。2009 年 5 月，杰苏斯塔大火（Jesusita Fire）爆发，许多个人和非政府组织快速反应，很短时间内建立了自发式地图站点，及时地将不断出现的自发式的地理信息和官方信息进行了整合。当时，政府所公布的火灾边界图就是在不断更新的市民报告的基础上所做出的。特别是在火灾后期，自发式在线网站已经达到了 27 个，其中一个网站点击量甚至超过了 60 万。该网站提供了火灾位置、疏散命令、紧急避难所位置等许多灾害期间的必要信息，人们可以据此在政府通知之前自行采取防护措施或者撤离。

在广大农村地区，由于缺乏通畅的沟通渠道以及证实或证伪信息所需的充分、必要的资源，所以政府信息传递会慢于自发式地理信息。尽管来自民间，特别是农民群体的信息可能会存在偏差甚至错误，导致一些没有必要的反应或撤离。但上述案例也说明，自发式预报的失误成本要远低于政府漏报的相关成本，因而，自发式预报在应对灾害方面的意义是毋庸置疑的。

在农村公共危机的事中响应时期，大数据的应用主要有：危机数据信息实时高效收集、迅速传递、数据的集成化处理、数据结果的可视化合成以及机器或半机器化辅助决策的最终实现。数据收集主要有两条渠道：政府主导下的专业农村公共危机应急管理团队的信息收集，该渠道逐渐呈现出专业化和高效化；以个人（包括农民）、非政府组织（如环境保护组织）以及社会媒体为主的第三方应急管理力量，这股力量则采用简单化和大众化的收集方式。数据信息传递方面，大数据时代下，要不断创新农村信息传递方式，不断加快传递速度，力争实现同步自动传递，让农民及时了解相关信息。数据集成处理方面，与大数据特点一致的是，数据集成处理同样具有巨量化、多样化等特点。可视化合成方面，因为农民是一个相对特殊的群体，农村公共危机应急管理的可视化结果需要简明、通俗、易懂。只有这样，大数据才能为农村公共危机事中响应提供快速、科学的自动决策或半自动化决策。

3.3.2.3　事后阶段：恢复与重建

大数据在农村公共危机管理事后的应用主要是恢复与重建。目前，"分众（Crowd Sourcing）"是一种较为新颖的应急管理应用方式。简而言之，"分众"是由社会大众通过网络，分散地完成相关工作任务，然后通过整合并在网络上提供服务的一种方式。在该服务提供的过程中，信息来源非常广泛，体量十分巨大，采取自动或半自动的决策方式分析、挖掘、利用和共享信息。在农村公共危机管理的事后阶段，"分众"方法的使用大致可分为四个阶段，即信息捕获、信息甄别加工、机器分析以及迅速反应。应用中，捕获信息的具体方式既可通过 GPS 定位发送自己的准确位置，也可利用社交网络发送文字信息。然后，相关的、搜集到的信息被机器与人协调地汇集到分众平台上。部分难以处理的信息则由志愿者加工为计算机能识别的数据。同时，计算机能自动根据语义分析捕获有效信息词条，并识别信息，剔除冗杂的、无关的信息。格式化后的信息可被计算机作可视化处理或者作为统计资料加以利用，经过处理和整合的信息可发布在网上供相关需要者查阅和参考。对农村公共危机管理事后的应用而言，应急处置人员可根据计算机提供的信息及其建议进行救援路线设计，安排救援装备，做好救援的统一调度。

一个典型的案例是以"目击者"为代表的非营利网站在 2010 年海地地震救援中利用"分众"方法为救援提供了重要的帮助。从此次分众式方法的操作流程可以看出，需要有三个专业的、明确分工的角色在救援过程中完成相关操作，它们分别是亲历危机的监测员、关联开放数据的网络操作员以及救援组织中的信息搜集员和处理员（信息官）。

监测员是身处灾区、亲历灾情的当事人。此时，只要当事人有一部能上网的手机或电脑，他就完全可以为救援活动做出重大贡献。监测员可以用多种方式发送求救信息，网络操作员通过第三方平台捕获到信息，并对信息进行及时处理。然后，一条求救信息就可以被解析为几个不同的要素，进而由计算机进行识别和可视化处理。比如，"目击者"网站使用了信息、标题、日期、位置、需求等十个关键要素描述一条信息，这些要素由"海地目击者"团队所设定，每条信息中蕴含的需求都能归入不同类别之中。然后，"目击者"报告平台进一步使报告简易可读。同时，"目击者"还利用一个交互式地图实时公布报告，以便需求者掌握即时信息。

信息官是指救援组织中负责收集、处理信息的相关管理人员。该人员可以在网站上获取求救信息，并做出快速反应。通常情况下，信息官通过信息源至少可以知道当前急需的人道主义援助内容、地点等最为核心的要素。尽管开源信息可能存在一定的误差率，但分众信息及其可视化往往在危机刚刚爆发的 2~3 天内，具有非常高的应用价值。它完全可以为灾情确认、救援实施以及其他可能需要协调的工作提供指导。

虽然分众方式在信息捕获方面非常便捷，但由于危机事件的紧急性，信息的同步接收与及时处理还是存在一定事实难度，且分众平台上信息的准确性和真实性尚需进一步确认，但无论如何，信息官如果能提前掌握平台使用方法并了解其特有的话语体系和运行机理，危机爆发后的救援效率将被大大提高。面对这种情况，已有研究者通过相互关联的开源数据和分众处理的操作方法解决学习障碍、信息描述不清和真实性待定这三个问题。

同时，由于大数据和应急管理领域的许多专业词汇并没有清晰而明确的界定，在线共制平台的服务也有待进一步完善，加上有时候也难以把信息官的数据端同步连入互联开源数据库，因而分众方式在实际操作中可能存在一定的困难。尽管该方法存在上述不足，但根据目前的应用情况以及应用技术的发展来看，这种分众的方式还是比较适合位置较为偏远的农村地区，相信它将会在农村公共危机的事后应对中发挥越来越重要的作用。

3.3.3　大数据与我国农村公共危机应急管理的相关战略

3.3.3.1　从国家层面制定大数据战略

近些年来，世界主要国家都极其重视大数据在公共管理（包括农村公共危机应急管理）方面的应用，并制定了相应的国家级大数据战略。2009 年，美国政府推出 Data.gov，此举旨在为增加政府资料透明度而设立一系列网站。该网站依照原始、地理数据和数据工具三个门类，截至 2012 年 11 月，Data.gov 共开放出了超过 40 万项原始数据和地理数据，涵盖大约 50 个细分门类。2012 年 3 月，美国白宫科技政策办公室发布《大数据研究和发展计划》，正式成立“大数据高级指导小组”。2013 年 11 月，美国信息技术与创新基金会发布了《支持数据驱动型创新的技术与政策》报告。2014 年 5 月，美国发布《大数据：把握机遇，守护价值》白皮书。同时，美国大数据计划中涉及信息网络安全项目众多，其国防部每年投入 2.5 亿美元资助利用海量数据的新方法研究，其国土安全部正在开展“可视化和数据分析卓越中心”（CVADA）项目，通过对大规模异构数据的研究，使应急救援人员能够解决人为或自然灾害、社会群体冲突、恐怖事件、网络威胁等方面的问题。

从 2011 年开始，英国不断加大大数据领域的专项资金投入。2011 年，英国商业部、创新部和技能部正式宣布，将注资 6 亿英镑发展 8 类高新技术，其中 1.89 亿英镑用来发展大数据技术。2013 年 8 月，英国政府发布《英国农业技术战略》（以下简称《战略》），《战略》指出，英国今后对农业技术的投资将集中在大数据上，并成立了第一家“农业技术创新中心"，将研究焦点将投向大数据。在公共领域的大数据应用方面，2012 年 5 月，英国支持建立了世界上首个对公众开放的数据研究所 ODI（The Open Data Institute）；英国政府通过利用和挖掘公开数据的商业潜在价值，为公共部门、学术机构、企业等创新发展创造良好的"孵化环境"；英国政府建立了有"英国数据银行"之称的 data.gov.uk 网站，并通过该网站发布政府的公开政务信息。2013 年 5 月，英国政府和李嘉诚基金会联合投资设立全球首个综合运用大数据技术的医药卫生科研机构，集中分析庞大的医疗数据。

除美国、英国外，澳大利亚、法国、德国、韩国、日本、新加坡等国家都制定了国家层面的"大数据"战略，力争在信息时代占领战略制高点。

世界主要国家的大数据战略表明，"大数据"并不单单是一个时髦的或技术上的概念，它已经成为提高国家治理水平，改善政府公共管理环境乃至增强国家综合竞争力的关键因素。继广东省在我国率先试水大数据战略后，2015 年 11 月发布的《中共中央关于制定国民经济和社会发展第十三个五年规划的建议》提出，要拓展网络经济空间，推进数据资源开放共享，实施国家大数据战略，超前布局下一代互联网。这被认为是我国首次提出推行国家大数据战略。接下来的任务是如何加强顶层制度设计，为国家大数据战略的顺利实施提供良好的制度环境。当然，国家大数据战略的实施也不能忽略农村这个广阔的领域。

3.3.3.2　制定大数据开放政策，扩大数据共享范围

战略是一个宏观性、指导性的框架，除了制定国家大数据战略外，同样要重视配套数据的开放，要从政策上规范数据的开放。如美国政府的 Data.Gov，当前已经有超过 10 万项数据集可供检索。步美国之后尘，许多国家也陆续制定了相关政策，要求实行数据开放。从大数据的本质特征和社会发展来看，政府数据公开与共享是必然趋势，也是大数据化改革的核心内容之一。2006 年，德国向公众免费开放了德国官方所有的 GESTIS 等 7 个有毒有害物质信息数据库和德国气候变化预测图。2010 年 1 月，英国政府建立了数据开放网站（Data.Gov.uk），该网站建成之初便公布了 3 000 多项民生数据（不包括地理信息）。次年 4 月，英国劳工关系部、商业部又启动了"我的数据"（MyData）项目，要求即使是商业公司收集的数据，如果记录的是公民个人信息，个人便有权查看和使用。

作为亚洲地区的数据开放先行者，新加坡在 2011 年 6 月启用了新加坡政府数据开放平台（Data.Gov.sg），总共对社会公共开放了 60 多个机构的 8 600 个数据集。其中的 OneMap 是一个地理空间数据共享平台，有 60 多种不同的地图主题。通过这些数据，一些企业和政府部门已经开发了 100 多项应用，涉及公共厕所、停车信息等社会领域的各方各面。另外，韩国等国家也有类似计划。"首尔开放数据广场"包含 33 个数据库、880 个数据集，为用户提供十大类的公共数据信息，并配有图表、数据、地图和网络链接等。

预计这些公开的公共信息产生的经济价值将达到 1.2 万亿韩元，能够帮助私营企业创造多元化的商业模式和价值。

从各国的趋势看，配合国家大数据战略制定数据开放政策和要求数据共享也是非常必要的。另外，“数据开放”已经成为各国共识，随着国际数据市场的逐步形成，没有符合国际标准的国家级数据公开标准，也就难以建立能与国际市场接轨的数据市场管理标准。“数据开放”俨然已经成为国际竞争力的一环，且欧美等国已经抢占先机。所以无论从优化公共管理（包括农村公共危机应急管理）的角度，还是从增强国家竞争力的角度，抑或是规范数据市场的角度，由中央政府领衔制定国家级数据开放政策是非常必要的。

3.3.3.3 加强大数据在农村公共危机应急管理中的探索

农村公共危机事前准备阶段，政府（特别是地方政府）或其他部门（如民政、农经以及非政府组织等）需要为大数据的应用做相关准备。在管理和权限设置上，要设置“大数据信息官”并赋予其具有改进组织流程的相应权限，以落实大数据的相关推进工作。关于技术升级和设备使用，政府或其他部门要以需求为导向，做好相应的设施前期准备。

农村公共危机事中响应阶段，信息的有效聚合和快速传递是核心和关键的环节。政府或其他部门在使用大数据增强信息采集能力的同时，也要进行数据共享，建立统一的数据中心，以便在农村公共危机应急管理过程中提高效率。同时，在农村公共危机应急管理的事中响应阶段，指挥人员、专家技术人员和现场处置人员之间的沟通也非常重要，因此，构建高效的信息共享渠道也是必不可少的一项工作。

农村公共危机事后处置和救援阶段，准确、及时了解救援信息并对所获信息的处理最为重要。在此阶段，如果救援信号明确、救援的地点和所需救援内容具体、清晰，应急处置人员可以快速反应，救援效率便可大幅提高。大数据在农村公共危机事后处置的应用遵循如下逻辑：网络或监控设备→采集救援的信息→用算法筛选、整合信息→将指令快速传达给应急处置人员，通过上述自动或半自动的流程，使救援效率得以大幅提高。

3.3.3.4 注重公共安全和公民隐私间的平衡

寻求公共安全和公民隐私之间的平衡，是大数据时代必须解决的一个重要问题。2013 年 5 月，爱德华·斯诺登披露了美国国家安全局自 2007 年实施的绝密电子监听计划，即“棱镜计划”（PRISM），该计划允许 FBI（美国联邦调查局）和 NSA（美国国家安全局）对包括谷歌、微软、雅虎、苹果在内的共九家 IT 巨头的数据进行监控和挖掘，直接或间接接触大量个人聊天日志、语音通信、传输文件以及私人社交网络数据。这无疑给了自我标榜“重视个人隐私”的美国一个响亮耳光。自此，公民个人数据信息的有效保护问题，引发了广泛讨论和关注。

在我国，2013 年的一份报告指出，因为个人信息安全事件造成的损失达 196.3 亿元。在 2011 年 12 月，中国互联网集中爆发了一系列严重的网络个人信息泄露事件，后来被人们称为"黑色 12 月"。2011 年 12 月 21 日，国内最大的程序员网站 CSDN 数据库保存的约 600 万用户注册信息被黑客泄露；次日，深圳上万名新生儿资料被泄露；25 日，国内知名社区网站天涯社区宣称部分用户隐私遭窃，涉及用户数量达 4 000 万；27 日，美团网、京东商城等网络购物网站确认系统存在漏洞，部分用户注册信息泄露；29 日，广东出入境政务服务网泄露了包括真实姓名、护照号码等信息在内的 400 万用户资料。

美国总统办公室于 2014 年 5 月发布了"大数据隐私"报告，报告称，越来越多的传感设备和智能设备，使得相关机构对个人信息的搜集无处不在。而且，这些数据不但被用来进行实时分析，还被储存起来进而成了一个人的"电子脚印"。事实上，技术对个人隐私的威胁甚至侵犯已经大大超出了传统法律的框架。如果听之任之，大规模侵犯隐私的事件将不可避免地发生，进而适得其反地使大数据信息采集演变为了一种"社会安全隐患"。因此，数据隐私保护与公共安全追求将是大数据时代不可回避的一个重要课题。对农村公共危机的防控来也是如此。

第4章　战略之三：智慧农村战略

4.1　从“智慧城市”到智慧农村建设

4.1.1　基本概念

4.1.1.1　智慧工程

智慧工程作为移动互联网、物联网、云计算等新技术进步而形成的一种城市和新农村形态，其理念与我国城市化发展和新农村建设相吻合，是实现经济转型和可持续发展、营造和谐社会的重要手段。智慧工程是在一套明确的指引体系下，在一套保障体系的保障下多个城市或农村功能平面的系统升级，以及这些平面相互协同所达到的城市和农村智慧化升级的持续过程和阶段成果的集合，它包括评价体系、安全体系、标准体系三个部分，如图 4-1 所示。

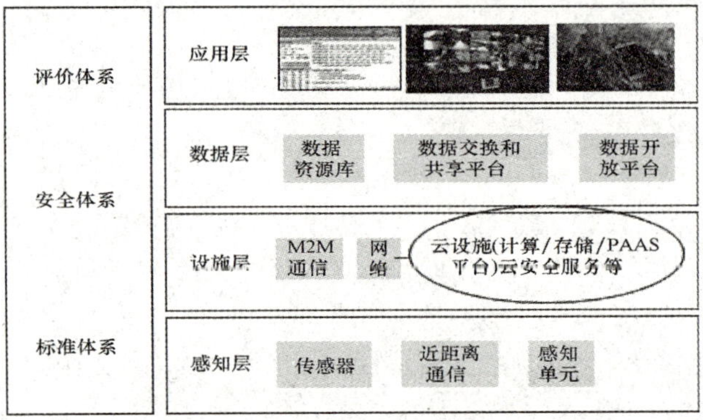

图 4–1　智慧工程技术架构示意图

标准体系为底层物联网感知层，通过视频探头、GPS、各类传感器、RFID、二维码等设备或节点为各类数据采集提供保障，是智慧工程多系统协作、大量信息汇聚与共享、多执行单元自动化协同工作的基础。

安全体系由设施层和数据层组成。设施层是指网络基础能力，指由卫星传输网络、有线光纤网络、各类无线网络（如移动互联网络、WiFi 网络）、局域网等所组成的无缝覆盖、高速、稳定的网络管道，同时通过云计算、物联网感知设备具备数据采集功能，使网络管道层更智能化；数据层包括数据库和综合服务平台，它面向智慧应用提供基础资源和各种通信应用能力的服务平台，实现对各类应用的快速部署、开发和复制推广。

评价体系为应用层，主要为各领域实际应用，重点聚焦智慧政府、智慧产业、智慧民生三大领域。总而言之，智慧应用应具有以下八大智慧要素：基于智慧基础设施、采取物联网等先进技术、融合 IT 和 CT 能力、充分实现信息和资源共享、具有协同工作能力、提供一体化跨领域服务能力、具备智能分析功能、实现跨终端用户体验。三大应用领域情况说明如下：

智慧政府重点由社会管理、政务办公、应急防灾、公众服务四个子功能模块组成，它通过信息技术为政府部门优化办事流程、提高工作协同程度、高效执法、提供便民渠道、提升服务质量。目前“社会管理”子模块下有税务 E 通、数字城管、警务 E 通等 9 项成熟应用；“政务办公”子模块下有电子政务、公文流转等 5 项应用；“应急防灾”子模块下有应急指挥、平安城市等 6 项应用；“公众服务”子模块下有烟草 E 通等 4 项成熟应用，如图 4-2 所示。

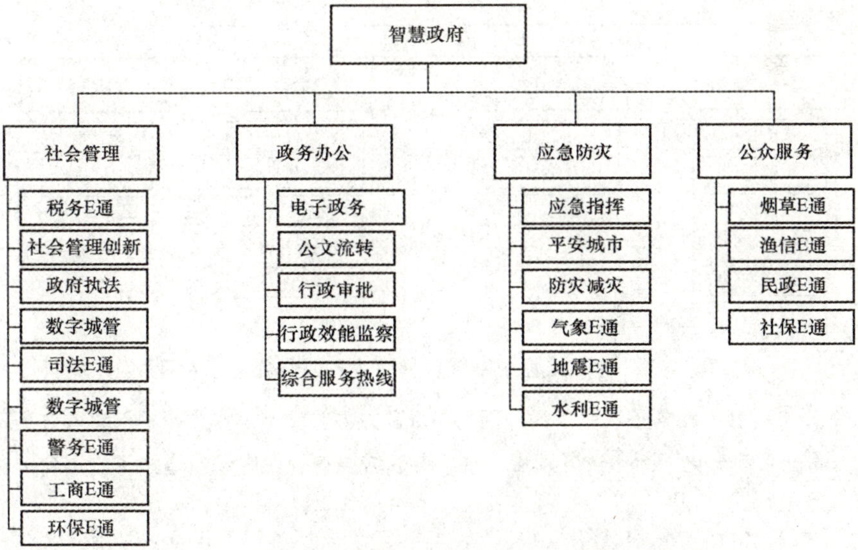

图 4–2　智慧工程子系统智慧政府各组成部分示意图

智慧产业重点由企业、金融、物流、能源、农业、旅游、园区 7 个子功能模块组成，它通过信息技术为各企业和商业领域提升经营管理水平、实现生产与销售智能化、服务与管理智能化。其中包含移动供应链管理、旺铺助手、物流 E 通、保险 E 通等重点、核心应用，如图 4-3 所示。

智慧民生重点由医疗卫生、城市交通、文化教育、社区生活四个子功能模块组成，它通过最新的信息技术助力政府和社会化公益组织改善居民生活质量、打造和谐健康的社会生活。其中包含区域卫生信息共享、健康管理、家校通、数字医院等重点成熟应用，如图 4-4 所示。

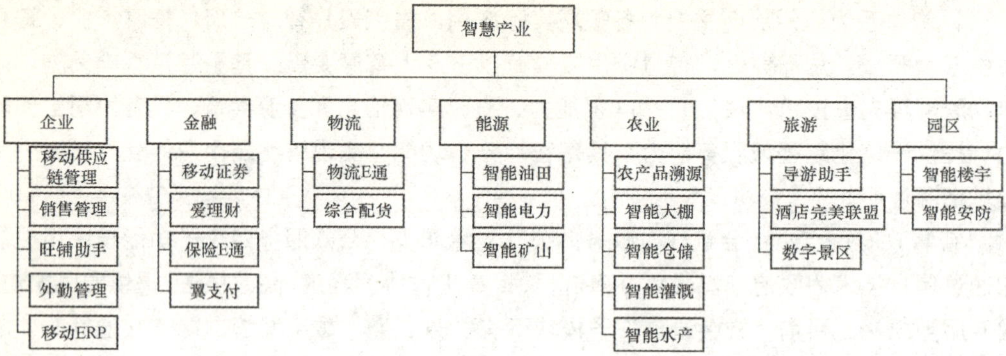

图 4-3　智慧工程子系统智慧产业各组成部分示意图

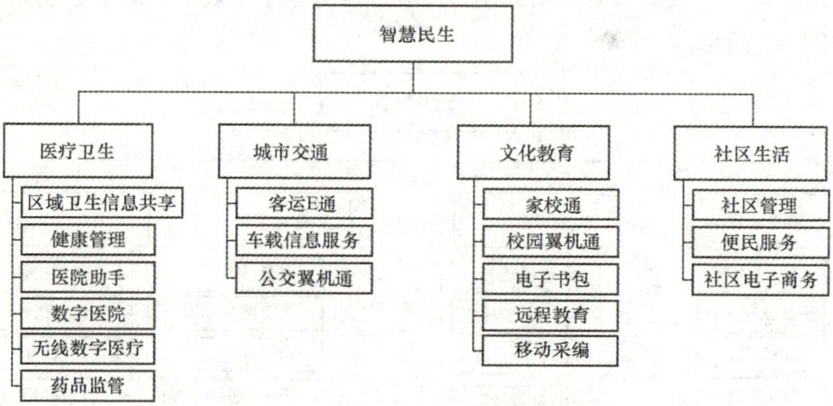

图 4-4　智慧工程子系统智慧民生各组成部分示意图

说明：以上智慧工程各子工程下的应用均为目前成熟或重点推广应用，但这些应用不是一成不变的，它将随着信息化不断渗透各领域，以及各领域自身的发展不断增加子应用和丰富完善应用内涵。

4.1.1.2　智慧农村工程

智慧农村工程是智慧工程在农村具体环境中，适应农村公共管理需要和产业特性，在环境资源、基础网络、信息设施、科教文卫、产业应用等方面的具体应用。

智慧农村工程在提高农村运行效率，降低农村公共管理成本，满足公共服务的普遍供给方面提出信息化综合解决方案，特别是在解决制约农村发展的瓶颈问题方面发挥重要作用。其中，农业生产高度智能化是智慧农村工程的重点。农业生产高智能化是快速提升农业生产力，推动农村和农业智力升级，进而改善农民生活水平的基础，它通过最新的互联网、移动互联网、云计算、物联网技术、ICT 集成技术，通过安装在农业生产现场的各种传感器（采集环境温湿度、土壤水分、二氧化碳、图像），实现对农业生产环境智能感知、智能预警、智能决策、智能分析的支持，实现对农业生产过程中精准化种植、可视化管理、专家在线指导等支持，体现应用自助化、便利性、智能化、多样性等趋势。

4.1.1.3　湖南省智慧农村工程

湖南省智慧农村工程是智慧工程在湖南农村具体环境的应用。本文所研究的湖南省智慧农村工程：从需求来看，要以湖南农村具体环境为基础，满足湖南农村和农业的具体发展需求，造福湖南农民。从信息源来看，湖南省智慧农村工程要覆盖湖南农民生活、农业生产、农村经济各方面的海量信息，突出湖南特点和特色；湖南农村的智慧化就是湖南农村各信息源本体提升以及相互协同后的整体提升。从工程实施来看，湖南省智慧农村工程要建立适用湖南省情的建设模式、通过信息化综合解决方案解决制约湖南农村发展的突出问题、探索具有湖南农业特色的信息化发展之路。

4.1.2　智慧农村国内外经验

4.1.2.1　国外经验

法国：最大化的整合资源，减少政府负担。法国鼓励社会力量参与农村信息服务，该国的农村信息服务主体包括政府机构、半政府半社会机构、研究与教学系统、社会组织、民间信息媒体和农产品生产联合体，构成了一种纵横交织的关系，具有良好的互补性。同时多元化的信息服务主体，直接导致在运行中采用的宣传方式、传播媒介和经济关系呈现多样性的信息服务形式。

德国：政府强力推动和大力参与农业信息化，政府始终致力于农业信息化的政策与环境、农业信息化基础设施的建设和数据库建设投入，其农业生产效率非常高，是当今世界的农业现代化强国。

日本：农村信息化在移动通信应用方面较为突出。电脑、智能手机普及率较高，农民可以通过手机，PC登录各种农业信息系统，能更方便快捷地获取农业信息，随时随地掌控农业生产和管理。日本西南部的城市已开始利用云和大数据技术进行农业生产，通过传感器、摄像头等各种终端及应用，收集和采集农产品的各项指标，并将数据汇聚到云端进行实时监测、分析和管理。

美国：美国政府对农业信息化的支撑一直维持着很高水平，早在2006年美国政府对农业提供的财政支持相当于农业本身GDP的25%以上，但大量的投入不是直接用于补贴农产品生产，而是用于美国农村信息化发展，支持用于农业信息系统的多项硬件建设，支持信息资源的长期积累和低成本共享。其中，利用3S（遥感、地理信息化、全球定位系统）高科技应用于农作物的精准农业发源于美国，是美国农村信息化的主要内容之一。美国政府通过促进农业信息化让农业和农民受益。

4.1.2.2 国内其他地区经验

1．上海农业科技创新平台和创新体系

上海作为国家智慧农业建设试行基地以来，在技术研究和产品开发、系统集成与平台构建及信息化技术示范应用方面取得了重要进展和阶段性成果——初步形成了上海智慧农业的技术框架，提高了上海农业数字化水平，有力地推动了粗放型、经验型的传统农业向精准化、数字化、智能化的现代农业转变。其主要经验如下：

（1）开办了上海数字农业网，市农口系统建立了“五网一线”。已研发了智能决策系统软件产品 14 个，建立了上海市农村信息化示范区（奉贤区），涉及 4 个镇、12 个村、3 个企业示范点。全市已建成市、区、镇、村四级信息服务网络，基本涵盖郊区 1 000 多个涉农行政村。

（2）完成了“为农综合服务信息平台”建设，建立了涉农补贴资金监管平台、农村土地承包流转信息管理平台、农村集体“三资”监管平台，并实现了正常运行。加快了信息资源整合，推进了农业技术推广与服务的信息化进程。这些平台均具有宣传、公开、查询、管理、咨询、投诉、报表分析、预警通报等功能，实现了电子档案管理，农民群众只要在本村的信息服务站“农民一点通”上点击就可知晓“本人应得、本人实得”，有力地推进了补贴管理，保障了农民的知情权和监督权。

（3）在推进智慧农村项目的过程中，政府主管部门采取了以下措施确保效果。一是提高思想认识，在动员部署上下功夫，要求相关部门认识到位、工作责任到位，工作措施细化。二是先行探索试点，在实践创新上下功夫。三是强化组织领导，在工作推进上下功夫。上海各市区分别组建了工作领导小组，市农委实行分片督导和工作月通报制度，同时明确任务分工，强化部门合作和协同。市级农业部门负责三大系统开发建设，区县配合做好信息录入、更新维护、推广应用；纪检部门发挥牵头作用，做好协调、推进、监督；区县财政及时列支专项经费，保障运行费用；信息化管理部门及企业负责协调、组织本区的网络管道建设。相关服务部门及时公布咨询电话，指导和解决具体服务问题。

（4）注重广泛宣传，在推广应用上下功夫。利用广播、电视等各种形式加强宣传，制作易懂、易用的推广资料；及时布放终端，引导农民体验应用；推进系统运营和解决农民实际问题，促进农民会用、爱用。

（5）把握关键环节，在监督检查上下功夫。上海市多次召开工作例会，听取情况汇报，研究并解决推进中的问题和难点；同时做好督导检查，市领导定期通过实地调研、现场办公了解并推进工作。针对系统数据采集和核对利用信息化手段加强筛查和稽核。

2．浙江前沿技术构建农村综合信息平台与服务体系

近年来浙江以农村综合信息化平台为基础，大力推进“智慧农村”建设，着力构建了“富农、惠农、便农、乐农”的农村信息化服务体系。截至2013年全省已有2万多个村进行了平台建设，该平台采用“云服务”“三屏互动”“物联网”等众多前沿技术，针对农村和农民的具体需求，开发建设了党教系统、三务公开系统、便民服务系统、智慧农业系统、智慧安居系统、农产品电子商务系统、便民应用接口系统、基层政务管理系统、监督管理系统等11个应用子系统。

一是实现了电脑、电视屏、手机三屏信息共享，例如，外地的子女可以通过手机将自己的照片和语音送到老家的电视上，家中老人一开电视就可以看到子女近况。

二是实现了以村为单位的信息定向发布和内容灵活定制。村民一打开电视就可以看到本村的信息、公告、通知等。

三是实现了互联网与村镇内网的整合，接入了更多的便民服务内容，如医院挂号，违章查询等。

四是利用云技术、物联网、传感技术集约部署，降低了硬件建设成本。例如：农户可以通过手机实时查看大棚湿度、土壤水分，日照情况等，远程控制大棚开关和灌溉，大大提高了现代农业的科技含量，方便了广大农户高效生产。

3．广东智慧农村项目促进山区文化教育

广东中山在智慧农村建设的实施过程中，充分重视农村的基础教育和农民的技术培训，通过“村村通”宽带、山区信息化平台建设不仅扩大了各地产业特色和资源优势的影响力，有利于招商引资、促进农民增收致富，同时也逐渐成为培养新型农业党员干部和农业科技技术人员以及提高新型农民综合素质的一个“平台”，成为青少年科普教育的“基地”，推动当地文化和法制建设，提高了农民信息意识和利用农业信息网络的能力。

智慧农村工程使中山市农民看到了广阔的世界，他们不再只满足本地的市场，纷纷调整策略，把眼光对准了全国各地，甚至国外。同时，在国内外先进技术的指导下，广泛引进新品种、新技术、提高产品附加值。目前，中山的香蕉、石岐鸽等誉满神州，还出口到美国、韩国、日本等国家。另外，信息化也大大改变了中山农民的观念，提高了他们参政议政的积极性。他们崇尚知识，相信科学，支持教育，有较强的市场观念和意识。

4．福建智慧农村工程着力农村治理

福建整体智慧项目包括城市光网、智慧政府、智慧城管、智慧交通在内的7项智慧政务信息化项目，及智能校园、智能医疗在内的8项智慧生活公共服务信息化项目，智能厂区、智能酒店在内的4类“智慧企业”信息化项目。福建重点在农村推进平安综合治理、综合信息服务站等5大智慧农村工程项目。总计投入150亿元，拉动相关产业投入450亿元。

5．吉林以手机支付为重点，提供便民服务

吉林联通在通化地区集安市与农村信用联社推出“智慧农村”手机支付项目，目的在于打造山村智能金融生活，改变长白山区林副产品交易现金支付方式，解决群众转账难、汇款难等问题。除了可以办理转账结算外，“智慧农村”在服务功能的设计上还增设了便民服务、金融服务、休闲娱乐、商旅服务、电子商务等5大类33项功能，以及天气预报、节气预报、农村政策资讯、农村商户查询等多项应用。

6. 湖北“公益性服务”模式

湖北农村信息化建设采取“公益性服务”模式，即坚持以政府财政投入为主体，农民免费接收信息服务，同时加强对政府职能和财政投入的考核，遵循“前向服务免费，后向服务增值”的法则，服务广大农民。实现政府和社会合力投入，建立差别化的农村信息服务公益机制和市场机制，推动湖北农村信息化示范省建设健康、有序、长效发展。

湖北省在开展农村信息化示范省建设过程中，按照“平台上移、服务下延”的指导思想和公共性、产业性、综合性、包容性、易用性的原则进行规划设计。集中建设农村信息服务综合平台，包括一个门户网站：湖北智慧农村网；三类信息服务系统：农村公共信息服务系统、农村产业信息化服务系统、手机智慧服务系统；三大支撑中心：多媒体呼叫服务中心、云数据中心、农村信息服务监控中心。通过农村信息服务综合平台，湖北充分应用云计算与物联网技术，对分散在多部门、多行业不同存储地点，不同数据结构的涉农信息系统资源，进行数据的互联互通和一站式调用。同时，通过农村信息化综合服务平台“声讯、短信、彩信、视讯”四讯合一的信息传输功能及“电脑、电视、手机”三屏互动的传输通道，积极探索破解现阶段湖北省农村信息资源整合难和有效利用率低的问题。

除以上经验之外，湖北的成功还有：一是领导重视是关键，湖北各级、各部门领导高度重视、亲身示范、宣传推动和组织实施，有力地确保了农村信息化各项工作的顺利实施和推进。二是必要的资金投入和人员配备是保证。农村信息化建设涵盖了平台搭建、软件及应用系统开发、设备购置、站点建设、人才培养和资源建设与开发等各个方面，需要充足的资金投入。没有大量的资金投入做后盾，农村信息化建设就是“空中楼阁”。三是创新工作方式是重要组成部分。湖北在开展农村信息化建设实践中，通过十余年来的努力探索和总结，形成了自己的一套工作方式和特色。四是农村信息化人才队伍培养是基础。湖北重视培养和提高农村信息化人才队伍的信息化应用能力和水平，提升其信息服务意识，确保了农村信息化事业持续健康发展。五是有重点及分层次地逐步实施是有效手段。农村信息化建设是一个不断完善的过程，不可能一蹴而就。湖北省在推进过程中突出重点，量力而行，务求实效。确保了有效的推进。六是软硬件两手抓是根本要求。在农村信息化建设过程中，硬件主要包括网络以及各种设备等，软件主要包括各种信息资源、信息系统、人才培养和制度建设等。重硬件轻软件，是很多地区农村信息化建设的通病，造成农村信息化建设华而不实，资源重复建设、闲置浪费严重，无法取得应有的服务效果。湖北两条腿同步迈进，确保农村信息化建设协调发展。

7. 青海政府主导、企业实施、广泛合作的运作模式

自2007年以后，青海省各级人民政府与中国电信合作开展镇村电子政务，提高基

层政府服务水平；各级组织部与电信合作开展镇村党员教育系统；各地公安部门在电信的支持下在各地建立监控体系，让农村百姓安居乐业；电信企业通过各地文化局在各乡镇建设的文化信息站，与政府开展联合建设乡镇综合信息服务站合作，降低新增信息服务站的成本投入，扩大信息服务站点的覆盖。一方面电信公司积极与政府联系与沟通，关注国家政策与斥求，充分利用各级政府掌握的涉农信息，资金投入等推进农村信息化，另一方面，涉农企业、信息服务商、农业科研所等社会机构积极参与，建立共享使用信息数据库的长效合作机制，形成了政府主导、企业实施，广泛合作运营的模式。

4.1.2.3　国内外经验对湖南推进“智慧农村工程”的启示

虽然各国和国内其他发达省份在智慧农村建设方面形成了一些好的做法和经验，在建设模式、管理模式、服务运营等方面提供了湖南省实施的有益参考，但湖南作为农业大省，在具体推进中仍必须独立思考，结合省情和地区农业特点因地制宜、因时制宜地开展智慧农村建设，争取早发展、早受益。不可否认，我省在推进过程中也存在“重城市、轻农村”的情况，农村投入较少，成功试点不多，需要政府部门从公共管理的角度切入，加强湖南农村需求与智慧工程的紧密结合，加强资源整合的管理，加强智慧工程公共品的运营和推广。国内外实施经验对湖南智慧农村工程的启示具体有以下五点。

1．做好顶层设计

欧美国家和日本等国在农村信息化建设上之所以处于先进水平，就是在顶层设计上制度化、规范化、标准化，而且合理适用。农村信息化建设是一个系统工程，涉及多个职能部门和多专业，不能头痛医头，脚痛医脚。因此，顶层设计要科学合理，适应省情，要以全局视角和整体思维规范各个项目的建设和运行，支持信息一体化建设，协调和调动农村公共管理的各个元素协调运行，发挥各自优势。湖南省农业资源丰富，地貌复杂，地区间贫富差距大，农村及农民需求不一，先期科学合理的顶层设计将促进项目的顺利推进，达到最佳执行效率，避免后续资源浪费和规则更改。

2．保障资源投入

国外在打造智慧工程这样的准公共品时投入了大量资源，一种情况是如美国、德国，政府财政给予了大量的投入；另一种情况是如法国，政府广泛吸纳社会机构、研究与教学系统、社会组织、民间信息媒体和农产品生产联合体等社会力量和资源加入，从而极大地减轻了政府的负担，同时提高了其他社会力量的参与度和积极性。两种方式政府均在资源的统筹方面发挥着重要的作用，通过政府政策和资源引导，激发全社会资源投入，调动各界力量广泛参与，以适应智慧工程复杂巨系统的全局建设和发展。

智慧农村建设要持续、健康的发展需要充足且稳定的资源保障，务必根据国情、省情合理规划。党的十八大强调，要加强和创新社会管理，改进政府公共管理服务方式，推动政府职能转变，整合利用社会资源，以快速加强公共品覆盖，提高公共服务水平和效率。因此，湖南省在智慧农村建设资源保障方面可以借鉴国外经验，拓展途径，在广泛吸纳社会资源和力量方面有创新之举。

3．聚焦“三农”、因地制宜切入推广

国情不一，省情各异。因此，因地制宜，符合本地需求是智慧工程得以推进的生命力。例如上海，农村改革力度大，国家对农村有很多补贴政策。信息化推进之初上海首先建设好涉农补贴资金监管平台，满足农民对补贴发放过程信息知情权、执行公平性等需要。通过该平台的应用较好地加快了农村信息化在农村这一知识落后、接收程度慢的区域的推广；又如湖北，充分认识到农村经济落后的特点，以“公益性服务”模式进行推广，通过政府、第三方投入和后向收费结合，不向农民收费，减轻了农民负担，让农民更易接受，从而加快项目推进。另外，各地农村环境和农业特色也不一样，在实施智慧农村项目时，要以满足当地需要为首位，注重自己的个性化和差异化打造。例如，福建在实施智慧农村时把农村平安综合治理作为主要应用项目，广东中山则加强农村网络教育。

因此，湖南农村在建设智慧农村时因充分考虑自然资源、地理位置、农业生产、人力资源等方面的特点，发挥自身优势，优先打造本地农业特色，突出湖南丰富多彩的农产品特色，打造地域竞争优势。

4．采用先进的信息技术提高生产效率

仅仅关注信息化本身不足以实现智慧农村的发展目标，智慧农村工程包含了农村资源环境、基础设施、教育卫生、农业生产等多个功能的发展。智慧农村项目在建立完善的服务体系、提供较好的政府公共服务基础上，要牢牢抓住其建设的核心——通过切实提升农村生产效率来改善农民经济收入和生活水平质量。只有关注核心才会被广大农村居民所认可和接受。国外如日本、国内如浙江省都有充分利用云技术、物联网、传感技术集约部署提高农村生产率的尝试，一方面降低了硬件建设成本；另一方面，农户可以坐在家里通过手机，利用智慧工程的平台和系统实时查看大棚湿度、土壤水分，日照情况等，远程控制大棚开关和灌溉，极大地提高了农业生产效率。

5．通过民生应用快速启动智慧农村工程

目前，国内其他省市在智慧城市推广方面总结出了宝贵经验，即民生类应用的使用排在应用量的前列，这些应用提供了群众便捷的生活工具，提高了他们的生活质量和水平。而农村市场在民生方面提升的空间更加巨大，需求更为迫切。各大运营商的民生类应用相对农技类应用更加成熟、内容更加丰富、简单易用，容易为广大农村群众所接受。

4.2 农村公共危机防控的智慧农村工程建设

智慧城市门户是智慧城市应用落地的重要体现形式，汇聚了政府公共资源，城市各类政务民生类综合服务，以及中国电信智慧城市建设成果。目前，中国电信智慧城市门户经过2012年的初步发展，培训重点省市启动产品试点，截至2013年12月31日，全国智慧城市门户已开通31个省224个城市，累计注册用户达650万，全国接入信息源8 000多个，实现了一点接入全网覆盖。目前，福建、安徽、江西等城市经过前期建设积累已进入深度运营阶段，其中，路况视频、景点视频、水电煤查询和交费成了访问量排前三的重点应用。

4.2.1　湖南省智慧农村工程中长期战略目标建议

湖南智慧农村工程是湖南农业现代化的新助力，随着信息技术日新月异，湖南智慧农村工程将成为促进湖南农村跨越式发展的突破口。从长远规划来看，湖南省“智慧农村工程”规划建议分为“准备期”“发展期”“提升期”三个阶段，并根据不同时期的特点确定阶段目标。

其中，“准备期”进一步细分为“起步阶段”和“转型阶段”。起步阶段目标为建设农村光宽带等基础网络，推进光纤入户。完成“湖南省智慧农村工程”顶层设计，做好湖南农村信息化需求分析，制定信息产品建设规范，完成智慧农村工程整体性、全面性、长远性以及重大性、全局性战略目标设定。统筹工程所需要的人、财、物等资源准备和发展环境建设，建立智慧农村专业化团队，保障智慧农村工程前期的咨询、实施、运营和服务等需要。一般起步阶段应在1~2年内快速完成。

此后进入3~5年的“转型阶段”，持续做好各项准备工作：光宽带提速，进一步完善基础网络覆盖、开展试点标杆打造、探索灵活多样的商业模式、建设环境体系、构建服务云的基础设施能力、整合数据中心资源，进一步丰富标准规范等。

“发展期”预计需要5年时间，完成以下目标：在提升信息化基础设施性能和质量的基础上，大力发展信息服务业，开展专业的信息运营；针对不同类型、不同领域的智慧农村应用提升综合平台的承载运营能力；以试点为示范基地拓展智慧农村应用种类和丰富完善现有智慧农村应用；通过信息化工程专项解决突出的社会发展问题；努力缩小数字鸿沟，加强机制建设和保障措施。这个阶段的重点是加强信息运营，通过大数据、云平台、物联网，真正实现人与人、人与物，物与物间的信息沟通，完成智慧农村基本建设。

“提升期”预计需要5~10年时间，该阶段将全面推进湖南农村经济转型和升级。目标一是持续发展智慧农村中的各项应用，进一步提高广大农村居民生活质量和农业智慧化程度；目标二是形成湖南智慧农村的产业链体系，培育成熟的商业模式并加以推广，在关键技术领域实现自主创新和突破；目标三是推进数字包容，提供均等化的信息服务；目标四是依托湖南特色农业塑造湖南农村核心竞争力。最终完成湖南智慧农村工程的全部建设内涵。本阶段的重点是在前期建设基础上寻求湖南的差异化和创新点，为湖南智慧农村的未来筹谋。

综上所述，中长期发展战略一是要坚持信息一体化建设，加强统筹规划、协调配合，做好顶层设计，有效整合信息资源。二是要与时俱进，不断地加大智慧农村技术和资源投入，加强对农村信息化工作的不断研究与实地指导。三是进一步完善省级综合信息服务平台建设、巩固农村信息化现有成果，最终实现信息化在湖南省农村的全覆盖，实现农民“用得上、用得起、用得好”信息服务目标，从而全面推进湖南农村经济转型和升级。

中长期目标推进图具体如图 4-5 所示。

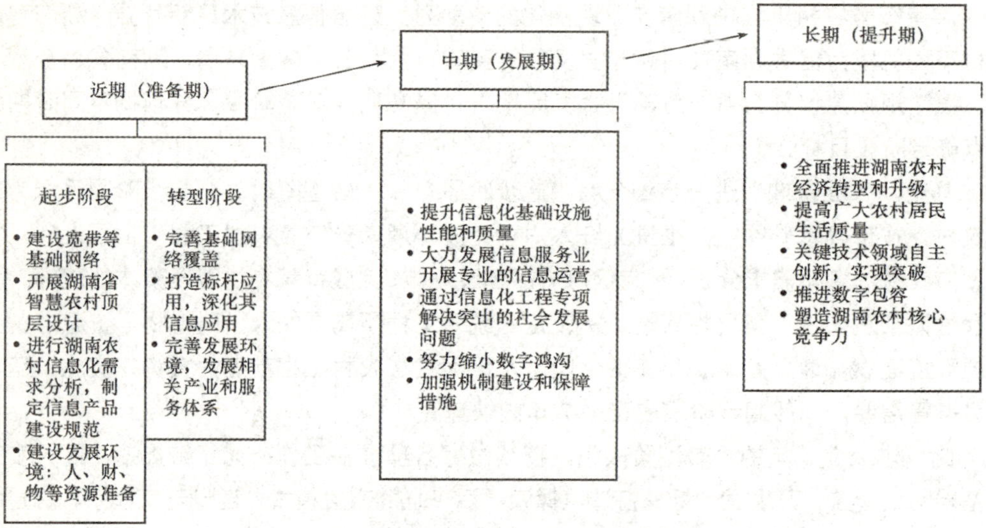

图 4–5　湖南省智慧农村工程中长期规划路线图

4.2.2　湖南省“智慧农村工程”战略规划建议

4.2.2.1　总体战略规划

湖南省智慧农村工程以聚焦“农村、农业、农民”三农信息化需求为核心和出发点，通过智慧农村工程实现以下三个目标。

（1）实现和谐新农村。构建农村政府、农村企业、农户为三大主体的交互和共享平台，智慧农村工程不仅仅是湖南农村信息化的升级，更是要通过智慧工程使湖南农村资源、环境、经济、社会等系统功能运行处于最佳状态，实现湖南农村居民与农村环境的可持续发展，实现农村企业、农户和农村社会的整体协调发展，以及湖南农民幸福感的提升。着重将政府政务与信息化结合打造智慧政府，推动农村基础管理智慧高效，加快农村地区政务公开透明，方便农民参政议政，为湖南农村治理和运营更简洁、高效、安全提供决策支持和行动工具，为湖南农村公共管理提供更便捷、更灵活的创新应用和服务模式。

（2）实现湖南特色新农业。充分挖掘湖南农村自然资源、地理环境、农业产品的优势和特色（例如，深度结合湘莲种植、张家界和湘西旅游、湖南生猪养殖、湖南农庄土菜等），通过智慧工程以领先的综合信息服务推进湖南特色农业发展，实现湖南农业差异化发展，促进湖南传统农业优化升级和结构调整，提高湖南农业科技含量和附加值。从而增强湖南农业经济，为湖南整体发展做出贡献。

（3）实现智慧新农民。建立“服务便农、产品惠农、信息富农”的智慧工程体系。助力农民生活水平改善和教育水平提升。

通过以上指导思路完成湖南智慧农村建设项目顶层构建，建设完备的综合信息服务平台，通过人们身边的电话、手机、电脑、宽带电视等信息终端，通过无处不在的光宽带网络、无线互联网络、短信、网络电视、声迅，提供综合的信息服务。最终实现“湖南智慧农村”特色：

一是实现知识型经济：高度的农业技术科技化、发展方式可持续、经济结构优化、经济水平进一步提升……

二是实现网络化社会：湖南农村宽带、移动等基础通信设施完备，社会服务包容、社会发展协调，农民生活应用网络化推广……

三是实现智慧化生活：生活工具智能化，生活方式智慧化，生活内容智慧化。网络和数字产品成为农民的生活必需品，智慧家庭、智能家居等成为未来家庭生活的发展趋势，信息逐渐成为最主要的消费内容。特别是针对湖南农村地广人稀的特征，在加强农村安全，提供快捷生活服务方面满足农村居民的需求。

四是完善服务型政府：通过智慧政务搭建政府与公众之间沟通的重要桥梁。实现公开透明、完善服务、高效治理、互动参与的管理平台。进而在提高湖南农村居民参政议政，民主意识等方面发挥重要作用。

4.2.2.2 分版块规划建议

1．人才队伍建设，是高效推进智慧工程的基础

智慧农村工程的竞争，实质是信息化认识水平和实施能力的竞争，是农业信息技术人才的竞争。信息技术的使用只是手段，人的意识对于目标的实施更为重要。为了加快湖南智慧农村项目建设，需要政府建立湖南智慧工程人才培养计划和宣传计划，创造和维系智慧农村技术研发环境，推进专业人才的培训和农民的普及培训，全面提高政府执行人员、农民、通信技术人员、农村科研单位对智慧工程项目的认识。具体建议如下。

（1）团队决策：由政府统筹，组织运营商通信专业人才和农村科研人员成立专项攻关组，定期进行互相培训和项目沟通，就湖南农村的具体情况制定信息化顶层设计和版块解决方案。

（2）人才培养：对内增加本省农业信息化专业硕士点、博士点，对外制定人才吸引计划，将优秀人才请进来。内外结合加快湖南农业信息化复合型人才的培养和储备，建立定期深造和梯度激励制度。

（3）多径宣传：通过互联网、农村广播、电视远程教育、下乡现场培训等多种方式加强智慧农村工程的普及；通过现场智慧农村工程成果展示、应用体验、免费试用等形式提升农村干部、农民的应用感知，从而提升他们对智慧农村的认识和理解，迅速扩大工程推进的群众基础。

2．责任体系到位，是高效推进智慧工程的保障

（1）背景：智慧农村工程是一项综合性的社会建设工程，它涉及人们生活和生产的方方面面，需要统筹规划，整体协调，突出重点，在总体规划方案的指导下，经信委、发改委、建交委等多个相关政府部门应合理分工、政企及社会力量要优势互补、避免各单元各自为政造成信息沟通不畅，实际实施与湖南“三农”需求不符，重复建设、浪费资源等问题。没有相应的机制保障，很容易造成各自为政，相互脱节的情况发生，更谈不上统一的顶层设计。因此，特别需要从体制、机制层面提供根本的保障，理顺政府各部门之间的关系，健全和完善政府“智慧农村工程”建设职能部门，加强对各地农村智慧工程建设的组织领导。

（2）目标：做到工程有人盯，有人管，有人推。

（3）措施：

①根据纵向一体化原则，明确省、市、区县、镇、村五级“智慧农村工程”主管部门和专项组，负责统筹协调智慧农村工程体系建设。从而解决多头管理和多头推进的局面，另外“一把手”工程往往能取得较好的推进成效，形成统一高效的建设合力，建议与体系建设配套使用。

②建立科学的财税体制，促进智慧农村建设资源的优化配置：做到专项建设有财政资金保障，对参与智慧农村工程建设的社会力量明确税收减免等优惠政策，引导资金汇聚，重点聚焦、资源整合。实现各级政府部门在推进智慧农村工程时，更好地以财力来引导或作为保障。

③建立健全决策机构、评估机构、协调机构和执行机构，做好工程的过程管控和实施效果监督。明确各机构及人员的职责界面和工作流程，保障湖南智慧农村工程规划能落实到执行的各个层面，确保顶层设计和实施层面的贯通。具体机构建设建议见表 4-1。

表 4–1 智慧农村工程各机构组建建议表

项目	组成人员	主要职能
决策机构	政府主管部门	制定智慧农村工程相关政策和指导意见，对重大问题明确发展方向
评估机构	电信专家 农业科技专家 农村受益企业和农户	管理需求和结果：前期评估智慧工程具体项目实施的可行性、后期评价智慧农村工程建设效果。提供决策机构数据参考
协调机构	政府主管部门 政府职能部门	管理资源：对多方参与的项目进行统筹、协调、资源分配
执行机构	电信运营商 农业科研机构 信息运营商 科技企业 设备制造商	管理项目进程：按政府统筹规划进行智慧农村工程建设和信息项目运营实施

④建设定期沟通制度：强化政府主导、明确组织职责和考核激励办法，由政府主管部门定期（每周或每旬）召开碰头会和现场实施督导活动。

⑤政策法规体系是促进智慧农村工程顺利实施的重要保障：随着智慧农村新技术和新应用的出现，随之而来将有一系列新的问题产生。需要有一套完善的政府法规为智慧农村建设及发展创造良好的外围环境。一般而言，智慧农村建设中的相关法规由国家和部委政策法规与地方性政策法规两部分组成。主要包括明确基础性工程实施要求的法规，鼓励新兴战略产业的法规，保障信息安全的法规等。智慧农村建设中，政府必须通过一系列法规对工程建设进行规范，如限制高能耗产业无序扩张、支持绿色产业的发展；又如促进信息资源均等化公平服务；又如在信息化过程中有效解决数据共享和数据安全问题等，都必须靠国家和地方有力的政策法规予以保障。

⑥安全体系必不可少：智慧农村工程中信息手段和信息资源在广泛使用的同时也伴随着安全风险，因此必须采取安全保障措施并建立行之有效的安全责任体系，建立全社会相互协作的安全体系：一是要包括各职能部门，二是必须涵盖信息监测、分析、预警、防御、应急等多领域、全流程；三是确保信息开放与信息保密之间的平衡；四是建立事前、事中、事后全过程安全监控；五是提高各岗位和普通农村居民安全意识。

3．推进策略科学，是推进智慧工程的有效方法

（1）需求摸底瞄准方向。各级职能部门牵头，采集和梳理智慧农村建设需求。并对需求逐级进行汇总分析和专家会审，最终形成全省性的需求报告，为后期集约建设打下基础，避免后续重复建设，多头建设，无效建设。

（2）基础能力统筹规划。农村光宽带、4G 网络的建设是支撑智慧农村各功能提升的基础性工程，具有投资大，建设周期长、多元数据集成和融合等复杂的特点，因此要

把握发展规律，统筹规划，分步实施推进。

对于网络感知基础工程建设可考虑与市政建设工程相结合，以节省人力物力。

对于宽带网络建设可以纳入土地利用规划，政府市政设施、地铁设施等可考虑向宽带网络基础建设放开，以节约成本和人力物力。

对于公共信息服务平台，其建设涉及多个部门，更需要做好统筹规划，以加快数据共享和交换，理顺跨部门的业务流。

（3）示范村镇重点建设。在条件较好、需求旺盛的农村地区建设标杆，塑造湖南特色新农业。因地制宜，以点带面，以优势产业带动弱势产业，以发达地区带动不发达地区，通过发挥示范标杆的辐射带动作用，促进各市州比、学、赶、超，快速提高全省农民的信息化意识，最终实现各市州农民与政府、产品与市场的信息沟通和信息互动。

（4）民生应用全面普及。智慧农村工程是一个综合体系，不仅能提升农业生产水平，还能通过大量民生应用广泛提升农民日常文化生活水平。在推进过程中可优先推广运营商已成熟开发并投入运营的民生应用，如手机支付，宽带电视（iTV）、远程医疗、翼校通（家校互动手机客户端），快速引导农民认识智慧农村工程的便利性、建设必要性，以打下良好的群众基础。

（5）方法论指导。无论是单一的智慧农村应用，还是跨领域的应用，都必须依靠先进的信息化构架方法论确保信息化构建的成效。该方法以业务为核心，以信息技术为支撑，提供一整套体系，包括理论、方法、技术、平台等部分。

综上五项措施，将很好地推进智慧农村工程有计划地实施、快速启动及健康持续发展。

4．运营模式适用，是智慧农村工程长效推进，可持续发展的根本

智慧农村项目是一项需要多部门联合、多方参与的系统性、社会化重大工程。政府部门和各参与主体应秉承开放包容的理念，持有合作共赢的心态，深入推进才能确保工作的顺利、有序开展。根据国外和国内其他省市推进经验，我省可以根据不同的项目综合运用以下运营模式：

（1）政府自建自营模式。此类模式是由政府投资建设和运营，以提供公共性服务而不是盈利性服务为目标。政府主导智慧农村项目。重点保障政务、教育、医疗等公共设施的智慧工程项目，此种方式政府对项目的控制力度非常强，但是市场化程度较差。政府要承担费用和相应的风险，需要政府有强有力的财政保障能力和项目运营能力。

此种模式的优点是智慧农村工程的公共服务得到有力的保障；缺点是资金保障压力大，市场化运营弱，不利于长效经营和发展。

（2）“政府+运营商”合作模式。此类模式是由政府和运营商按照一定比例（如30%+70%）进行前期网络资源投入，政府与运营商签订协议，由运营商负责建设并后续运营维护。政府采取定期支付服务费的方式使用相关系统提供公共服务。对于偏远农村，网络资源投入较大的时候，采取政府扶持措施，实现偏远农村的互联网接入和智慧项目的运营。在初期发展中，运营商对政府、学校、医院、机场等公众公益性接入实行免费政策，保证公众接入，协助政府对民众免费或优惠提供公共品资源。在后期发展中，对部分项目实行部分优免；对于农村商务贸易服务需求较大的如养鸡场、智能农场、个人家庭等，由运营商提供资金、接入及相关技术支持服务，采取部分收费形式保障运营商企业基本盈利。

此种方式的优点是避免了建设初期政府财政压力过大的问题，运营商企业参与获利的同时公共服务也可以得到保障；缺点是合作界面如果不明，将导致沟通成本增大，影响项目实施。

（3）“政府＋运营商＋民间投资”多元合作模式。这种模式引入民间投资，政府通过市场竞争机制将运营权限按照一定比例及年限转让给民间机构运营，开展特许经营，但是必须加强市场监管。政府为了激励社会力量投资农村市场，克服农村地区投资大，回收时间长的问题，在运营模式、运营年限上将给予社会力量适当优惠及补贴，或提供其他城市资源进行资源置换，确保民间投资效益和投资积极性，从而加快湖南农村信息化进程。

此种模式的优点是市场机制的引入可以提高智慧农村工程项目设计、建设、运营的效率，有利于吸纳更多社会投资，以及通过成熟的市场机制保障项目长效运营；缺点是如果没有强有力的监督管控机制，将有可能发生类似“垄断”的行为。

综上所述，三种模式各有利弊，应根据不同地区启动资金准备情况和不同项目特点选择合适的运营模式。无论在实践中采取何种模式，政府在智慧农村工程中的整体规划、资源配置、公共管理三个方面必须发挥决定作用，政府要通过政策调节和资源回报，充分调动产业链上的各成员广泛参与，充分促进社会力量多远驱动，并通过服务经济促进专业化分工，形成政府、企业、农民的多方共赢。

4.2.3　湖南省“智慧农村工程”实施步骤建议

智慧农村工程是在一套明确的指引体系指导下，在一套完善的保障体系保障下的多个农村职能的系统性智力升级。其具体运营实施步骤包括以下五个方面。

4.2.3.1　智慧农村工程中的资源环境系统建设

资源与环境是农村居民赖以生存和成长，农村赖以运行和发展的物质环境。面对日趋强化的资源环境约束，湖南智慧农村工程实施首先应当从农村资源环境入手，树立绿色、低碳发展理念，以节能减排、环境保障为重点，增强农村的持续发展能力，提高生态文明水平，从而为后续农村生产方式和消费模式转变打下坚实基础。

在具体的实施上，智慧农村工程在农村资源环境。自身本体功能建设基础上，要充分发挥物联网和云计算等先进信息技术的作用，参与到农村资源环境整体规划和公共管理当中。

通过节能减排信息技术建立健全资源、能源综合利用效率监测和评价体系，提升资源和能源利用及供需双向调节。构建能耗监控系统，充分利用各种传感器和视频监控系统建立健全涵盖农村空气、土壤、气候、噪声、水质、污染源等内容的泛在环境监测感知系统，协助数据采集等。

通过资源回收管理系统和废弃物综合利用信息管理系统，构建再生资源回收分拣中心，构建高效的资源再生循环网络。

通过绿色数据中心建设促进农村能耗大户的降能增效以及农村公共设施的节能减排。

4.2.3.2 智慧农村工程中的基础设施建设

农村的基础设施包括工程性基础设施和社会性基础设施两大类。工程性基础设施是直接参与和支持农村物质生产过程的基础设施，包括给排水系统、交通系统、通信系统、照明系统和防灾系统等。社会性基础设施是指为农村社会发展和提高人的素质和生活服务质量，从而间接影响农村物质生产过程的设施，包括行政管理、文化教育、医疗卫生、商业服务、金融保险和社会福利等。

智慧农村工程要在以上农村传统基础设施上，通过信息技术增加感知、交互、智能判断、协同运作等能力，实现农村基础设施的智力升级，实现智慧化的农村基础设施。

基于物联网技术，可实现对广阔农村地区的管网运行状况、交通设施、地质灾害、安全联防等的及时监测和管理，及时发现设施问题并触发应对措施，确保农村社会安全和资源有效利用。

云计算和大数据的使用，可以从更广泛的来源汇集离散的数据，结合历史数据进行分析，发掘出目前农村基础建设存在的问题和发展的方向。农村地广人稀，智慧农村工程将在精细化管理、资源配置、效能指升和全程全网协同等方面发挥重要使用。

4.2.3.3 智慧农村工程中的信息设施建设

智慧农村的运行需要广泛的信息输入和交互，因此，基础通信管道和网络、感知设备及网络、信息化服务云平台、开放的公共信息服务平台、专业化信息服务成为农村信息设施建设的重点。

基础通信管道和网络。智慧农村工程本身具有四个特征：数据海量化、应用视频化、智能分布化、交互实时化。因此，对网络提出了高带宽、低时延、高稳定的要求。农村光宽带网络的建设是实现上述要求的最佳手段，是智慧农村工程信息传输的核心基础设施。因此，智慧农村工程将首先着力于光网建设，以 FTTH、FTTB 光接入技术为基础，以高性能路由集群、IPV6 等关键技术为导向，以 IP 全业务支撑系统为依托构建高带宽、低时延、高稳定的网络能力。

感知设备及网络。智慧农村工程需要遍布农村的感知设备采取数据和信息，监测和分析，实现及时、准确、精细、泛在地感知农村运营现状。通过泛在感知，物理空间和信息空间实现了双向映射，使后续基于信息的操作成为现实。通过 RFID 等感知技术和手机的结合，基于身份识别和小额支付的应用，将给农村居民在商务消费、乘车刷卡、手机监测大棚情况、远程查看果园情况等提供大量便利。同时由于农村地广人稀，智慧工程还将组织农民通过手机终端和移动互联网络协助政府进行感知数据采集或分发，完成大规模、社会化的感知任务，这可以大大降低在农村布放大量感知设备的部署难度，加快信息采集工作效率。

信息化服务云平台：智慧农村工程依赖的信息系统基于计算（服务器）、存储（存储设备）、网络（交换机、路由器等设备）等硬件资源构成。智慧农村工程将通过云计算、云存储、服务器虚拟化等技术手段建设多种形式的云数据中心设施，可以将大量的农业生产所需要的科技信息和资源实现分时、错时复用，避免资源的重复建设、资源损耗和浪费。

开放的公共信息服务平台。农业发展存在大量的生产数据，具有巨大的价值，亟需挖掘和利用。智慧农村工程将通过“合并同类项”和“整合多系统”两种方法构建公共信息服务平台。一是将多个信息系统重复构建的部分合并到一个“公共平台”中，从而实现农村通用功能的基础设施化；二是从数据共享和交换，系统协同等角度，集成数据和应用，建设“公共平台”。解决目前农村网站重复建设，农技数据割裂和沉睡的状态，从而整合为统一的数据视图，实现系统集成、数据融合、信息开放和业务协同。实现政府的智能决策、行业的互动协调、农村治理和农业生产的精细化管理。

专业化信息服务。为避免受到环境、人才、资金、员工意识等因素的影响，智慧农村工程信息服务运营模式建议采取专业公司运营模式，政府和农村企业将信息服务外包给专业的信息运营公司，通过专业公司信息维护平台和一支信息处理队伍完成信息技术服务工作。

4.2.3.4 智慧农村工程中的科教文建设

科学、教育、文化是促进农村发展的核心要素，农民的智力升级、农村人才汇聚、农村教育水平提高和农村文化生活水平丰富等决定着农村的整体智慧水平。农村智慧工程将在现有农村教育、科学、文化自身本体功能建设和完善的基础上，通过信息技术实现知识共享和团队协作。

针对农村学校偏远的情况，智慧农村工程面向农村学校管理构建服务于学校、教师、家长、学生的校车监控系统、短信报安、家校短信、家校微博、亲情电话，电子书包、电子备课、教育资源共享平台、电子化教学辅助系统、远程教育系统等，将极大地提高农村学校日常管理水平、促进家校沟通互动（特别是外出务工人员能及时了解到留守儿童每天上学路线、学校活动情况、学习成绩等各项学生和学校生活情况），保障农村学生的安全。其中，远程教育系统还可以帮助农民在足不出户的情况下随时随地学习农业技术知识。

对于消除数字鸿沟、满足广大农村居民求知进取和提升精神文化的需要，智慧农村工程基于公共数字化平台的文化共享工程、数字图书馆、公共电子阅览室三大惠民工程拓展农村公共文化服务能力和传播范围，夯实农村公共文化服务体系基础，服务于农村文化氛围的提升，智慧农村精神内核的塑造。

4.2.3.5 智慧农村工程中的应用集群建设

智慧农村工程中的应用集群是针对农村特定领域的特定服务或特定目标所建设应用的集合。通过这些应用的建设和实施，最终形成湖南和谐新农村、实现湖南特色新农业、智慧新农民。农村的三大主体是政府、农业、农民，针对三大主体形成的三大应用分别为智慧政府、智慧农业、智慧民生。

智慧政府充分利用新一代信息技术，对原有电子政务体系进行全面升级，具体涵盖政务办公系统、村务管理、平安联防、执法监管等核心应用。特别在农村地广人稀、文化水平落后的基础环境下，帮助形成高效、便民、便捷的新型基层服务型政府，提高基层政府部门办公、监管、服务、决策的智能化水平。

智慧农业。对传统的农村和农业，通过信息技术实现数字化、网络化、信息化、自动化和智能化，包括农产品研发的智能化、农产品加工制造的智能化、农业生产环境的监测、农业经营管理的智能化、农业产品市场营销的智能化等。基于传感器和传感网络的感知设施实现农业生产的自动化和智能化，将极大地重塑生产流程、解放农民，提高农业生产效率，提高农业产品的附加值。例如，智慧割草可调节割草高度，自动识别割草区域，规划线路，防跌落，也可进行远程控制。同时，智慧农业强调智力资本在农产品生产和加工、销售与后续服务整个过程的绝对支配使用。正是由于这种支配作用，形成了低资源消耗下的高收益回报，促成农业优化升级。对于湖南农村产业结构调整，转变经济发展方式具有重要意义。

智慧民生。智慧农村工程将坚持“民生优先”的原则，构建一站式民生服务应用，通过各种“一卡通”项目整合社会水电媒资源，汇聚各项民生服务，提供“看得见、摸得着、用得上”的智慧服务，让农民感受到智慧就在身边。一卡通已超越了卡的功能，通过3G/4G网络，实现农民在通信、广播电视、网络、生活娱乐等方面需求的综合功能，解决了农民日常生活中水电煤缴费、娱乐购机，交通、医疗等需要，大量的生活必须产品和服务可以得到圆满地解决，真正体现智慧农村生活的安全、便捷、高效的特点。如针对比较突出的农民看病远、就诊难的情况，打造远程医疗平台、构建数字化医院和区域卫生信息平台，普及农民电子健康档案和电子病历，实现远程问诊和医疗咨询、预约诊疗服务等。一是整合好新闻资讯类信息源，构筑基于农村居民喜好，又具有湖南农村特色的资讯；二是整合民生服务类信息源，做好水电媒查询、交通违规查询、五险一金查询、惠农补贴查询等，并与支付平台打通接口，实现缴费功能；三是整合政府服务类信息源，提供政务办理、各种农村补助补贴查询等惠民服务平台应用等。

综上所述，智慧农村工程的五个实施步骤并不是完全的先后关系，更多的是智慧农村工程实施的五个部分，是协同促进和相互促进发展的关系，共同致力于智慧农村目标的实现。其中，资源环境建设为其他方面提供了农村环境、物质和能源保障；基础设施为信息设施建设提供了管道和承载空间，为科教文建设和应用集群提供了市政设施；科教文建设为其他方面提供了智力资源和文化环境；信息设施提供其他各部分互通互联能力、感知能力、云计算能力，以及数据共享、交互和协同能力等，实现基础设计的智能升级，资源环境的效能升级，科教文的水平提升，应用集群的协同整合；农村应用集群直接为农村、农业、农民三大主体提供多样化的服务，这些服务的提供又依赖其他部分的基础支撑。湖南省智慧农村工程各功能平面相互协同示意图，如图 4-6 所示。

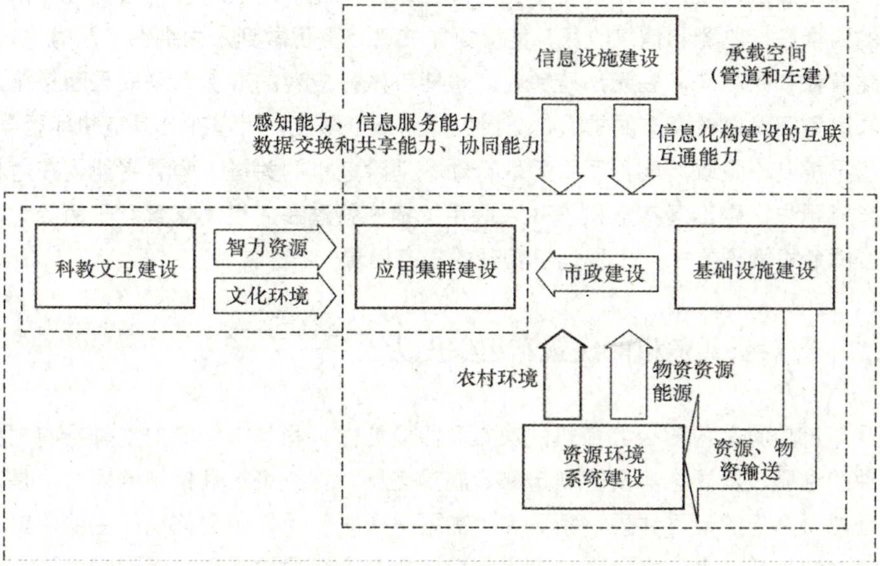

图 4-6　湖南省智慧农村工程各功能平面相互协同示意图

第5章　战略之四：人才制胜战略

5.1　农村公共危机防控人力资源

5.1.1　公共危机预警和识别能力

领导干部应具有公共危机预警和识别能力。危机如同艾滋病毒，预防与控制是成本最低、最简便的方法，但它常常被忽略，最终造成灾难性的后果。作为领导者，必须具备捕捉和准确判断各种危机预兆信息的能力，即预警和识别能力。预警和识别能力是指对可能引起公共危机事件的诱因、征兆和隐患，或者可能导致大面积扩散趋势的个案等危机诱导因素具有敏锐的观察判断和正确的识别能力。任何危机事件都有预兆，只不过是有的预兆明显，有的预兆不明显而已。有的预兆仅凭借肉眼的观察就可以看出，而有的预兆则需要通过特定的仪器设备才能检测出来。因此，应该对各种倾向性、苗头性、全局性的因素进行监测和信息收集，能够见微知著，真正做到未雨绸缪，及时进行预防，把问题化解在初始状态。在无法避免时，也能够做好应对的准备，采取果断措施，有效地防范和避免突发事件事态的扩大，把损失降到最低限度。对潜在公共危机能否早发现、早报告、早控制，是政府能否及早采取行动、消除危机的关键。领导者能否在危机尚未全面爆发时预先识别出潜在危机，并采取相关措施将潜在危机“化解”于萌芽状态，是成本最低的危机管理方式，也是危机管理的最高境界。

5.1.2　应对公共危机的决策和组织能力

领导干部应具有应对公共危机的决策和组织能力。科学决策能力是领导者根据公共危机事件的性质、发展态势及时制定和实施具有针对性、可行性措施的能力，是领导者危机管理能力高低的最终体现。领导者“需要一个既使用权威又使用民主的决策程序，在此环境中激发反应者做出一个富有弹性但又极具力度的决定”。面对突发性、紧迫性的公共危机，领导者的决策必须相对集中，因为不可能有充足的时间进行讨论协商、广泛征求意见，否则就会贻误良机，不利于危机局势的控制。在危机时刻，领导者必须根据自己所掌握的有限信息，依赖少数参谋人员的意见和自己的经验、智慧进行迅速决策。决策时，需要坚持权力集中结果优先、短期目标优先、强制执行、无等级协调和承担责任等原则。

对领导干部来说，能否在公共危机管理中科学决策，首先，要广泛涉猎政治、经济、文化、军事、科技等各方面的知识，不断提高对事件的认知水平。当一个事件发生时，能在最短的时间内准确甄别其究竟是普通事件还是危机事件，或者普通事件有没有转化为危机事件的可能。其次，要实事求是地对公共危机的各个方面、各个层次、各个过程的基本矛盾进行多角度的理性思考，找准事件发生的根源，预测事件的发展变化，抓住主要矛盾和矛盾的主要方面，按照轻重缓急进行科学处理，以免因找不到关键点和突破点而造成局面失控。再次，在处理公共危机过程中提出的目标要求，采取的方法步骤，出台的措施规定，必须与相关的法律法规相适应，与党和国家的大政方针相符合。这样，既能准确运用政策法规的约束性来规范自己和下属的言行举止，又能利用法律政策的强制性去说服教育、化解矛盾、平息事态，否则就会事与愿违，越搞越糟。需要强调的是，在面对危机时必须遵循内在规律，根据危机的不同类型、不同特征、不同表现方式，充分借鉴外地成功经验，运用现代化的管理理论和管理手段，创造性地开展各项工作，将公共危机引入“预定轨道”，达到实施有效控制的目的。

5.1.3　应对公共危机的协调能力

领导干部应具有应对公共危机的协调能力。面对瞬息万变的公共危机，统一指挥是为了协调有序，协调有序是为了把个体的、分散的应对危机的人力、物力整合起来，从而发挥出整体的最大优势。首先，协调各个危机管理部门。危机一旦发生，仅靠某一部门是不可能得到有效处理的，它需要各部门的联合行动。如一次地震事故，参与救援的人员可能包括武警、公安、消防、医疗、卫生、通信、交通、搜救、物资供应等部门的加入与合作，有时还有志愿人员参加。但各个危机管理主体以及所辖部门工作性质不同、职责不同，各自的利益取向也会有差异，各自需要介入的方式和程度也不相同，如果没有协调就有可能出现自行其是的状况，不利于有效地开展公共危机管理。因此，如何协调不同的管理主体、参与管理的机构和人员的力量，就显得十分重要，协调是有序行动的前提和保证，而有序行动并不意味着一起行动，而是按照各自的职责要求，有分有合，相互配合。其次，要动员和协调各个社会力量。及时动员各种社会团体、工会、社区组织、群众组织、村民自治组织等力量进行危机救援和危机恢复，科学地协调、组织、配置社会的人力、物力、财力，以在最短的时间内达到社会资源的最优整合，快速、高效地实现公共危机管理目标。例如，《中华人民共和国消防法》中这样明确规定：公安机关消防机构统一组织和指挥火灾现场扑救，应当优先保障遇险人员的生命安全；根据扑救火灾的紧急需要，有关地方人民政府应当组织人员、调集所需物资支援灭火；消防车、消防艇前往执行火灾扑救或者应急救援任务，在确保安全的前提下，不受行驶速度、行驶路线、行驶方向和指挥信号的限制。再次，要安慰好危机事件中的群众。危机事件给人民群众造成了巨大的损失，受灾受害群众惊慌失措，擅自处理危机，可能更增加危害，因此，领导者与这部分受害群众的沟通对于妥善地处理危机事件是极其重要的。

5.1.4 应对公共危机的信息沟通和危机公关的能力

领导干部要有应对公共危机的信息沟通和危机公关的能力。在危机管理中，信息沟通和危机公关非常重要。危机事件发生后，公众出于对事件真相不明而感到恐惧无助，就可能对事件缺乏理性分析和判断，从而流言蔓延。而在当前全球化和信息化的背景下，信息的传递、交流也更加频繁、迅速，这使得危机很容易跨越地理界限而迅速扩散。面对突发事件，当没有明确的官方消息时，人们主要通过人际传播来获取信息，这时，谣言、传言就会更快速地蔓延，引起社会公众恐慌，使社会危害和危机管理的难度加大。因此，领导者必须具备优异的信息沟通和危机公关能力，能够主动与新闻媒体、上下级领导和人民群众进行良好的信息沟通，安抚社会公众的恐慌情绪。

5.1.5 应对公共危机的心理素质能力

领导干部应具有应对公共危机的心理素质能力。面对突然发生的公共危机事件，很多人会惊慌失措。人们不知道危机会造成什么样的后果，不清楚危机会怎么发展，不知道如何躲避危机可能带来的灾害。作为公共危机领导者承受的心理压力最大，且常常超负荷工作。危机管理中合理的担心是自然的，也是必要的，但过度的焦虑等负面情绪不仅不能有效解决问题，还会导致时间上的浪费，甚至耽误人们及时采取行动达到目标。因此，作为管理公共危机的领导人需要具有不同于常人的心理素质，做到临危不惧，能够调节自己的情绪，沉着冷静。只有这样，才能保持清楚的头脑，正确决策，指挥得当，也才能给群众以信心，稳定人心，稳定局势，从而赢得群众的配合和支持，使危机管理工作有条不紊地进行。同时，在决策时要克服自身性格的缺陷，放弃个人的偏好，以整体大局为重，以社会公众的公共利益为出发点。

5.1.6 应对公共危机的善后能力

领导干部应具有应对公共危机的善后能力。危机处理工作的结束并不代表领导者的工作已经结束，从已经发生的公共危机中汲取有益的经验教训是整个公共危机管理中一个重要环节，是一个重要原则，也是领导者的一个重要能力。一个民族、一个社会、一个国家，面对危机和灾害需要勇气和智慧去抵抗，更需要勇气和智慧在事后进行反思和总结，分析造成危机的原因，评估管理危机的措施是否有效，从而把一次危机变成一次改进工作和提高公共危机管理水平的契机。作为领导者，应该认真总结危机事件中的经验教训，详细分析具有代表性的案例，做到危机处理工作规范化、法制化，从而为以后的危机处理提供宝贵经验。

5.2　危机预警人才：基于数据的反映

大数据数据显示从概念走向应用，从尝试走向普及，产生了对相关人才的强烈需求。据 IT 咨询机构 Gartner 数据显示，截至 2015 年，大数据在全球创造 440 万个工作职缺。

随着大数据对企业的价值逐渐得到认同，全球企业正在竭力将大数据人才招至麾下，技能突出、视野宽阔的人才为各方所觊觎。企业都希望大数据人才带来耳目一新的变化，让企业深化数据的分析和使用以获得独特的竞争优势。

大数据人才战争一触即发。那么，到底需要什么样的人才？教育培训能否创新？大数据产业是否会迎来进一步的创业热潮呢？

5.2.1　大数据人才征集令

利用数据进行决策，已经在管理者中达成了共识。SAS 及《哈佛商业评论》调查研究结果显示：700 名参与调查研究的高层管理中，有 75% 的人维护他们所在部门的决策实际上依赖数据分析；40% 的人认为采用数据分析结果进行决策，提升了他们工作的重要程度以及在企业中的地位。

各级管理者都认为，数据分析让企业的决策效率更高。由于有扎实的数据分析结果为依据，关于方向性的决策可以很快达成，在此基础上就可以进一步讨论实现目标的具体流程和方法了。决策速度的加快对于在今天的竞争局面赢的竞争优势至关重要。

当然，利用数据分析帮助决策，在实践中也面临着一些障碍。调查研究结果也显示：37% 的人认为，他们所在企业的各级管理者相当于数据分析，更依赖于直觉；44% 的人认为，他们所在企业在进行重大决策时，过程需要进一步的透明化；近 29% 的人认为，他们所在企业在充分发挥数据分析威力上，仍然缺乏应有技能。因此，在企业决策中，提高数据分析所占比重还需要一个过程。值得注意的是，各行业的领军企业已经率先引入大数据决策服务。

大数据时代已扑面而来，人才需求旺盛，但是人才教育和培训体系仍未做出调整，人们普遍意识到了大数据人才严重短缺的问题。2011 年麦卡锡的调查指出，绝大多数组织缺乏具备大数据相关技能的人才。Gartner 的报告也显示，全球大数据相关职位的就职率仅有 30%。

越来越多的行业领军企业（如阿里巴巴集团、星巴克集团等）宣布设立首席数据官

（Chief Data Officer， CDO），承担全面推进企业大数据战略的职责。企业为什么纷纷设立这一职位？CDO 与其他高层职位又有哪些区别呢？

据调查，中国许多企业已经认同了大数据解决方案对企业的潜在价值，源于对实施困难的顾虑。目前，中国熟悉大数据开发技术的专业技术人员数量仍然很少，同时具备行业经验的人才就更少，一些企业即使想快速实施大数据解决方案也感觉力不从心。企业展开大数据应用最迫切需要的就是复合型人才，CDO 就是其中的典型代表。

资讯化建设在中国被形象地称为一把手工程，由此可见高层支持与认可的分量。大数据在企业的推进也不例外，一定要有高层的鼎力支持。CDO 从管理层级上来讲，是进入企业高层的职位，有利于在企业整体层面有效管理复杂的数据资源、挖掘其中蕴含的价值。CDO 不能仅仅停留在简单收集、整理、分析、报告的层面，而是要结合企业实际发现数字背后潜藏的挑战和机遇，同时将这些洞察提交决策层，应用于企业战略规划及日常营运中。

长期以来，企业业务部门负责生产经营，更注重掌控数据，而 IT 部门更重视软硬体的采购与维护。而这种二分法对于企业展开大数据应用上已经成为障碍。随着企业储存数据的数量级不断攀升，企业内外部的沟通产生了大量非结构化资讯。面对涌动的数据洪流，传统的职责划分很难适应，需要一种新的职能将数据与应用有机结合，这也是企业对 CDO 求贤若渴的原因之一。

数据在企业中的重要性日益凸显，逐渐成为企业核心的战略资源之一。企业不仅仅关注数据资源本身，更加重视从中挖掘价值，依此展开决策、开拓新的业务领域，并对企业营运施加积极的影响。重视数据分析的企业可以提高决策的理性水准，保障营运稳定，而没有进行数据分析的企业将面临更大的市场波动。因此设立 CDO 是对企业独居利用的制度保障数据量、处理需求持续增长，对企业现有技术和管理水准提出了挑战。只了解最新技术还不够，更需要洞察真正具有价值的数据资源。企业拥有的数据规模巨大，处理和分析数据的投入也会很大，因此必须考虑投入产出的问题。设立 CDO 就是要在数据分析的成本效益上做出平衡。

大数据的运用不是靠一己之力就能完全承担和完成的，而是应建立在团队基础之上。团队需要一个强有力的领导人，才能把每个人的潜力发挥出来。因此，设立 CDO 是团队建设的需要。

企业的有序运作离不开各部门（如研发、生产、物流、市场、销售、财务、人力资源、客户服务等）的协同配合。随着业务的开展，数据也在各部门之间流动。跨部门数据的流动及价值的发现，也需要 CDO 来组织协调。

CDO 显然需要 CEO 的全力支持，并成为其做决策的智囊。CTO 负责的是企业的核心技术，如制造工业和生产技术。CIO 的职责在于提供企业现实情况和未来发展方向的资讯技术。CDO 则掌握企业内部最核心的数据资源，负责数据分析工作。

实际情况是，目前CIO或者IT部门负责数据挖掘工作，但大多限于即时层面。设立CDO之后，CIO或者IT部门可以把数据分析的工作转由CDO负责，同时将为CDO提供数据分析的工具和技术支援。CFO对历史数据的整理、业务发展的分析与预测的部分工作也可以交由CDO负责。

每家试图采用大数据应用的企业都可以设立CEO的职位，但在实践中，也要综合考虑企业的规模、业务的复杂程度、对于数据分析的需求以及来自业务部门的支持等因素。

欧美金融企业设立CDO职位的情况较为普遍，因为加强数据管控，可以提高业务风险的控制水准，是后金融危机时期的重要应对措施。在零售业、制造业、甚至政府部门也开展了这一实践。

中国大数据应用尚处于起步阶段，开始探索的企业集中于金融、电信、网络行业，其大数据应用聚焦于改善企业在数据获取、储存和分析的水准，为企业高层提供更科学有效的决策支持，以及开拓新的业务领域。由于中国企业对大数据工具和方法的应用尚不普遍，因此CDO在企业中并不常见，但预期3年内将有更多的企业将其纳入决策阶层。

与CDO一样受到关注的大数据专业人才是数据科学家。数据科学是一门交叉学科，涉及数学、统计学、电脑科学、数据视觉化技术及具体行业的专业知识等，数据科学赋予人们分析能力和对数据的洞察力。数据科学家的工作就是要提出正确的问题，并依据对数据的分析提出成功的应对方案。达文波特（Thomas H. Davenport）指出：数据科学家首要任务是在数据的海洋探索与发现，把大量散乱的数据变成结构化的可供分析的数据，还要找出丰富的数据源，整合其他可能不完整的数据源，并整理成数据集。在新的竞争环境中，挑战不断地变化，新数据不断流入，数据科学家需要帮助决策者穿梭于各种分析之间，将临时数据的分析转化为持续的数据交互分析。

数据科学家会遇到技术的局限性，但不会让技术阻碍他们寻找新颖的解决方案。当他们有所发现，他们便会在相互之间交流彼此的发现，并建议寻找新的业务方向。通常他们会很有创造力地展示视觉化资讯，也让找到模式清晰而有说服力。他们会把蕴含在数据中的规律建议给产品尽力和主管们，从而影响产品、流程和决策。

由于还处于技术应用的初级阶段，数据科学家常常会推广他们自己开发的工具，甚至进行学术研究。数据科学家最基本、最通用的技能写代码，一个是用所有相关方面都能听懂得语言进行沟通，另一个是用数据讲故事的特殊能力，透过口头和视觉效果表达。

数据科学家占支配地位的特质应该是强烈的好奇心，想要深入问题内部的渴望，找到最核心的问题，提取成清晰的结论，并要经得起检验。当今业界许多数据科学家毕业于电脑科学、数学、经济学和任何数据和计算密集型的领域。

CDO可以为企业数据的应用提供更好的途径。CDO领导数据分析团队能将数据转化为业务语言，从而让企业决策层容易理解和运用。相对于CDO，数据科学家是专业的数据研究者，承担了对数据及其价值的专业性发现工作，因此需要熟练的数据处理和分析技能，CDO职能更多涉及企业总体管理及战略层面，在数据科学家CDO指导下工作，能解决复杂的数据问题但专业性更强。

大数据对所有企业来说都是一个难得的机遇。企业只有拥有了像CDO、数据科学家等专业人才，才有可能将技术与业务结合，从而确保大数据应用的成功推进。

5.2.2 呼唤创新的教育培训改革

面对大数据人才，特别是数据科学家的缺乏，许多企业采取了应对措施，如一些风险投资公司（如投资过 Facebook linkedin 等知名网络企业的 Greylock Partners 公司等）未雨绸缪，建立了单独的招聘团队，为其投资的企业输送数据分析人才。

除了招聘大数据人才，采用资讯技术领域通行的外包策略也是一个可行的途径。大数据应用业务外包模式具有显著的优点。其一是对时间的节省（如减少了反复的招聘、培训等），可以立即应用抓住转瞬即逝的市场机会、力争赢得竞争优势。其二是为企业提供了一个不同的视角观察自身的数据资源。来自企业外部的专业数据分析团队，不容易受到企业惯例的约束，直接从数据资源中发现知识，挖掘价值。

但大数据分析的外包模式也存在一定的缺陷，需要认真对待。一是外包的数据分析人员对企业的运作和行业动态没有深刻的理解，同时也缺乏对企业自身的了解。二是外包模式受到合约期限的制约，不能持续、密切跟踪企业业务的数据变化，对于趋势的研判存在不足。

结合以上的优缺点进行分析，如需成功地应用大数据外包，应注重以下三个方面的因素，以实现优收益。

首先，应注重让数据为基础的决策在企业内广为接受并受到尊重。只有这样，企业内部人员才能向外包分析人员提供充足的数据资源，同时也能欣然接受合理的数据分析以支持内部业务运作。

其次，企业自身应注重数据分析和应用能力的学习，外包方式存在解约风险，如果不能学习并储备相应的能力，数据分析和应用就可能面临中断的情况发生。

最后，企业应注重数据保密和智慧财产权问题的协商。数据资源是企业发展的命脉，数据应用和产品是企业新业务拓展的泉源，因此，需要格外注重企业数据资源和智慧财产权的保护。

大数据产业将是引爆未来经济发展成长的关键，面对人才缺口的状况，抓紧创新教育培训方式将是非常必要的。

对于企业来讲，透过内部挖掘将现有员工培育成大数据人才，也是非常可行的选择。员工可以透过数据库技术、分散式计算技术、数据挖掘技术、机器学习技术、视觉化技术等知识和技能的培训在专业技能上得到强化。目前，大多数企业计划采用培训、招聘和外包相结合的方式，以迅速弥补人才缺口。

例如，在分散式计算技术（Hadoop 技术等），目前就有多家研发企业提供最新技术的培训，软件、支持和培训服务提供商 MapR 指出，很多公司缺乏将 Hadoop 集群投入营运的经验，却又实际项目待开展，因此，人才竞争将趋于白热化，这也导致参加 Hadoop 培训的人数在大幅增长。MapR.Clouddrar 和 Hortonworks（均提供 Hadoop 商用解决方案）等均提供大量相关培训课程。MapK 通常提供两到三天的学习资讯，其线上课程和课堂课程主题包括集群管理基础、Hive 和 pig 动手操作、Mapreduce 培训以及 HBase 程式设计。Cloudera 大学在全球提供线上和课堂课程，而 Hortonworks 则在很多城市提供课堂教程。中国提供相关培训的机构也很多，如开放原始码社群的支持者云趋势等。参加这类培训的人员一般为具有经验的系统管理员和开发人员，学习新技术的能力突出。以分析数据为导向的课程中，如数据科学的入门 - 建构推荐系统（由 Cloudera 大学提供），其目标受众、掌握 Hadoop 知识及技能的软件工程师、数据分析师等。

在大数据领域，学校与企业的合作日趋深入，研究与生产业越来越密不可分，一方面学校可以帮助企业克服技术难题、引领理论发展方向；另一方面企业可以赞助教育培训、提供软硬体和实践机会。北卡罗来纳州立大学的高级分析研究所等一批以大数据教育研究为核心的机构，在推动产业发展上起了关键作用。有些企业通过与之建立合作，来获得急需的人才和技能。

大数据产业的竞争，其核心是人才竞争。未来几年，中国企业及单位（如金融业、零售业、网络行业、医疗行业、政府部门等）都将对大数据人才有大量的需求。只有在大数据人才培养上锐意创新，才能适应这种新形势。

中国 IT 教育在引进先进人才和国际教材方面取得了很大的进步，但这些进步与这一领域日新月异的发展速度并不相符，学员所学的知识和技能不能完全适应企业研发一线的需求，企业面临着再培训的资金和人力投入。在这方面国外学校防御更为迅速，值得借鉴。如在 2007 年，当 iPhone 刚刚发布 9 个月左右的时间，斯坦福大学就已经把 IOS 纳入大学课程里了。一次大数据人才的培养迫切需要打破旧的模式。

目前，中国已有部分重点大学尝试展开大数据教育。北京航空航天大学软件学院开设了大数据技术与应用高级班，招收具有一定技术背景的 IT 从业者，力求为未来的大数据市场率先培养一批掌握 HDFS、Hadoop、Mapreduce、Hbase 等大数据技能，并擅长海量数据的采集、储存、管理、挖掘与分析等的经验人才。从课程体系上和实践环节创新上均力求满足产业实际的人才需求。

北京航空航天大学软件学院从全球领域内整合了众多硬体、软件及大数据的优质资源，服务于教学与实践。硬体方面北航电脑学院、慧科教育、百度公司累计提供上千台伺服器共同组建庞大的数据处理中心，为进行大数据领域的研究与实践搭建了共用的层面 IT 平台。软件方面，搭建了开发和处理大规模数据的 Hadoop 系统平台，并以其高容错性、高传输率、高吞吐量的特性实现海量数据的计算与处理，进而为大数据的挖掘、储存、分析提供支撑。实验数据方面，引进阿里云、百度、人人网、新浪网、交通数据网等真实海量数据，保证学生在搭建理论体系的同时，能够在真实数据生态环境中不断提升挖掘、分析、运用数据的能力。另外，由百度云首席架构师担任大数据专业主任，北航电脑学院院长、Oracle 公司（美国）原高级系统架构师、软件工程领域国际知名学者以及一批在大数据行业享有盛誉的人担任专业导师，亲自带领学生进行大数据商业系统的分析、研发、应用等工作内容，在产学研一体化的推动下形成一个良好的大数据专业教学实践生态环境，从而使大数据人才时刻保持与企业大数据前端同步的资讯和技术手段。

据了解，大数据专业报名情况热烈，咨询报名者多为有一定 IT 开发经验但不具备海量数据处理经验及大数据平台研发能力的 IT 从业者。专业课程的开设，使得大数据变得不在高不可攀。许多没有数据处理技术背景但对大数据感兴趣、看好大数据未来发展的 IT 人士认为这是很好的系统学习的机会。对于有一定技术背景且在新产业冲击下触及技术瓶颈的 IT 从业者来说，无疑是为期职业发展提供了一个拓展个人发展前景的平台，而这种教育方式是应对大数据时代拓展的有意探索。

5.2.3 开发数据宝藏的创业精神

大数据的开发可以大致分为两类：一类是所谓的数据驱动的应用，比如，传统上讲要依靠数据得以运转的部门所需要的，如金融机构、零售商、物流企业等，基础数据是其正常运作的基础；另一类是所谓的数据产品的再次开发形成崭新的用途，如亚马逊电子商务的推广功能，就是在分析购物者行为的基础上做出有效的推广。后一类开拓空间更大，是讲师吸引创业者的重要领域。

大数据产业的创业并非易事，成功的先例不多，但也因此充满了更多的机遇。国外已经有一些创业家们提供了范例。

Datahero 是由克里斯·罗伊曼和杰夫·扎贝尔联合创立的平台，试图弥补大数据与普通用户之间的鸿沟，即帮助分析与用户密切相关的数据，通过视觉化的形式，让用户更好地理解这些数据。

随着像 Twitter、Facebook 等社交网络媒体的爆发，越来越多的品牌也会受到他们的影响。DataSift 主要收集并分析社交网络媒体上的数据，并帮助品牌公司掌握突发新闻的舆论点，制定有针对性的行销方案。

TellApart 是由 Goodata 前员工 Josh McFarland 和 MarkAyzenshtat 所建立的，他们正在和电子商务进行合作。他们会根据用户的浏览行为等数据进行分析，通过锁定潜在买家的方式提高电子商务企业的收入。

在很早以前，Goodata 就希望帮助客户从数据中挖掘财富。这家创业公司主要针对商业用户和 IT 企业高层，提供数据储存、性能报告、数据分析等工具。

Kaggle 希望通过数据科学运动来挑战世界上最好的科研人员和统计学家。他们希望以聚集天才的方式，在大数据的辅助下进行协同工作甚至直接竞争，以研究出最复杂的演算方法和解决方案，从而进一步理解人类。

QlikTech 旗下的 Qlikview 是一个商业智慧领域的自主服务工具，能够应用于科学研究和艺术领域。为了帮助开发者对这些数据进行分析，QlikTech 提供了原始数据进行视觉化处理等功能的工具。

ParAccel 协同 SecureAlert 对形式犯罪进行了校准。透过使用 ParAccel 所提供的分析工具，SecureAlert 能够识别犯罪行为，并向相应的机构发出警告。

面对庞大的数据储存和处理，NoSQL 可以做得很好，而 Hadoop 可以利用一些价格低廉的硬体完成大量的数据分析。创业公司 Cloudera 就采用这两种技术来提供企业及版本。

Tableau 为数位媒体提供了以个性的展示数据的方式。它们提供了一个免费工具，任何人在没有程序设计知识背景的情况下都能制造出数据专用图表。这个软件还能对数据进行分析，并提供有价值的建议。

Metamarkets 对 tweet、支付、签到和一些与网际网络相关的问题进行了分析，为客户提供了很好的数据分析支援。

在中国也有一些创业者凭着对数字良好的感觉，开始了他们在大数据产业中创业之路。

阿里巴巴外贸 B2B 网上陈雍，经过不到 4 年的发展，拥有了 15 人的外贸团队。电子商务让他找到了成功的捷径，其公司所有的订单都来自阿里巴巴，在保证 80% 利润的前提下，其公司每年的销售额都至少以一倍的速度增长。他坚信“过去是，现在是，未来更是如此”，因为他通过阿里巴巴的后台操作和数据分析得出，阿里巴巴就是一个庞大的客户资源库。

陈雍未来三年的梦想是“让阿里巴巴成为所有网商的取款机”。未来 5~10 年的梦想是“让阿里巴巴后台的数据专家，打造一家属于自己的电子商务服务公司，并在 2020 年前上市”。陈雍玩命般地拼搏，并养成了非常好的习惯，因为这习惯，他一步一步地让梦想的花朵绽放了。

这个习惯是什么？那就是坚持做好三个表，坚持做好数据分析，通过数据，分析客户群、完善产品的市场定位、打造外贸团队。陈雍的三个表包括：每日所发布产品的资讯统计表（表 5-1）；橱窗统计表（表 5-2）；行业橱窗排名统计表（5-3）。

表 5-1 每日所发布产品的资讯统计表

序号	发布产品的产品名称	产品型号	发布产品主关键字	搜索总页数	排名状态
1	15 Inch Roof-fixing LCD	VP150C-2	bus digital screen	1 / 358	无
2	15 Inch Roof-fixing LCD Bus Ad Player	VP1500-2	bus ad player	1 / 413	3 P4P，22
3	15 Inch Roof-fixing LCD Bus Ad Monitor	VP1500-2	bus ad monitor	1 / 126	2-P4P，12
4	15 Inch Roof fixing Advertising Bus LCD TV	VP1500-2	bus lcd tv	1 / 186	4-P4P，ll
5	15 Inch Roof-fixing Advertising LCD Bus Roof Display	VP1500-2	bus roof display	1 / 175	1
6	15 Inch Roof-fixing Advertising LCD Bus Roof P1ayer	VPl500-2	bus roof player	1 / 291	2
7	15 Inch Roof-fixing Advertising LCD Bus Roof Monitor	VP1500-2	bus roof monitor	1 / 172	3-P4P，18
8	7 Ineh LCD Acrylic Didital Picture Frame	VD0706B	acrylic didital picture frame	1 / 470	2-P4P.18
9	7 Inch LCD Acrylic Didital Picture Display Frame	VD0706B	acrylic didital picture display	1 / 178	无
10	7 Inch LCD Aerylic Didital Photo Display Frame	VD0706B	acrylic didital photo display	1 / 470	无
11	7 Ineh LCD Acrylic Didital Photo Piayer Frame	VD0706B	acrylic didital photo player	1 / 151	无

续表

序号	发布产品的产品名称	产品型号	发布产品主关键字	搜索总页数	排名状态
12	7 Ineh LCD Acrylic Didital Picture Frame	VD0706B	didital picture frame	1-470	5-P4P，无
13	55 All In One PC LCD Touch AdvertiSing Display	VP550MT	all in one	1-470	5-P4P，无
14	55 All in One PC LCD PC Touch Advertising DiSplay	VP550MT	all in one lcd	1-470	2-P4P，无
15	55 All in One LCD PC Touch Advertising Display	VP550MT	all in one display	1-470	1-P4P，无
16	55 All In One LCD PC Touch Advertising Menitor	VP550MT	all in one	1-470	5-P4P，无
17	55 All In One LCD PC Touch Advertising Player	VP550MT	all in One player	1-470	1-P4P，无
18	42 Inch F1oor-Standlng Advertising Kiosk LCD DiSplay	VP420D-3	kiosk lcd display	1 / 239	4-P4P，无
19	42 Inch Floor-Standing Kiosk LCD Advertising Display	VP420D-3	kiosk 1cd player	1 / 310	无

表 5-2　橱窗统计表

序号	关键词	公司产品橱窗资讯	页数／20P	数量 P4P	4 年号排名	3 年号排名	1 年号排名
1	Product Name	47” LCD Standing Indoor Touch Kiosk	92	0	1	8	6
	Kwl	Indoor Touch Kiosk	458	0	2	3	1
	Kw2	47” Indoor Touch Kiosk	458	0	2	5	1
	Kw3	LCD Indoor Touch Kiosk	282	0	1	3	4
2	Product Name	47” Kiosk Touch All In One Computer	512	5	3	4	12
	Kw1	Touch All In One Computer	512	5	3	9	14
	Kw2	All In One Computer	9	0	1	6	2
	Kw3	LCD Indoor Touch Kiosk	512	3	8	0	3
3	Product Name	42” HD Narrow Bexel Video LCD Wall Disdlay	60	0	2	8	1
	KW1	LCD Wall Disdlay	512	3	8	2	7
3	Kw2	HD LCD Wall Display	135	0	1	4	2
	Kw3	Videc LCD Wall Display	244	0	1	6	14
4	Product Name	55” Kiosk Touch All In One PC	64	0	1	0	18
	Kwl	Touch All In One PC	512	1	4	3	16
	Kw2	All In One PC	512	5	8	14	0
	Kw3	Kiosk All In One PC	79	0	4	0	5
5	Product Name	65” Kiosk Touch LCD Advertising Signage	47	0	1	3	5
	KW1	Advertising Signage	512	0	1	9	11

来源：陈雍提供。

表 5-3　行业橱窗排名统计表

序号	橱窗产品名称	橱窗关键字	Page/20p	同行排名	自己公司排名	重视级别（2 星、3 星、4 星、5 星）+ 解决方案
1	15 inch wall mount and Stsnd wifi ied display	Kwl：wifi lcd display	1/470	5-P4P 第 1、2 名	第 5、7、8 名	4 星级（动用 4 年橱窗设置独立关键词，并使用 P4P 排到 2~3 名）
		Kw2：wifidigi-tal display	1/367	2-P4P 第 9 名	第 1、3、11 名	2 星级（持续关注该排名）
		Kw3：wifi and display	1/470	12-P4P 第 31 名	第 11、13、16 名	4 星级（动用 4 年橱窗设置组合关键词，并使用 P4P 排到 1 名）
2	Web-based Server System Network Advertising PIaver	Kwl：network advertising Play	1/470	5-P4P 第 4 名	第 5 名	4 星级（动用 4 年橱窗设置独立组合关键词，并使用 P4P 排到 2~3 名）
		Kw2：advertising player	1/470	5-P4P 第 2、7 名	第 9、10、12 名	4 星级（动用 1 年橱窗设置独立关键词，并使用 P4P 排到 2~3 名）
		Kw3：wireless digital photo frame	1/40	第 2 名	1 第 7 名	3 星级（3 个号同时发布独立关键词）
3	3G AdvertiSing player，Control from Web-based Server By wifi	Kwl：3G advertising Player	1/470	4-P4P 第 1、16 名	第 9、11、15 名	4 星级（动用 4 年橱窗设置独立组合关键词，并使用 P4P 排到 2~3 名）
		Awl：wifi advertiSing Player	1/470	5-P4P 第 2 名	第 3、17 名	4 星级（动用 1 年橱窗设置独立组合关键词，同时发布 1 年号关键词）
		Kw3：wireless network advertising Device	1 月 8 日	第 1 名	第 2 名	3 星级（3 个号同时发布独立关键词）
4	China hot sell26 inch digital screen adrvetising	Kwl：didital	1/47	5-P4P 第 4 名	无排名	4 星级（动用 4 年橱窗设置独立组合关键词，并使用 P4P 排到 2~3 名）
		Kw2：lcd adrve-tising	1/47	2-P4P 第 5、17 名	第 4 名	4 星级（动用 4，1 年橱窗设置独立组合关键词）
		Kw3：indoor ad rvetising screen	1/470	5-P4P 第 6 名	第 10、13、19 名	4 星级（动用 4 年橱窗设置独立组合关键词，并使用 P4P 排到 3 名）

续表

序号	橱窗产品名称	橱窗关键字	Page/20p	同行排名	自己公司排名	重视级别（2星、3星、4星、5星）+解决方案
5	inehwallmount lcd ad player，support split screen plav（SAD3203）	Kw1： wall-mount lcd adplayer	1 / 329	5-P4P 第 1 名	第 10、14、18 名	4 星级（动用 4 年橱窗设置独立关键词，并使用 P4P 排到 3 名）
		Kw2：lcd adrve-tising player				重复
		Kw3：wallmount ad media player	1/105	5-P4P 第 2 名	第 3、4、6 名	2 星级（持续关注该名）
6	l0.1” Super-market shelf，motion sensor lcd advertising display	Kwl： lcd Advertising display	1 / 470	5-P4P 第 4 名	第 11 名	5 星级（动用 1 年号独立关键词橱窗，调整 4 年号橱窗的关键词设置）
		Kw2：10.1” ad vertlsing player	1 / 49	第 1 名	无排名	3 星级（3 个号同时发布独立关键词）
		Kw3： 10.1” video player	1 / 57	第 1、3 名	第 15、16、17 名	3 星级（3 个号同时发布独立关键词）
		Kw1：supermarket advertising display	1 / 403	5-P49 无排名	无排名	4 星级（动用 4.1 年橱窗设置独立关键词，并使用 P4P 排到 3 名）

来源：陈雍提供。

陈雍从创业之初至今，一直坚持记录自己当天发布的所有产品资讯。每天，他一定会空出一段时间，去搜索昨天发布的产品，今天的排名有没有上去，到底排第几名。表内设有“产品关键字、搜索主页、排名状态”等项目。他会对自己的出场都做数据统计，这些统计包括关键词和排名情况，还分列 4 年号、3 年号、1 年号的排名。

通过橱窗统计表，他能了解到自己的橱窗和产品是否已发挥极致。知己知彼，百战百胜。深知这一道理的陈雍是否注重优秀同行的资讯收集，包括同行的公司背景、账号数、账号产品情况、橱窗情况及排名，关键词排名等。在他看来只有将同行的资讯全部都细化，才能将数据分析提炼出来。陈雍通过三个表的数据，吸引了行业的全部询问，不管是优质的还是劣质的都过来了。这样，陈雍及其团队就有权利轻松地选择优质客户，进而快速地成长起来。

陈雍数据分析技能的产品化，无疑将使其效率倍增，服务更大的网商。他在大数据时代凭借自己的外贸专业知识和对数据分析的执着找到了一条创业的新路。

此外，还有敏感的音乐青年推出了名为“摇滚地震局”的数据产品。他们在地下摇滚音乐演奏现场铺设传感地毯，收集人群随音乐踩踏地面的力度，结合演奏的乐曲，形成现场的声浪，他们对非主流现场音乐评价的产品思路如图 5-1 所示。他们的产品迎合了经纪公司、演出公司、比赛举办者以及乐队的多方面需求，具有非常好的市场前景，因此也获得了创新孵化机构大数据实验室的青睐。

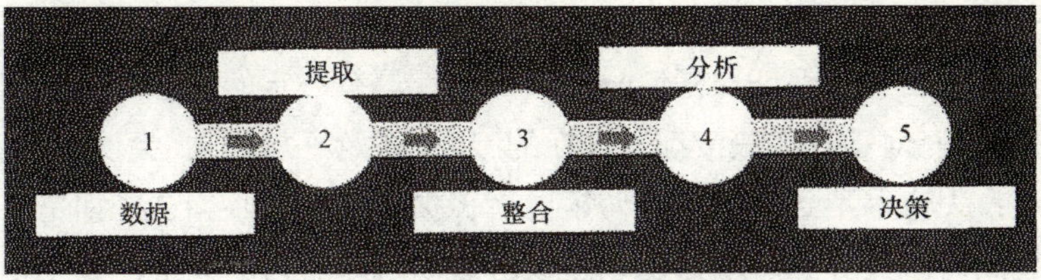

图 5–1 摇滚地震局的产品思路

数据产品的创意是无止境的，让人感叹"一切皆资讯"他们需要人们勇敢的创业和不懈的探索。

为应对大数据时代对大数据应用开发的人才提供一个良好的适应环境，提供 IT 基础资源和数据源支持，并通过建立专注于大数据方向投资的大数据资金，吸引与培养大数据领域的人才，以创新的投资与资源组织方式吸引与调动多方资源围绕大数据主题展开工作。在 2012 年云端世界大数据专场上，云端基地大数据实验室正式宣布成立。

5.3 危机处理应变人才：灵敏、果敢、坚毅

如何面对突发公共事件，既是检验政府治理水平和领导者日常工作作风的关键时刻，也是考验领导者现场决策和危机处置能力的关键时刻。现阶段，各级政府在建设和完善各类应对突发事件的处置预案。但普遍处在过于程序化、原则性和预警性、操作性不强等问题。面对突发事件需要机动灵活的临场处置能力，需要各级政府和领导者不断探索和总结此类事件的有效处置方法，重点应从以下几个方面来提升政府领导者的应对能力。

5.3.1 加强学习，储备必要的应急知识

平时要注意应急知识的学习和积累，了解应急常识，熟悉应急法律法规、应急预案，掌握有效预防突发事件的方法、防灾减灾技能，努力提高自身应对突发事件的科学处置能力和自救互救能力。因为，领导者的潜意识中平时就存储着大量的经验和知识，当遇到特定条件的刺激时，一些相关的经验和知识就会不自觉地出现在领导者的意识中，帮助领导者辨别各种信息的真伪，进而把握事件的本质，做出正确的危机决策。只有在事前了解突发事件的特点和可能的危害；掌握预防、避险的基本技能，才能在事发的第一时间迅速做出正确的反应，从容镇定地应对和处置突发事件。应急知识的学习主要是指领导者个人的学习，需要领导者在日常的生活和工作过程中养成学习的好习惯，勤于学习，善于学习，注意发现、收集、学习和积累知识。

5.3.2 培养坚强的意志，积极调适心态

意志是一种自觉地确定目标，调节行为，克服障碍以实现预定目标的心理活动过程。它是调节行为的重要心理保证。任何一个领导者都具有一定的情感、欲望和兴趣，但不论是得意还是失意，对领导者决策都有潜在的威胁。得意不加警觉，会使领导者骄傲自满，失去科学态度；失意得不到控制，会使领导者丧失理智和信心。这些都是影响领导者处理危机的心理障碍。良好的意志力是调整领导者动机和行为的关键，如果领导者意志坚定、果断，就能自动地调整自己的行为，来控制气质和性格特征方面的一些不利因素，发挥那些积极有效的因素，以保证危机决策的准确性和及时性。

心理调适作为一种能力，针对的是人的心态，即人的内心世界心理活动的状态。人的心态是人们通过一系列心理活动在对外界环境刺激的应答过程中应生的内心体验，心态就其根源而言是人的意识的主观能动性。在突发事件应急管理过程中，领导者往往容易受到消极心态的支配，从而严重影响危机决策的质量。要克服消极心态，首先必须对自己的心理素质有个清醒的科学认识，然后针对自己的某种消极心理而采取有效的克服方法。比如，悲观心理比较严重的，应该有意识地在自己的行动中设置障碍，然后努力克服它，这种在平时进行自我磨炼的方法能够增强自信心，有利于乐观心理的培养。

5.3.3 加强培训和演习，提高应急意识和能力

领导者的能力培养是应对突发事件的一个不可忽视的环节，这里的能力包括决策能力、公关能力、善后能力等，为此需要对领导者进行培训，进行必要的应急救援训练和演习。

当前在突发事件日益频发的背景下，对领导者进行有组织有针对性的培训十分必要。但是在过去的培训过程中，有关应急的内容非常少，这对于提高领导者的应急能力非常不利。因此，在今后的干部培训中应该将应急能力的培训作为一个重要的内容。培训的内容具体应包括应急理论的灌输、专业知识的传授、法规政策的讲解、应急机制的制定和完善、应急预案的制定和完善、应急过程的决策和驾驭、应急的心理训练和调适等。

同时，可以通过相应的演习，在一定程度上使一些有利于领导者能力得到提高的因素进一步实现。通过演习，一是可以提高领导者的程序意识和应变能力。通过演习可以让领导者尤其是没有相关经验的领导者通过演习过程，感受紧急状况下的氛围，明确应急的相关程序和要求。二是可以完善各种应急机制，提高应急机构的专业能力。通过演习，使各种机制得到检验。在演习过程中，各机构相互配合，在配合中发现运行程序、运行方式等存在的不足，然后进行完善。同时，通过演习，要发现专业应急机构的能力和各

种设备配置上的不足，进一步提高专业机构的应急能力。三是可以提高群众的自我保护意识和协同意识。通过社会参与，使群众在应急过程中学习到正确的处理方法，提高在危机状态下的自我保护意识和相互协作的意识。

演习要达到以下要求：一是经常性，要针对现实的需要在不同的时间进行相关的演习安排，使得演习成为一种社会管理和公共服务的常设工作。二是真实性，尽量使演习的过程和情景接近真实情况的氛围，使参与演习的领导和群众感到接近真实的紧急状况，使心理和行为更符合应对突发事件的要求。三是全面性，就是演习的种类应该尽可能的多，尽量包括所有的突发事件的应对。四是广泛性，就是指演习的参与者应该尽可能包括在突发事件中涉及的所有人员和机构。

5.3.4　提高以人为本，果断决策、现场处置的能力

（1）坚持“以人为本”。领导者“要始终把实现好、维护好、发展好最广大人民的根本利益作为党和国家一切工作的出发点和落脚点，尊重人民的主体地位，发挥人民首创精神，保障人民各项权益”，以此作为处理突发事件的根本原则。在突发公共事件中，群众怎么想的比领导者怎么想的更重要，对群众的态度决定了事件处理的方向。“群众利益无小事”，群众是事件参与的主体，首先应把群众的合理要求和需要作为事件处置的切入点，才能做出科学的决策，采取有效的对策措施。

（2）积极主动、果断决策。一旦发生突发公共事件，不管其性质、类型和起因如何，都要求领导者首先把责任承担起来，因为危机处置最重要的策略或者说原则就是勇担责任。因此，领导者应以积极的态度去赢得时间，以正确的措施去赢得公众，创造妥善处理危机的氛围，否则，既可能错过最佳处理时机，也可能使事态扩大。作为主要领导者，一定要靠前指挥，果断决策，全面掌握事态发展状况，准确把握群众的心理和情绪，做到统筹全局，有针对性地及时调整处置措施，控制事态的蔓延和恶化。同时，必须根据事态变化，在不同阶段，针对不同对象采取不同手段，做到刚柔相济，有利、有理、有节。主要领导的一线形象对事件中群众的心理和行为的正面影响是非常重要的。

（3）控制事态、化解矛盾。突发事件发生后，首先要做到的就是防止事态扩大。这既是关系整个事件处理成败的基础和前提，又是寻找更好的处理方法的重要条件。必须千方百计地控制住事态，使其不再继续扩大和升级，到达由热变冷，由大变小，由强变弱，化解矛盾的目的。

5.3.5　强化信息沟通，引导舆论的能力

（1）强化信息沟通，争取群众的理解。沟通是理解的桥梁，在事态发展初期，人们心理状态极不稳定，极易受到虚假信息的误导，从而使事件的风险加大，甚至导致局

面失控。领导者要根据事件发展的情况，利用有效的信息平台，及时地向公众发布事件相关信息，如实宣传，增强政府信息的可信度和权威性。危机发生后如实与公众沟通，并主动与新闻媒体取得联系，公开事实真相，避免小道消息流传，从而避免公众过分恐慌，使公众和新闻界不去“估计”和做出缺乏现场感的“分析”。如实宣传的核心就是用事实说话，大量事实证明，信息公开是沟通公众，平息事件的最有效手段之一。

（2）加强上级的沟通，取得上级的支持。除必须与事发现场保持密切联系，随现场形势变化而采取措施外，还必须将事态发展的每一个阶段的情况及时向上级领导组织报告，以争得工作的主动权和上级的支持，这是尽快平息事件的精神动力和坚强后盾。

（3）增强对外的沟通，争取外界的支持。对外沟通主要是针对区域和国外的舆论引导，提高信息的透明度，让更多的公众了解真相，营造有利于事件处置的外部舆论环境，形成良好的公共关系。

5.3.6 完善机制，优化领导者能力发挥的环境

为使领导者的能力得到最大程度的发挥，必须建立完善的应急机制，这是领导者能力提高和展示的外在条件。

（1）修正领导绩效考评体系。要引导政府行为重视经济社会协调健康发展，重视危机管理，重要的一个方面是要建立科学合理的干部绩效考评体系，要完善考评内容，从单纯的追求增长速度和 GDP，变为综合考核指标，不能片面地用经济指标考核干部。在各级政府绩效考核体系中，要增加综合性社会发展要求，减少单纯的经济指标考核，增加对危机管理工作的考核。尤其要增加对重大责任事故发生率，社会治安破案率，对突发公共事件的应急反应能力等指标的考核。

（2）建立和完善应对突发事件的应急组织体系。我国现有的应对突发事件的组织管理系统，主要依赖于各级党委和政府的现行机构，缺乏专门、常设性的危机管理部门和专业人员。这样造成了各级党委和政府以及政府各部门在应对突发事件中的职责模糊不清，相互之间的连接和配合不够顺畅，甚至出现推诿扯皮、推卸责任的现象，办事效率低下。为此，应探索建立专司管理的专业、专门部门，按照“应急指挥系统（常设）+各专业应急处理系统”的模式，明确分配清楚各自职责建立和完善应对突发事件的组织体系。

（3）要有统一指挥、分工协作的应急管理体制。各地区各部门要建立健全分类管理、各级负责、条块结合、属地管理为主的应急管理体制，形成统一指挥、功能齐全、反应灵敏、运作高效的应急机制。使任何突发事件的应对都有领导、有指挥、有组织，使应对过程指挥有方、组织有力、责任明确等。健全对社会公共突发事件的组织体制，明确各部门的责任，一旦发生突发事件，各部门能有效组织，快速反应，高效运作，临事不乱。

（4）有分类完备、运转有效的应急预案。现在，应急预案在应对突发事件过程中的作用越来越重要。完善的应急预案对领导者进行有效的指挥和应急过程的顺利进行十分关

键。预案的启动也要及时、准确，各应急组织和机构之间的运转要协调流畅，应急行为要合法、有效。应急预案也要接受实践的检验，不断完善，而当前的应急预案还存在一些不足，主要是总体预案还不够健全与完善，地方预案的科学性和有效性还有待提高和检验。

（5）建立现代化的应急支持保障机制。在现代应急过程中，物质的保障与技术的支持显得日益重要。为了更好地应对突发事件，更好地提高领导者的应急能力，首先，要建立健全各种应急物资的储备制度和储备体系，使应急物资的供应做到充足，快捷。其次，不断将先进的设备和技术应用到突发事件应对过程中，使应对有先进的设备和技术保障，大力提高应急的效率和效果。

（6）建立健全应急管理方面的法律法规。我国近几年在应急法律法规的制定上进步很大：一是2006年1月8日国务院发布的《国家突发公共事件总体应急预案》，我国应急预案框架体系初步形成；二是2007年8月出台了《中华人民共和国突发事件应对法》，使领导者应对突发事件可以做到有法可依；三是各地方各部门也不断完善应急预案的制定。为了更好地应对突发事件还要修正补充现有的法律法规，健全法律法规贯彻执行的配套制度，使政府管理与应对突发事件形成一个完善的法律体系。

如何科学应对和及时、有效处置突发公共事件，是领导者面临的一个紧迫的现实问题，对维护人民群众根本利益、维护改革开放、稳定发展大局都具有重要意义。领导者应对突发公共事件的能力是一个复杂的、综合的能力体系，需要领导者全面提高，需要国家应急体制和管理机制的有效促进，需要相关的物质、技术的可靠保证。提高领导者应对突发事件的能力，不仅是领导者个人的需要，也是国家、政府和社会的需要，更是人民的需要。

5.4　危机善后人才：责任担当

危机传播的概念是顺应我国社会转型期急剧变化的社会现实而产生的。我国当前正处于“经济转轨、社会转型”的过程中，经济政治改革开始进入“深水区”，改革开放日益触及深层次的体制性问题，包括经济、政治、法律和家庭在内的社会制度系统都存在一定程度上的制度变迁，在社会发展序列上恰好应对着“非稳定状态”的频发阶段，即德国社会学家乌尔里希·贝克以及英国社会学家安东尼·吉登斯等人所说的“风险社会”。在这一变革过程中，利益和权利在不同主体间重新分配、转移，形成诸多不稳定因素。在这些诱因的作用下，近年来我国重大突发事件激增，自然灾害、重大安全事故、突发公共卫生事件、突发社会安全事件等危机事件频繁发生。危机事件的常态化决定了危机信息传播的经常化。在此背景下，“危机传播”的概念已经逐渐为学界和业界所熟悉，它是指“危机事件发生之前、之中及之后，介于组织和其公众之间的信息传播”。也有学者这样定义：“危机传播是指针对社会的危机现象如何采取大众传播及其他手段，对社会加以有效控制的信息传播活动。它的目的在于，按照社会传播和新闻传播的规律，对危机处理过程进行干预和影响，促使危机向好的方向转化。”从危机传播的环节构成看，行政体制中的各级政府是其最为重要的主体之一，或者称为“高位主体”，具体表现在：政府是政策、法律（规范）的制定者和执行者，它行使着社会管理的职能，同时也是各种社会信息系统运行的参与者，体现在危机传播中，便是它的双重角色，即作为信息传播者，因其法定的社会管理者的角色，使政府拥有其他任何社会主体所不具备的获取、储存和对外发布第一手信息的权力；作为社会管理者，政府又通过行政手段和法律手段，对大众传媒及其他信息传播者进行管理和监督，行使把关职能。政府在危机传播中的角色地位至关重要，既是危机传播的实施者，更是危机传播的“导航者”，它从根本上控制和决定着危机传播的实施过程和整体走向。因此，政府应当根据其法定职能担当起危机传播所赋予的重大责任。

快速启动新闻发布应急预案，保障公众的知情权。通常情况下，政府是危机传播的一级（前端）信源，它是所有正规信息的唯一出口，具有其他任何信源所不具备的正式性与权威性。但是，社会角色的重要性与其因缺位而导致的后果的严重性是成正比的。这就要求危机事件发生后，政府必须在第一时间进入其角色，快速启动新闻发布应急预案，保障公众的知情权。

在民主宪政体制下，行政公开是政府的义务，而知情权就是行政相对人（公民）的重要权利。尤其是在各种紧急状态下，知情权更是公众保障自身生命财产安全的首要权利。而在危机传播中，“及时”则是公众知情权的价值所在和实现的先决条件。

英国危机公关专家里杰斯特曾提出关于危机处理的著名的“3T”原则：“Tell you own tale”（以我为主提供情况）；“Tell it fast”（尽快提供情况）；“Tell it all”（提供全部情况）。显然，这三条原则都涉及危机传播。虽然危机信息的发布也有准确、适度、有利等原则要求，但危机事件的突发性、紧迫性、高度不确定性和既有及潜在的破坏性，决定了“及时”（Tell it fast）应是危机传播的首要原则。信息往往具有先入为主的特质，受众由于心理和社会经验等综合因素的制约，往往对第一时间获取的第一手资讯有较大的接纳度和准入度，这就是所谓的“首因效应”。在危机事件刚刚爆发的时候，往往是人们对信息的需求量最大的时候，如果这时政府动作迟缓或是刻意隐瞒，保持“无知的镇静”，那么，各式流言和谣言就会成为官方权威消息的替代品，通过非正式的传播渠道，以几何级数的方式迅速扩散，一旦不当言论“先发制人”形成舆论热点，正面信息往往会被淹没其中，给舆论引导带来极大难度，政府的危机传播往往会演变成事后手忙脚乱的危机公关，“无为坐等—证实新闻—解释新闻—澄清事实—四处辟谣”成为近年来一些地方政府应对危机事件最常见的一般流程和模式。例如，2009 年 10 月 20 日到 11 月 7 日不到 20 天的时间里，深圳市接连发生三起儿童绑架案，其中两名小学生惨遭“撕票”。虽然这三起案件均在案发后一周多的时间内告破，但由于警方迟迟不予公布相关信息，致使全市流言肆虐，盛传深圳已发生 20 多起绑架案，且均由一个境外犯罪团伙作案，一时间全城都笼罩在绑架儿童的恐慌之中，许多豪宅业主开始卖房卖车以藏富避祸，而中国香港媒体的率先曝光更加剧了社会的恐慌气氛。直至 12 月 8 日，深圳警方才以简单的新闻通稿方式，证实了 10 月份以来发生的这三起绑架案，并对诸多传言进行辟谣。而此时距离首起案件发生已一月有余。危机传播最大的“噪声”并非危机本身，而是伴生的各种流言与谣言。而以政府为唯一“端口”的权威信息的及时出现，则会从根本上“封杀”各种“小道消息”。再如，2005 年 7 月 7 日，英国伦敦发生地铁爆炸案，这一突发事件立即成为媒体和国际舆论关注的焦点。案发后仅数小时，伦敦市政厅新闻办即在当地召开新闻发布会，宣布伦敦发生了地铁爆炸案，初步说明了事件性质、现场调查情况、伦敦市政厅采取的措施和市长及市政厅对此事件的态度。权威信息的快速介入从源头上有效避免了各种传言，消除了市民及其他各大城市民众的恐慌心理，也赢得了国际舆论的赞誉。

快捷高效做好媒体应对，掌握舆论主导权。政府的媒体应对是指在危机事件发生后，政府对媒体所持的态度及相应的做法。在现代社会，媒体应对是各级政府必须做好的经常性功课。做好媒体应对的前提是对媒体采访权的必要尊重与保障。媒体是政府与公众进行沟通的桥梁，也是政府用来营造舆论、引导公众应对危机的强有力工具；同时还是危机事件中公众获取危机信息的重要渠道。如果媒体的采访权无法保障，记者不能在第一时间出现在危机现场并向外传递信息，那么保障公众知情权则是一句空话。无数事例证明，当媒体集体“被失语”之时，也是公众最为惶恐而流言与谣言又最为活跃的时期。危机事件中，政府需要应对的媒体主要有两类：一类是本级媒体。本级媒体因为在地方政府的管控范围内，往往受到较多的约束而在危机事件中难施手脚。因此，对本级媒体地方政府应做到“放得开，管得住”。“放得开”就是在危机传播中应充分尊重和保障媒体的采访权，不以“正面宣传为主”或其他条规绑缚甚至打压媒体，支持其在本区域内环境监测功能的充分实现。因为地域上的便利，本级媒体往往可以在第一时间赶赴危机现场，通过本级媒体，政府可以及时、准确、透明地传达与危机事件相关的各种信息，以及政府对危机事件的基本态度和应对措施，取得全社会的支持与配合；同时也把公众的需求和呼声传递给政府以利于其科学决策，形成有利于应对危机事件的社会舆论环境。“管得住”就是对本级媒体不放任自流，应充分利用“党管媒体”的优势，依靠新闻议程设置来引领媒体的报道方向，从而形成正面的主流舆论，为化解危机助推加力。另一类是管控外媒体。这类媒体又分境内和境外两类。管控外媒体覆盖面广，影响力大又不为地方政府所领导，既可以帮助地方政府化解危机，也可以给工作造成极大被动。因此，政府必须高度重视这类媒体的应对工作。危机事件发生后，政府应迅速主动与本区域外的各主流媒体取得联系，邀请其参加新闻发布会或进行采访报道，利用各个媒体的主渠道功能传递并放大自己的声音。在此过程中，政府必须坚持公众利益至上的原则，对各媒体做到实事求是、开放透明、坦诚自信，在最短的时间内公布危机事件的真实情况，并通过媒体及时向社会通报危机处理进度，消除公众疑虑，争取公众的理解、信任和支持。只有做到以人为本，取信于民，政府才能发挥对各媒体的“聚拢效应”和对社会公众的“向心效应”，才能赢得主动，有效将舆论主导权抓在手中，让各媒体成为自己的舆论阵地和展现危机应对能力、树立政府形象的平台。再以伦敦地铁爆炸案为例。事件发生后，伦敦市政厅新闻办快速拿出新闻发布和舆论应对方案，打破常规，以多频次、多层次、多角度的新闻发布活动，向各媒体并通过媒体向社会及时提供大量的信息，形成大面积的信息覆盖，满足社会对爆炸案的信息需求。在整个爆炸案的处置过程中，伦敦市政厅新闻办以快速、高效、公开、透明的姿态确立了自己在事件中新闻发布的主渠道地位，始终控制着新闻发布的主导权。

高度重视网络信息发布平台。随着传播技术的迅猛发展，除传统意义上的报纸、电视、广播、杂志等大众传媒外，以互联网和手机为代表的新媒体为人们的信息传播活动提供了越来越多的可供选择的信息接收与发布平台。互联网作为媒介革命的代表，具有广泛性、及时性、开放性、共享性、互动性等传统媒体所不具备的优势。在危机传播中，这些优势既可以为负面舆论所利用，也可以成为正确引导社会舆论的助推剂。一方面，政府应充分发挥和利用互联网的优势，通过政府门户网站以及其他主流网站，综合运用文字、图片、视频、音频等报道手段，及时、准确、动态地向公众和媒体传递有关危机事件的各种信息以及政府的应对措施；另一方面，要利用互联网信息汇聚的特点，密切关注网络社区、论坛、贴吧、聊天群的舆情动态，针对一些歪曲事实、煽动矛盾、不利于危机事件解决的有害言论，应组织专门的网评人员及时在互联网上发布、张贴危机事件的真实情况，对事件的处置进行实事求是的网上评论，以抵制错误言论，疏导公众情绪和心理，正向引导社会舆论。

建立危机传播机制。任何事物，只有将其归于机制的范畴，才能保证有章可循。健全的机制是现代社会健康运行的重要标志，也是现代政府的题中应有之义。危机传播机制包括建立相应的公共危机传播管理机构和信息系统，制订公共危机事件应急预案；实行信息公开制度，并通过完善相关的法律法规，为公共危机时期的信息传播提供保障；确立政府新闻发布和媒体规范报道双层平台制度，实现危机信息立体传播等。危机传播机制的建立无疑是政府着眼长远的最为重要的职责之一，也是危机传播趋利避害、顺利运行的保障。以新闻发布制度为例：自 2003 年非典危机以来，我国新闻发布制度从无到有；从中央直属部门初试到地方各级政府普遍采用；从形式单一的新闻发布会到各种吹风会、安排集体采访、个别采访，受理记者问询、发表白皮书等多种形式综合运用；从初期的政府主体“单打一”到逐渐尝试建立党委新闻发言人制度，我国的新闻发布制度建设不断走向深化和成熟，在应对三聚氰胺事件、南方冰冻雪灾、汶川及玉树大地震、新疆乌鲁木齐“7.5”事件等一系列重大突发事件中，各级政府通过不同类型的新闻发布会和新闻发布手段，以及时、准确、丰富的新闻资讯满足了国内外媒体和公众的信息需求，对稳定社会秩序、平稳解决危机事件、树立政府良好形象发挥了重要作用。

责任政府是现代政府的核心内涵。在危机事件频发的“风险社会”，政府理应担当起较之以往更为重大、更为复杂的责任。在危机传播中，政府的责任自然不止于上文所列，但这些无疑是政府在危机传播特殊语境中最为重要、最为核心的职责内容。只有对自身职责清醒认识并且勇于担当，政府才能不辜负“风险社会”公众的角色期待。

第6章　战略之五：信息化示范省建设

6.1　农村农业信息化示范省建设工程

6.1.1　农村农业信息化示范省建设工程背景

信息化是当今世界经济、科技和社会发展的重要主题和大的趋势。2014 年 2 月，习近平总书记在主持召开中央网络安全和信息化领导小组第一次会议上突出强调，“网络安全和信息化，对于一个国家很多领域都是牵一发而动全身的”。从国家或地区实力角度看，信息化水平已经悄然成为衡量一个国家或地区经济发展和社会文明进步，体现其综合国力的重要标志。近些年来，随着经济的持续、高速增长，在国家的大力扶持鼓励下，我国信息化建设得以较快发展，与发达国家的水平差距也正在日益缩小。

作为国家信息化发展战略重要组成部分的农村信息化建设，既是加快推进新农村建设和现代农业建设的迫切需求和统筹城乡发展的必然选择，也是培育新型职业农民、创新农业微观生产组织，进而解决“三农”问题的重要举措。进入 21 世纪以来，党中央和国务院非常重视我国农村信息化建设，强调提高农村信息化水平。自 2005 年中央一号文件首次提出“加强农业信息化建设”开始，连续 10 个中央 1 号文件对农村农业信息化问题进行了持续关注。尤其是《2006—2020 年国家信息化发展战略》将缩小城乡之间的数字鸿沟作为统筹城乡经济社会发展的重要内容。国家“十二五”规划也对农村农业信息化建设提出了明确要求：要推进农业技术集成化、生产经营信息化；发展农业信息技术，提高农业生产经营信息化水平；推动物联网关键技术研发和在重点领域的应用示范。2010 年，工信部、农业部、科技部、商业部和文化部等部门共同制定了《农村农业信息化行动计划（2010—2012）》，对我国农村农业信息化的指导思想、发展目标、行动内容和政策措施等方面做出了明确规划。

在此背景下，选择一些农业基础较好、信息化水平较高的省份，通过战略规划和政策扶持，推动其更快、更好地建设农村农业信息化工程，进而带动全国农村农业信息化工程建设也就水到渠成。

6.1.2 农村农业信息化示范省建设工程进展

2010年，科技部联合中组部、工信部启动国家农村信息化示范省建设试点工作。2011年，全面铺开山东、湖南两省信息化示范省建设试点工作。2012年年初，科技部、中组部、工信部联合批复了安徽、河南、湖北、广东、重庆五省市试点工作。自此，我国农村信息化示范省建设试点工作进入了新的发展阶段。示范省建设将按照“平台上移、服务下延、公益服务、市场运营”的基本思路，依托全国党员干部现代远程教育网络，搭建“三网融合”的信息服务快速通道，构建“资源整合、统一接入、实时互动、专业服务”的省级综合服务平台，促进基层信息服务站点可持续发展，完善农村信息化服务体系。可见，示范省建设实际上是大数据时代农村农业建设的新要求和新趋势。国家农村信息化示范省建设工作在全国引起了高度关注和广泛影响，并已经明确写入了2012年中央一号文件。

在中央和各级地方政府的共同努力下，各示范省从机构建设、政策规划、基础设施和人才队伍建设等方面入手，切实推动了建设工程的进展。如安徽省通过极早谋划、促使农村信息化工作走在全国前头，明确思路、研究制定农村信息化工作实施方案，成立组织、强化农村信息化工作的组织保障，加大投入、推进农村信息化工作稳步前进等做法，2012年年底就取得搭建了一个省级农村综合信息服务平台、启动了一批基层信息服务站点建设、建立了一个基层信息服务体系、开发了一系列促进农村信息化的服务系统、创建了一个农业物联网综合服务平台等方面的成效。

6.1.3 农村农业信息化示范省建设工程建设框架

农村农业信息化示范省建设工程是在科学发展观的指导下，推进“四化”同步发展的一项重大战略，该工程的推进必须在遵循市场机制的前提下，以科学发展观为统领，围绕“保增长、扩内需、调结构、促稳定”的发展要求，紧扣农村信息化的发展现状及经济社会发展的未来趋势，依靠科技创新，以信息化促进农业现代化和产业化，融合各类信息资源和技术手段，深入开发利用农村信息资源，切实提升农村信息化综合水平，并遵循“多部门共享、多网站合一、多服务并举、多手段惠农”的宗旨，提高农民科技素质，提高其融入市场经济体系的能力，为实现农业大省向农业强省跨越提供信息技术支撑。

具体而言，农村农业信息化示范省建设工程主要包括平台整合、应用开发、基层站点建设、信息通道建设、重大工程建设、运行机制创新、基层公共信息服务体系等方面的内容。农村农业信息化示范省建设工程示意图如图6-1所示。

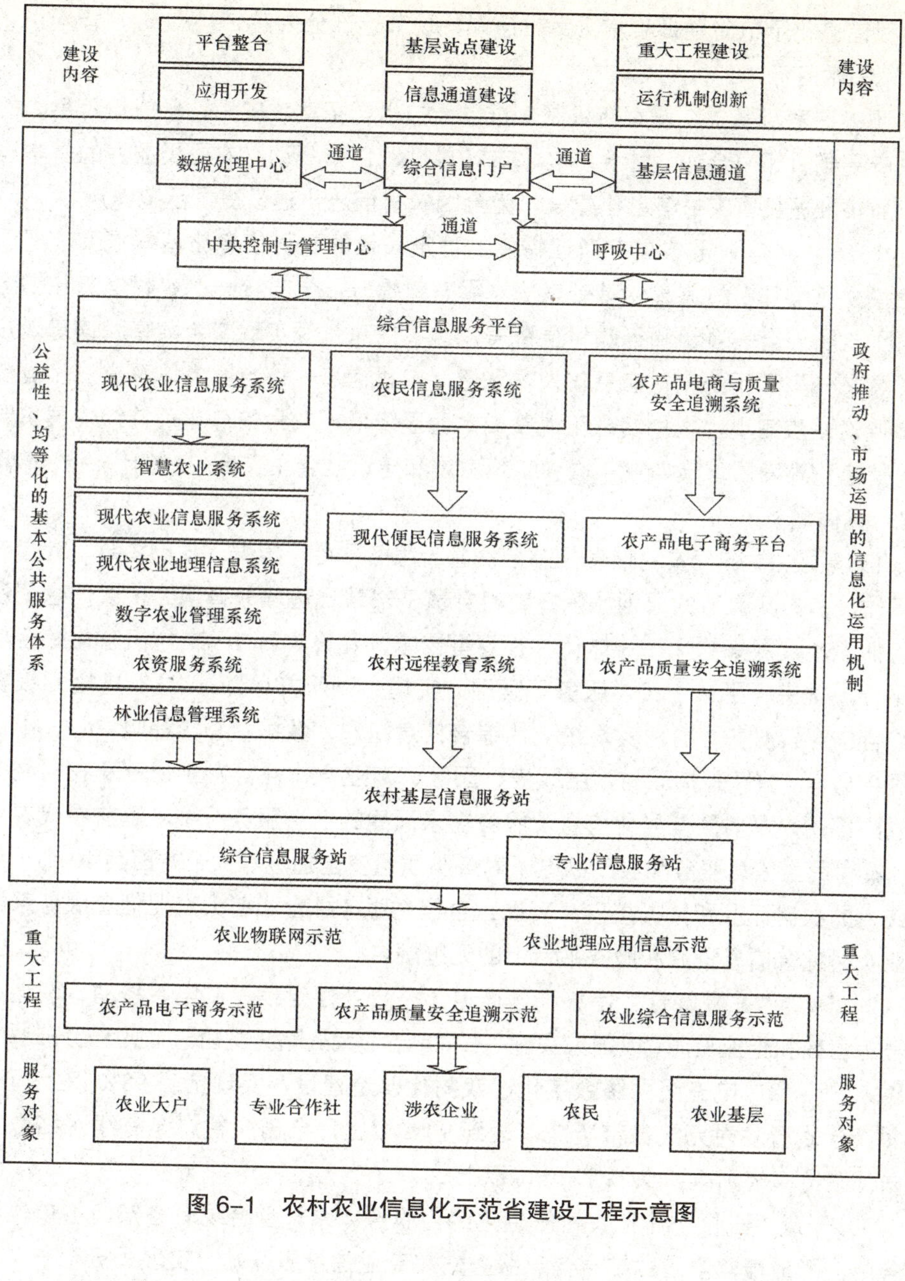

图 6–1 农村农业信息化示范省建设工程示意图

6.1.4 部分省（市、区）农村信息化示范工程建设方案

6.1.4.1 浙江省国家农村信息化示范省建设实施节选

2015 年 3 月，浙江省国家农村信息化示范省建设领导小组办公室印发了《浙江省

国家农村信息化示范省建设实施方案》通知，现节选部分内容。

1．总体目标

按照“探索新模式、建立新机制、推广新技术、拓宽新应用、形成新特色”的要求和“政府主导、部门合作，社会参与、市场推进、创新驱动、农民受益”的基本思路，全方位加快推进我省农村信息化建设，为全国农村信息化建设提供示范作用。

到2016年年底，形成具有浙江特色的稳定长效的农村信息化基本框架、建设模式和运营模式，全省农村信息化基础设施水平有效提升，全省统一的农村信息化综合信息云服务平台实现全省乡镇和行政村全覆盖，涉农信息资源实现整合共享和信息入户，建立一支具有较高素质的农村信息化人才队伍，农村信息化综合服务体系进一步健全。城乡数字鸿沟逐步缩小，农村信息化消费成本明显降低，农村信息化可持续发展机制逐步完善，信息化对发展现代农业、城乡统筹发展和建设社会主义新农村的作用显著增强。

2．具体目标

（1）建成“1+N”农村信息化综合信息云服务平台。根据“政府主导、社会参与、市场运作、多方共赢”的原则，依托农村党员干部现代远程教育网络，以信息资源整合共享为抓手，按照集约化、一体化、智慧型要求，建设“1+N”农村信息化综合信息云服务平台，推进“平台上移、服务下延”，实现“一网打尽”。“1”是指省级农村信息化综合信息云服务平台，实现统一的综合信息门户、数据中心、呼叫中心、中央控制与管理中心。“N”是指面向基层政府、园区、专业合作社、农业企业及农村经营户、普通农户等用户群体的差异化信息及服务需求而建的信息服务系统，涵盖现代农业信息服务、农村民生信息服务和农产品电子商务与质量安全追溯等3个方面共10个子系统。通过统一的数据标准和数据接口，实现综合信息服务平台和各大专业信息服务系统在省级农业农村综合信息资源和服务平台上的无缝融合。

（2）建立“三网融合”信息高速通道。整合浙江电信、广电、移动、联通、华数集团等运营商和企业资源，以国家实施“三网融合”大战略为契机，加快“光纤到村”“信息网络入户”和广电有线网络数字化、双向化改造建设，实现全省98%以上行政村光缆到村，全省行政村无线宽带覆盖率达到90%以上，全省农村广电有线网络数字化率和双向化改造率分别达到97%和95%以上。

（3）形成“三位一体”农村信息化综合服务体系。整合现有各部门各单位农村信息服务站，形成覆盖全省的综合信息服务站和专业信息服务站，实现“五个一”标准农村综合信息服务站全省行政村全覆盖。依托“1+N”综合信息服务平台及基层信息服务站，构建公益化农村信息服务体系、社会化农村创业体系、多元化信息服务体系相互促进的“三位一体”浙江农村信息化综合服务体系。

（4）新一代信息技术在农业农村发展中得到示范应用。加大云计算、物联网、移动互联网、无线网、GIS等信息技术在农村信息化中的应用广度和深度。省内基于云模式的农村信息化综合服务平台建设运行取得初步成效。构建“省市集中建设资源平台，多媒体信道平台以及县、乡镇建设虚拟服务门户”的云计算服务框架；利用云计算技术，建立省级农业农村综合信息服务平台；结合物联网技术建立平安农村农业监测预警等系统；开展互联网、移动互联网、无线网、3G/4G、GIS 等技术在农业生产资料监管、农产品溯源和电子商务等领域的深度应用，推进微信社交服务、便携终端在线购物、可视化服务、智能终端接入等创新服务在农业农村中的应用，形成农业农村信息数据管理和数据服务的“中枢神经”。

（5）扩大农村信息消费。根据农村实际情况及农民消费特点，加大政府对农村信息消费的补贴力度，特别是加大欠发达地区农村和低收入农户的政策倾斜力度，逐步扩大受惠面，进一步降低农村整体信息消费成本，扩大农村信息消费。

（6）探索形成可持续发展的农村信息化发展模式。把政府职能转变、创新政府管理服务模式与综合运用行政机制、公益机制和市场机制紧密结合起来，形成农村信息化发展与深化行政管理体制改革相互促进、共同发展的机制。在加大政府投入的基础上，鼓励和支持各类市场主体积极参与农村信息化建设。通过创新运营机制、投入机制，探索出一套可借鉴的农村信息化可持续发展模式。

3．建设内容

浙江省国家农村信息化示范省建设将以综合服务平台、专业信息化服务系统、基层服务站点、三网融合的高速信息服务通道和资源整合建设为重点，面向“百万农户、万家企业”两大服务主体，建设公益化的农村服务体系和社会化的农村创业服务体系及运营机制，打造五大示范工程。

（1）三网融合高速信息通道。农村信息服务高速通道是联系综合信息门户网站、数据处理中心、中央控制与管理中心和呼叫中心等数据信息交互和实现资源共享的基础和纽带。要深入实施国家“三网融合”大战略，充分整合浙江省电信、广电、移动、联通等运营商的网络通道，创新机制，加强合作共享，避免重复投资与建设，减少资源和能源的浪费，建设以光纤网络为主题，无线宽带网络为接入扩展，覆盖全省的大容量、高速率、有线无线接入相融合的农村信息服务高速通道。

第一，“光纤到村”通道。进一步扩大全省行政村“光纤到村”规模和容量，有条件的行政村加快推进“光纤到户”，彻底消除城乡通信信息化差距，满足农村的乡镇工业企业、农业龙头企业、经济合作组织、生产经营大户、中小学校等各类实体组织的现代互联网信息化需求，以及农村基层政务、农村家庭文化、娱乐、社交等信息需求。在全面实现全省 100% 行政村通电话，20 户以上自然村 100% 通电话以及 100% 行政村通宽带的基础上，进一步加强光纤到村建设，实现全省 98% 以上行政村光缆到村，为浙江农村信息化提供坚实可靠的网络基础。

第二，“信息网络入户”通道。根据不同地区的地理、人口等条件，因地制宜采用各类有线、无线（3G/4G/WiFi 等）网络接入技术，形成农村区域宽带网络综合覆盖，满足农村地区互联网应用需求，实现宽带网络在全省行政村的有线无线综合覆盖率达到 85% 以上。

第三，党员干部现代远程教育通道。实现党员教育云平台与各家运营商宽带互联网、移动互联网、数字电视网之间优质的数据传输，保障远程教育网站、手机客户端、互动电视各类终端的视频直播、点播、互动等功能；远程教育行政村、乡镇站点的宽带互联网接入速度提升至平均 10M 以上。

第四，电视通道。以 100% 入户的家庭电视终端作为农村信息化的载体和主平台，以杭州市、宁波市建设全国三网融合试点城市为契机，通过对电信网、广电网和互联网的改造、提升和融合，着力建设互动电视内容服务平台、IPTV 集成播控平台和手机电视播控平台，面向数字电视、互动电视、互联网电视和手机电视开展方便、快捷的新型综合媒体业务，同时，加快推进浙江省“三网融合”建设，为“智慧浙江”建设提供强大的动力。开发符合农村需求的特色电视便民信息应用服务，使浙江成为全国在农村电视便民信息应用中较先进的省份。

（2）综合信息服务平台。以科学发展观为指导，以服务“三农”为宗旨，坚持政府主导、社会参与，统筹规划、分步建设、需求导向，建立全局统筹、综合管理的省级综合信息服务平台，并纵向贯通到市、县、乡镇、村，努力成为涉农信息的总汇、农业现代化的支撑、社会管理创新的载体和民生服务的舞台。

第一，综合信息门户。浙江省农村信息化综合信息门户作为浙江省农村信息综合集成展示与交互窗口，采用网站群信息系统，以便于对后台各个子系统统一管理。建立 Web 门户以及移动客户终端门户，通过此综合信息门户，除了完成对外交互的任务外，还可以方便地对各个子系统实现集中管理、协同维护、分布式统一部署，进一步实现对平台硬件系统、平台软件系统以及数据中心的有效管理和资源整合。

第二，数据处理中心。以 N 个专业业务管理系统和相关数据库为基础，通过标准化的加工、处理和组织，全面建成覆盖全省、即查即得的现代农业数据中心和网络服务体系。①构建专业业务数据库。整合涉农信息系统和相关数据资源，通过新建或提取等方式，建立标准化的现代农业数据中心，内容包括：政策法规、行政许可、农技专家、农业主体、农产品质量安全、农资监管、种质资源、三品一标、病虫测报等。②研制专业信息化标准体系。制定专业业务管理数据的指标设置、数据分类、采集规范、数据交换等相关标准体系。③建立数据资源交换平台。实现数据在政务内、外网之间，示范省各参建部门专业系统之间的正常传输、交换和同步。

第三，中央控制与调度中心。国家农村信息化示范省建设内容涉及 1 个平台和多个子系统，内容广阔，为保障农业信息服务、指挥、展示、调度等工作，保证综合信息服务平台的稳定运行，在平台硬件系统方面建设中央控制与管理调度中心。主要建设内容包含中心大屏展示系统、硬件支撑系统及其他相关子系统，作为对整个农业信息化示范省建设内容的硬件支撑，提供集中展示、信息控制及管理通道，对整体控制与管理提供信息支撑作用。

第四，呼叫中心。建设全省范围内具有浙江省特色，以重点县市试点的统一呼叫中心。统一呼叫热线可采用通信运营商的呼叫中心业务作为其统一解决方案，为用户提供实时互动、方便快捷的集电话、短信、网络视频为一体的服务。

（3）现代农业信息服务系统（农民信箱）。根据浙江省国家农村信息化示范省建设总体要求，以浙江农民信箱为基础系统和主要通道，按照统一建设规划、统一规范标准、统一安全监管，统一开展服务的原则，整合涉农各专业业务系统和信息服务通道，优化农民信箱系统结构，推广万村联网工程，注重与微信、飞信等新媒体结合，创新服务模式，建设统一的现代农业信息服务平台（农民信箱），实现服务对象、服务内容、服务功能、服务形式全面深化，推进信息服务与现代农业同步发展。主要建设内容包括智慧农业管理系统、现代农业地理信息系统、数字农机管理系统、农资服务系统、现代农业气象系统、林业信息管理系统等 6 个系统。

智慧农业管理系统采用农业物联网、大数据、网络通信等技术，建立全省统一的农业生产、经营、管理和决策系统，实现环境因子监测、智能生产控制、农业应急指挥、突发事件处理等功能，其重点建设内容包括建设“智慧农业”生产经营信息化管理系统、完善农业应急指挥视频监控系统、研发病虫害诊断与咨询系统、建立测土配方施肥系统。

现代农业地理信息系统以地理空间框架数据为核心，利用现代信息技术，建立基础地理信息平台和农业“两区一田”业务管理平台，其重点建设内容包括在浙江基础地理信息平台上，研发农业业务管理系统；研发数字土壤系统（“土壤、耕地、养分”三位一体管理系统）；开展地理信息系统移动应用；建立平台管护体系。

数字农机管理系统将重点打造智能数据中心和辅助决策中心，实现全省农机信息化一站式管理及决策服务，其重点建设内容包括扩建“数字农机”系统，完善基础数据中心和统一管理平台，建立农机业务数据库及交换系统，并有效使用数据仓库和商业智能技术建立“领导研判”及决策分析应用平台，提升数据分析和决策能力。并实现各子系统间数据及业务服务无缝集成，实现数据共享及全省各级业务协同处理；升级农机监理业务管理系统，根据新的业务发展需要实现监理业务调整和管理权限调整，扩充和优化业务功能，对接驾驶人考试相关设备及系统，方便成绩自动采集，优化系统架构，提升系统性能，确保全省、市、县 7×24 小时无间断应用服务；在省农机信息网基础上，扩建基于移动终端的农机化服务系统，研发手持移动终端软件，整合各业务子系统服务功能，打造移动式农机公共服务平台，实现农机办证、购机补贴申请等业务移动查询、审批服务，方便服务对象远程提请办证和及时查询办理状态信息，为基层农机工作人员及农业生产主体提供高效的服务，提升为农服务能力；在现有“数字农机系统”基础上，拟定完善数据规范及相关技术标准，开发数据交换子系统，实现各省本级业务系统之间的数据交换，同时实现省级系统与市县农机已有系统和待建系统之间的数据数据交换与共享。

农资服务系统以服务农民为中心，通过对农资生产、流通、使用的各个环节进行全程管理，建立农资质量安全长效管理机制，实现信息数据化、购销实名化、监管实时化、服务网络化，构建新型农资服务模式和应用系统，其重点建设内容包括标准化建设、开发省级数据交换平台、开发全省农资监管平台和数据分析平台、开发通用版地方监管平台。

现代农业气象系统立足现代农业气象服务需求，以全省地面气象监测资料为基础，基于GIS，耦合农作物气象指标、气象数据、数值预报产品、农用天气预报模型、气候适宜度模型等，结合现代信息处理和网页搭建技术，实现精细化的浙江省主要农业气象灾害监测预警、农用天气预报和主要农作物农业气象条件在线监测评估等，自动生成农业气象业务产品，综合农业气象专家决策系统，最终集成面向全省各级用户的现代农业气象业务服务产品。其重点建设内容包括精细化农业气象灾害监测预警、精细化农用天气预报“智慧气象——我的气象台”手机客户端。

林业信息管理系统综合采用信息化手段，着力解决森林资源地籍、权属等方面的产权不明晰、经营主体不落实、经营机制不灵活、利益分配不合理等突出问题，规范林权管理与服务工作，其重点建设内容包括浙江省林权信息服务平台；林权信息服务平台展示环境，主要由林权IC卡、读卡器、触摸一体机、LED显示屏、服务器五部分组成。

（4）农村民生信息服务系统。通过扩大信息化在民生服务的应用领域，旨在提升民生服务质量，提高广大农村群众生活便利性，建立全省农村民生信息服务系统，着力在民生领域提供综合信息服务，其中包括基于广覆盖的互联网基础，以低成本的电视机顶盒为主终端，实现基于机顶盒的农村信息化服务，重点建设村级便民服务和三务公开信息平台等重点领域；充分利用现有的远程党教通道资源，优化升级党教信息产品和服务。

第一，农村便民信息服务系统。其重点建设内容包括研发和部署三务公开信息服务平台，包括门户系统、门户支撑系统、内容管理系统、虚拟化视频Demo系统、互动支持系统、数据对接系统、数据库系统、用户管理支撑系统；村级便民服务平台。基于农村信息化综合云平台，结合村和社区便民服务中心，依托通信运营商的高速网络资源、以电视、电脑、手机三屏为媒介，将三务公开、办事指南、便民服务、便民信息等信息推动到老百姓手中。

第二，农村远程教育系统。其重点建设内容包括改进完善党员教育云平台、建好时代先锋网站、改进远程教育平台直播功能、优化移动客户端和互动电视功能、提高课件制作能力、构建全省统一的党员教育学习管理平台，实现分级、分片、分单位进行管理，实现学习全过程跟踪和个性化的学习帮扶。

（5）安全追溯系统。互联网的普及，极大地推动了信息化的进程。基于互联网的电商平台，极大地改变了人们的生活方式和思维方式。农产品电商的良好发展，有利于解决食品质量安全问题，有利于降低流通成本，健全市场调节机制，因此，农产品电商系统的建设意义重大。

第一，农产品电子商务平台。其重点建设内容包括建设浙江农产品电商平台：依托淘宝特色馆、1号店等电商平台，建设浙江特色的“浙江农产品馆”；制定和推广农产品的标准化：针对供应链的前端，农产品源头货源不具备规模化，商品标准化程度低的特点，结合淘宝浙江馆的加盟规范，要求加盟农业企业按标准采摘分拣包装；农产品质量溯源体系的制定和推广：从产地溯源要求做起，进而制定和要求实施采摘分拣环节、生长周期环节、种子品类等的溯源。

第二，农产品质量安全追溯系统。其重点建设内容包括农产品质量安全监管系统、农产品检测数据管理系统、农业生产信息管理系统、农产品质量安全信息公开系统、农产品质量安全数据交换中心。

（6）农村基层信息服务站。主要包括农村综合信息服务站和农村专业信息服务站。

第一，农村综合信息服务站。其重点建设内容包括对远程教育终端站点进行设备更新，以满足综合信息服务站的服务功能；借助“宽带中国”工程，将符合条件的站点互联网宽带接入速度普遍提升到10 M以上，确保站点上网流畅；按照共同管理、共同培训、共同考核的思路，打造一支“一员多岗”“一岗多能”的站点信息服务员。

第二，农村专业信息服务站。其重点建设内容包括基础条件建设及设施设备配置、服务站点建设、信息服务软件建设、信息服务微门户建设、管理及服务制度建设。

（7）示范工程。示范工程是现代农业信息、农村民生信息和农产品电子商务三大系统各个专业信息服务子系统在市县应用的示范，是引领全省各地农村信息化的样板工程，是先进信息技术的应用模式和效果的展示。通过示范工程建设有利于各地深入探索与实践，找准工作切入点，因地制宜地加强农村信息化建设。为务实推进浙江省国家信息化示范省建设，突出重点，发挥示范工程的引领带动作用，浙江将在农业物联网、农产品质量安全追溯、农产品电子商务、农业地理信息应用、农村综合信息服务五大领域开展示范工程建设。

第一，农业物联网示范工程。农业物联网示范工程是指采用物联网、大数据、云计算、网络通信等技术，在农业领域开展综合示范应用的工程，旨在对农业生产经营主体建设一套智慧农业物联网生产监控与作业系统，来帮助农业合作社和企业等实现对农业生产管理的实时生长数据的采集、智能化控制和精准作业。示范工程将重点在水稻育秧、蔬菜种植、花卉种植、畜禽养殖、食用菌培育、大田生产等特色农产品产业领域，开展特色优势农产品生产物联网技术研究与示范，集成应用物联网实时感知与监测、农用航空（无人机）近地遥感信息监测和植保施药作业、智能管理决策、综合信息服务等技术研究与示范。

第二，农产品质量安全追溯示范工程。农产品质量安全追溯示范工程是以市域（或县域）为重点，运用物联网、条形码和二维码等信息技术，完善区域农产品质量安全追溯体系的工程，旨在推动全省农产品质量安全追溯管理规范，促进“三品一标”（绿色、无公害、有机农产品和地理标志）企业从管理制度、管理机构、信息常态化发布、质量安全信息电子化档案、产品包装上市企业二维码等多方面全面构建全程质量安全追溯管理体系，实现管理（流程）可追溯、信息可追溯及产品可追溯，力求追溯管理信息公开化、透明化。

第三，农产品电子商务示范工程。农产品电子商务示范工程是指以提高乡镇中小企业、农民专业合作社和个体户电子商务应用水平，提升企业网上形象，扩大企业网上交易额为目的，组织开展涉农电子商务示范工程建设活动。其目的是要支持和引导农业生产经营主体积极开展网上销售、促销、宣传等业务，支持涉农网商做大做强，并为农村电子商务发展提供全方位的服务，为更多企业参与农村电商创造良好氛围。

第四，农业地理信息应用示范工程。农业地理信息应用示范工程是指利用全省统一的农业地理信息系统，结合地方农业产业特点，进一步充实和拓展系统内容，开展“县（市、区）—乡镇—村”多层次，“触摸屏、手机、电脑等”多模式农业地理信息系统的示范，推动农业的转型升级。

第五，农村综合信息服务示范工程。农村综合信息服务示范工程是指以扩大信息化在民生服务的应用领域，提升民生服务质量，提高广大农村群众生活便利性为目的，组织开展农村综合信息服务的示范。以三务公开、远程教育、呼叫中心、农村便民信息服务、农民就业信息服务、涉农法律法规信息服务、农民“家庭医生”健康服务、农事提醒信息服务、平安联防、平安乡村等为重点，在农村综合信息服务示范县（市、区）创建示范工程。

（8）服务体系机制建设。

第一，“三位一体”农村信息化综合服务体系建设。依托“1+N”综合信息云服务平台及基层信息服务站，重点构建公益化农村信息服务体系、社会化农村创业体系、多元化信息服务体系相互促进的“三位一体”浙江农村信息化综合服务体系。

第二，政府主导与市场驱动相结合的长效运营机制建设。在政府主导推动下，充分发挥市场机制驱动的作用，创新农村信息化发展理念，积极探索公益性与商业化相结合的农村信息化模式，形成具有浙江特色的可持续发展的试点模式。各涉农公益机构在提供公益性农业农村信息服务的同时，积极探索有偿增值服务的长效机制；各大运营商联合一批涉农信息服务企业探索“公司化 + 政府与社会利用”的模式，通过联合组建专业化服务公司，做强做精专业化服务，在农产品电子商务等若干服务领域形成共建共享的运营模式和盈利模式。

第三，省市县联动、多渠道投入的可持续发展机制。农村信息化工作要与政府职能转变和创新管理服务紧密结合起来，形成政府推动、各方协力、全社会参与的良好氛围。在资金渠道上，要加快完善以政府投入为引导、社会力量共同支持的多元化投融资机制建设，形成政府和企业共同支撑农村信息化的投入机制的局面。在投资领域上，基础建设与创新服务内容并重。一方面，要提高农村一体化信息基础设施装备水平，增强信息化对现代农业、农村公共服务和社会管理的支撑能力；另一方面，要围绕发展“现代农业、培育新型农民、加快建设新农村”的重点，有针对性地开展农村信息服务。

6.1.4.2 安徽省国家农村信息化示范省建设实施节选

2015 年 7 月，湖北省人民政府办公厅印发了《安徽省新农村信息化科技示范省建设实施方案》通知，现节选部分内容。

1．总体目标

按照“探索新模式、建立新机制、推广新技术”的要求，建立“政府推动、部门合作，企业参与、市场运作、规范服务、农民受益、多方共赢”的新模式，按“管用够用、简便易行、普适价廉”的目标建设，为全国新农村信息化建设提供示范。

（1）建立“三网融合”为平台的农村信息服务模式。以电脑、农村专用信息机、手机、电话、广播、电视为信息终端，以现有互联网、电信网、电视网为依托，以音频信息、视频信息、数据信息应用平台整合为基础，建设融合电话、手机、广播、电视、信息机、电脑终端功能于一体的农业信息综合应用平台。县级以上全部建有农村综合信息服务平台，乡镇全部建有网站，行政村全部建有网页，农户至少拥有 1 个信息服务终端。基本实现“县县有平台、乡乡有网站、村村有网页、户户有终端”的“四个有”目标。

（2）建成全省性的农村综合信息资源共享数据库，信息资源符合国内与国际信息描述标准，信息本身具有时间、空间、农业本体与信誉等级等属性，信息总量达 50 TB。

（3）建设并推广满足现代农业发展和新农村建设的农业信息精准推送服务平台和低成本个性化农村信息服务技术体系，示范地区农民从中明显受益。

（4）建立并完善一支有专业技术的农村信息化服务队伍，显著提高信息服务的时效性和针对性。

（5）探索农业信息服务产业发展模式和农村信息化发展的长效机制，为全国农村信息化建设提供有益的经验和借鉴。

2．主要任务

针对新农村信息化科技示范省建设的具体任务，建立省、市、县农村综合信息服务平台，实施农村信息化“四个一”推进工程，共建农村综合资源共享数据库，开发和应用“八大”信息服务系统，开发价廉实用信息终端技术与产品，强化农村科技信息 12396、12316（农技 110）呼叫服务中心建设，为安徽新农村信息化建设提供一流的装备、一流的技术、一流的人才和一流的服务。

（1）建立省、市、县农村综合信息服务平台。整合我省已建立的省、市、县农村综合信息服务门户网站，按照“省中心集中技术支撑，市县乡虚拟应用服务”原则，通过技术支撑上移，应用服务下延的方式，建立 1 个省级农村综合信息服务平台，17 个市级农村综合信息服务平台，61 个县级农村综合信息服务平台，作为我省农村信息化的载体。各部门、各行业共建共享平台信息资源，并通过平台的技术支撑、应用服务建立本部门、本行业的服务门户网站，开展本部门、本行业的内部管理和应用服务，减少本单位信息化建设和维护成本。

平台将建立二元机制（政府引导、市场运作）、提供三类服务（政务、商务、公众）、实现四流交互（信息流、物流、资金流、商流）、依托五种手段（手机信息、数字广播电视、语音电话、网络电视、电子期刊）、利用六个终端（电脑、农村信息机、手机、电话、广播、电视），代建代管百家网站的信息技术服务。

（2）加快实施乡以下农村信息化“四个一”推进工程。在现有省、市、县农村综合平台建设的基础上，用 3 年时间，在全省乡以下实施 “四个一”工程。

①建立 1 千多个乡镇综合信息服务站。在全省 1 317 个乡镇全部建立农村综合信息服务站，100% 视频接收和信息互动，并按照一站一员配齐信息员，开展以星火科技为重要内容的综合服务，实现农村综合信息服务站全省乡镇的全覆盖。

②建立 1 万多个村级网页。在全省 16 100 个行政村全部建立星火科技网页，能够全部通过网页互动，并配备信息员，实现星火科技网页全省所有行政村的全覆盖。

③实现 1 千多万个用户终端。全省农户可通过电脑、电视、广播、电话、手机等服务终端，实现语音、图像、文字等立体服务。

④培训和服务 1 000 万农民。利用以上星火科技网络，建立省、市、县级专家、服务站技术人员、农村科技能人等组成的省、市、县、乡（镇）、村五级星火科技信息服务队伍，集农资企业、专业技术协会、星火专家大院、科技特派员、星火学校、科技园区、农技站、科技服务中介机构，以及大专院校、科研院所等优势智力和人才资源，为农民和用户提供信息咨询服务，每年培训和服务农民 1 000 万人。

3．共建农村综合资源共享数据库。

按照“统一标准、整合资源、互联互通、共建共享”的思路，汇集农业、科技、水利、林业、农垦、土地、民政、文化、气象、专业市场等多部门的信息资源，共建安徽共享性农村综合资源数据库，为农村信息网络提供资源支撑。

（1）数据资源的标准化建设。基于 OWL、RDF、XML 等 W3C 信息描述标准，对农产品价格数据、供求信息、实用技术、政策新闻等 Web 信息统一标准化表达，并按我省农业企业、协会、农民合作社、农户等不同层次农业综合信息服务的具体业务需求，建立对应的内容模型与数据模式。

（2）Web 数据资源的自动开采与动态补充。采用先进的软机器人技术、信息资源虚拟访问与协同技术，对我省涉农网站的信息资源进行自动聚合，包括自动采集、自动清洗、自动分类、自动存储，对数据库内容进行快速动态补充和规范化整理，按照各业务数据库之间的内在逻辑，将各数据内容规范地纳入综合信息资源数据库。

（3）农业资源数据库质量控制。采用基于先验知识的文本聚类与集成学习等技术，对 Web 农业文本信息进行精化与净化；通过时序与空间插值算法，异常点检测方法等对农业综合信息数据库的数据进行冗余、矛盾、缺损等系列不一致数据进行处理，对综合信息资源数据库的数据质量进行控制与评估，保证数据库的内容建设的一致性。

（4）现有农业信息资源集成。针对我省农业综合信息服务以及农业技术推广等具体需求，采用虚拟访问技术，对我省生产技术、农业标准、病虫草害、农产品市场、土壤、气象、水情、乡镇企业管理、农村经济、农村能源、人口与劳动力资源、党员远程教育等一系列信息资源整理、融合，建立我省农业综合信息资源各专业数据库。

（5）建立统一数据共享服务。基于农业综合信息资源数据库，建立一站式 Web 农业综合信息服务平台，采用农业专业垂直搜索技术，通过电脑、手机、信息机、IPTV、广播、电话等用户终端，为涉农政府人员、农技推广人员、农村信息员、农业企业、种养大户、协会等提供统一的数据共享服务。

4．开发和应用八大信息服务系统

（1）精准施肥决策支持和信息服务系统。通过遥感作物反演、地面土壤测试、土壤类型和农户投入产出调查等数据融合技术，建立土壤肥力分等定级与评估模型。在此基础上，利用专家知识库、模型库，集成相应的知识推理决策机制，为终端用户提供优化施肥决策支持。同时，利用该技术帮助农民咨询决策，指导科学选种、肥料运筹、合理灌溉，以及其他农业新技术的应用，实现农业生产的全程管理。

（2）“农业病虫草害”诊治信息服务系统。根据我省农作物病虫害诊治的具体应用需求，集成农业专家智能推理、图像识别、机器学习等病虫害自动识别与远程诊断的各种有效方法，建立农业病虫害自动诊断与服务系统，适时为我省种植大户、农业专业协会、农民合作社提供病虫害防治方案和无公害防治措施。有效地减少化学农药的使用量，提高农产品生产的安全性。

（3）农产品市场信息服务系统。建立一套完善的集市场数据自动采集、自动发布、价格趋势智能分析预测以及供求信息自动对接为一体的智能化集成服务系统，实现与全国主要农贸交易市场和电子商务网站的相互通联和信息共享。建立虚拟企业、商务撮合、供求对接、广告精准投放等服务，为拓展农产品和农业生产资料销路提供指导，解决买难、卖难问题，实现农民增收、增效。

（4）建设农村综合管理系统。将行政综合管理系统、乡村信息上网工程、乡村电子政务办公系统、农业生产安全系统融为一体，开发符合基层管理部门、服务部门和广大农民所需要的“农村综合管理系统”，为农村基层组织提供计划生育、民主管理、政务公开、合作医疗、便民服务等计算机辅助服务。

（5）应急信息发布系统。充分利用广电传播、语音电话、小区手机广播等手段，联合林业、农业、水利、卫生、地震等相关部门，对农业病虫害、森林火险、气象灾害、地震、突发传染病等预警信息进行定区域的广播式信息快速发布，建立健全应急信息发布预警系统。

（6）农村远程教育培训应用系统。根据安徽产业特点和基层科技需求，丰富安徽农村党员干部现代远程教育精品资源库、农业新技术与新产品资源库、农村文化共享工程资源库建设内容，在乡村信息服务站点为农村党员、农民、农村经纪人、农业企业以及学校提供多媒体培训服务，使农村远程教育培训能够成为农民家门口的图书馆、电影院和培训课堂。

（7）农业生产气象保障服务系统。发挥气象服务农业的独特优势，完善农业气象信息服务的技术保障体系，拓展新的服务领域，开发基于气象信息的农业应用系统，为农业产量预测估产、人工增雨、气象预警、农业防灾减灾等提供服务。

（8）农村广播数字化信息系统。充分发挥广播方便、迅捷、实用的优势，依托无线数字广播电视，将农业政策信息、科技信息、市场信息、气象信息等进行整合，为农业生产提供快捷服务。以“点”盖“面”是广播的特点和优势。

5．开发价廉实用信息终端技术与产品

结合保增长、扩内需、保民生、促就业的宏观政策要求，组织科研院所和相关企业积极研发农民买得起、用得好，简单、快捷、便民的信息终端和相应的信息系统，推广应用多功能、低价位、系列化的信息终端设备：一是低成本3G上网可接收数字广播电视的笔记本电脑，达到农民对终端低成本、低功耗、易携带、好维护、上网快的基本要求，同时可接收“安徽农村广播”数据通道向全省推送的各类涉农信息和数据；二是智能农用信息机。直接利用农村现有的电话和电视上网，访问各种农业信息服务网站，发布、下载各种农业信息。成本低廉，使用简便，还可以互动，适于广大农村地区推广；三是内置大存储容量的数字机顶盒。通过电视转接视频电话，实现上网功能，进行收发电子邮件、游戏娱乐、网上学习等，同时应具有大容量存储，方便农民查阅存储的各类信息；四是内置视音频广播接收功能的移动终端——定制手机。根据农村用户的需要在手机中内置一些与农民生产生活息息相关的精品业务，农户通过定制手机还可以实现互动。

6．强化农村科技信息呼叫服务中心建设

升级和完善星火科技 12396、12316（农技 110）农业公益电话服务热线语音服务模式，建立健全农村科技 12396、12316（农技 110）呼叫服务中心，实现网上和现场服务相结合。探索按照市场机制运作，鼓励企业参与，开展技物结合。联合农业服务企业、专业协会、农技人员、农村经纪人，建立强大的技术服务人员队伍。政府将从资金投入、服务设施配置和技术骨干培训等方面给予择优扶持，吸引更多的企业和能人加入其中。

6.1.4.3　湖北省国家农村信息化示范省建设实施节选

2013 年 4 月，湖北省人民政府办公厅印发了《湖北‘国家农村信息化示范省’建设实施方案》通知，现节选部分内容。

1．建设目标

培育农村信息服务业，促进城乡公共信息服务均等化，助推现代农业发展。具体目标是：

（1）建立湖北农村信息化推进工作组织体系。建设农村信息化领导体系、服务体系和咨询体系。重点建设 30 000 个信息服务站点，选聘 10 名省级农村信息化战略咨询专家，增选 500 名农村信息化咨询服务及信息化技术专家，使专家总数达到 1 000 名，培训并稳定基层信息员骨干队伍 30 000 人。

（2）构建省级农村信息服务综合平台。构建支持“语音、短信、视频、网络”等多方式接入，“远程呼叫、双向可视、产业交流、专业服务”多功能一体的农村信息化综合服务平台。重点建设 1 个农村信息服务省级中心平台，包含 3 类信息化应用服务系统、3 个支撑中心。

（3）完善快速便捷的农村信息传输通道。以农村党员干部现代远程教育网络为依托，丰富电信网络、广电网络等接入手段，逐步推进城区 20 M 光纤入户、农村 4 M 宽带入村，全省城乡实现基于 2G+3G+WiFi 的无线网络覆盖。大力推广“三屏互动”信息传输技术，探索“三网融合”的信息传输模式。在“三网融合”示范区建设信息化示范村 100 个，发展智慧农村网“三屏互动”用户 100 万户，农村 3G 网络覆盖率在 95% 以上。

（4）建设一批现代农业信息技术应用和服务示范企业、基地。充分运用物联网技术成果，面向水稻、畜禽、水果、茶叶等产业，开展诸如测土配方施肥、农产品质量追溯、智能监测等信息技术应用，重点建设农业信息技术应用示范基地 30 个、示范企业 50 家。

（5）探索一套政府公益性服务与市场化服务并行的农村信息化服务长效机制。鼓励各类市场主体积极参与农村信息化服务，通过市场手段获得服务收入，实现互惠共赢和可持续发展，形成可复制、可推广的农村信息化良性发展模式，为中西部乃至全国农村信息化建设提供借鉴。

2．工作任务

计划用 3 年时间，完成全省农村信息化平台、通道、站点、示范区建设及服务机制的探索完善等任务。

（1）建设全省农村综合信息服务平台。具体建设：一个门户网站、三大中心和三类系统。一个门户网站——湖北智慧农村网，以系统和平台的应用帮助为主，以资讯传播为辅，为农村公共信息和产业信息化服务。集中建设“县市区网站集群、农业产业网站集群”两大网站群。三大中心是指多媒体呼叫中心、云数据中心和农村信息服务监控中心。多媒体呼叫中心：集成湖北 12316、12396、湖北农技 110 等信息服务资源，将电话呼叫、网络呼叫、远程视频、手机短信及 3G 可视呼叫等多种服务功能有机融合，提供一站式、多元化的农村信息服务；云数据中心汇集多部门的信息资源，建设湖北农业农村综合信息资源共享数据中心；农村信息服务监控中心监控基层站点的服务运行及质量等情况，实现对基层信息站点的统一信息发布、监控与管理。三类系统是指农村公共信息服务系统、农业产业信息化服务系统和手机智慧服务系统。农村公共信息服务系统包括基于 GIS 可视化农业自然资源信息系统、基于 GIS 可聚类农业产业从业人员信息系统等。农业产业信息化服务系统重点引进开发农产品质量安全追溯系统、农产品电子交易系统、现代物流信息服务系统。手机智慧服务系统通过多部门联合，开发应用湖北智慧农村—“党群通、产业通、家信通、天气通、农机通”等基于 4G/3G/2G 无线网络环境下的手机智慧服务系统。

（2）丰富完善农村信息传输方式。按照集成和不重复建设的原则，逐步形成以农村党员干部现代远程教育网为主线，电信、移动、联通、广电多网支撑的农村信息传输网络格局。

（3）完善基层信息服务站点建设。依托我省党员干部现代远程教育网络、站点和村级综合服务社，完善村级综合信息服务站 27 000 个，使行政村覆盖率达到 100%；建设融合产业发展需求的专业信息服务站 3 000 个。

（4）建设一支基层信息服务队伍。一是以农村党员干部现代远程教育网络基层管理员队伍为基础，建设规模为 30 000 人的信息员队伍。二是以原湖北农技 110 专家团队为基础，充实农村公共服务领域的专家，建设一支能适应农村多方面信息需求的专家队伍。同时加强人员培训，提高信息服务水平。

（5）建立一套农村信息服务工作机制。充分利用存量资源，统筹省内多部门投入，鼓励社会力量多方参与、支持，采取行政推动和市场融资相结合的办法推动平台资源建设。坚持公益性服务以财政投入为主、专业化信息服务以市场化投入为主，开展农村信息化平台、资源、站点等的建设和运行。积极探索“前向免费、后向增值”的农村信息化运营服务模式，实现政府、市场双轨驱动，促进我省农村信息化建设健康有序发展。

（6）建设区域信息化应用服务示范区。一是武汉城郊现代都市农业物联网服务示范区。面向武汉城市圈地区，重点围绕城郊高端农业生产、加工、流通环节，依托龙头企业，开展物联网技术应用示范，提出高端农业产业信息化水平整体提升的解决方案，为现代都市农业发展探索路径。二是江汉平原科技信息服务示范区。面向江汉平原地区，重点围绕区域内农业园区，依托淡水养殖、粮食、油菜和棉花四大产业龙头企业，创新服务模式，为“农谷”和“农高区”探索信息化解决方案。同时开展信息技术集成应用示范，助推江汉平原地区农业经济快速发展。三是鄂西、鄂北现代农业电子商务示范区。面向鄂西武陵山区和鄂北秦巴山区，依托区域内物流及加工龙头企业，开展农业物流信息技术应用示范，实现农产品物流全过程监控、追溯，探索农产品和农资物流的信息化解决方案，助推鄂西“宜荆”和鄂北“襄十随”物流圈建设。四是鄂东、鄂南民生信息服务示范区。面向鄂东大别山区、鄂南幕阜山区，围绕群众“衣食住行”和“业教保医”，依托党员远程教育网络体系，开展公共信息服务示范，助推乡村脱贫、农民致富、农村经济社会全面发展。

6.2　大数据支撑信息化示范省建设

如同整个社会生产活动一样，庞大的数据也在农业生产经营活动、农村社会发展中产生。这些数据广泛存在于耕地、育种、播种、施肥、灌溉、喷药、植保、收割、储存、运输、农产品加工、销售、畜牧业生产、林业保护等各环节和诸多方面。这些数据的分析和挖掘，是农业生产和农村发展的决策的重要依据，对农业生产调整、相关农业企业以及整个农村社会发展具有极其重要的推动作用。因此，农业农村既是大数据产生的地方，也是大数据应用一个较新的重要领域。应该说，农业大数据是大数据思维变革在农业领域的具体体现。

农业农村大数据除具备大数据用的容量（Volume）、种类（Variety）、速度（Velocity）、可变性（Variability）、价值性（Value）以及复杂性（Complexity）等基本特性外，还具有自身独有的特征。农业农村大数据产生于农业农村领域，涵盖农业生产、经营相关的农业资源数据、农业生产资料数据、农业技术数据库、农产品市场信息数据、农业政策法规数据和农业机构以及农村建设与治理等各方面的数据。而且，农业生产受自然环境影响较大，受土壤类型、水质特征、气候类型、作物种类等外界因素影响明显，这就使其具有更加明显的多维、动态、非确定、非完全等特征。

6.2.1　信息化示范省建设需要大数据支撑

信息化示范省建设必然要推进社会主义新农村和城乡统筹发展、现代农业建设，要满足农业生产经营者和消费者以及农村现代化管理和服务的信息化需求，因而，信息化示范省建设需要大数据支撑。

6.2.1.1 建设新农村和统筹城乡发展对信息化的需求

我国城乡二元经济结构特征还依然严重，即使在农民人均收入相对较高的经济较发达省份，其城乡居民收入差距也还非常明显。要实现社会主义新农村建设的目标，统筹城乡发展，促进新型城镇化建设，就必须加快农村信息化建设，提高精细化管理水平，促进资源的有效配置和高效利用。要通过农村信息化建设，实现政策、科技、生产、市场、气象、文化、资金等有关信息向农村农民的及时传递，为农业生产提高、农民收入增加、城乡数字鸿沟缩小、城乡发展统筹提供有力支撑，而加快建设新农村和促进统筹城乡发展正是信息化示范省建设的重要目标所指。

6.2.1.2 发展现代农业对信息化的需求

我国虽然地大物博，但人均耕地占有量只有全球平均水平的 42.5%，人均水资源占有量只有全球平均水平的 25% 左右，且由于人口仍将在一定时期内继续增长，人口与资源的矛盾还将进一步凸显。同时，因国家原来的政策导向以及历史原因，我国许多农村地区还存在劳动者素质不高、交通不便、社会化服务体系不完善、自然灾害严重以及现代化程度不高等问题，农产品供应保障、农民增收、农村社会长治久安等压力还非常大，农村信息化服务水平需要尽快提高。因而，我国农村地区在农业生产条件监控、生产技术传播、市场信息传递、动植物疫病灾害防控、农产品质量安全追溯、农业生产调度、防灾减灾、突发事件处理、危机攻关等方面都需要提高信息化和智能化水平，提高农业农村的综合生产能力和核心竞争力，推进农业农村现代化发展。

6.2.1.3 农业生产经营者和消费者对信息化的需求

现代农业是继传统农业之后的农业发展新阶段，其目标是产业化，方向是集约化。农业信息化是农业产业化发展的必然要求。快速、准确、实时获取农业生产信息，是现代农业生产的关键。推进农村信息化建设，农业生产者可以及时获取农业生产信息，实现农业生产经营、农产品营销、农产品消费的科学化、智能化，这对农业生产经营者具有重大现实意义。与此同时，在经济社会日益发展的背景下，广大消费者也更为关注农产品的质量安全和营养价值，农村信息化建设的农产品溯源体系等可为消费者获取农产品详细生产信息及其营养成分提供准确的信息。

6.2.1.4 农村现代化管理和服务对信息化的需求

长期以来，因我国农村地区广袤，农村管理和服务面临着农民居住分散、信息传达不畅通等问题，这不利于我国农村社会自治水平的提高以及地方政府的宏观调控，而加快农村信息化建设，有助于政策法规公布、村务公开、农情通报、土地管理、人口管理、环境监测、治安管理、社保管理等，提高管理水平。特别是对于我国经济较为落后的偏远山区、民族地区，更是需要采用信息化手段进行农业信息采集、统计、分析与管理，建立快捷便利的信息渠道，提高其管理服务的信息化水平，促进其全面发展。

6.2.2 大数据支撑信息化示范省建设的现实基础

多年来，各地方政府深入贯彻落实党中央、国务院关于农村信息化工作的精神，对农村信息化建设给予了高度重视，建立了农村信息化建设联席会议制度，出台了相关农村信息化建设的指导意见和实施方案。这些农村信息化工作实际上为大数据支撑信息化示范省建设提供了现实基础。

6.2.2.1 农村信息基础设施快速发展

农村信息基础设施（Rural Information Infrastructure）内涵非常宽广，主要包括农村每百户家庭移动电话拥有量、农村每百户家庭计算机拥有量、农村有线电视入户率、农村宽带入户率以及农业技术推广站、农业信息网络等方面的内容。农村信息化基础设施反映农村各地区在发展信息化建设方面的硬件设备及信息工具的普及程度，决定了农村信息化发展进程。应该说，经过近些年，特别是 2005 年以来的农村信息化建设，我国农村信息化基础设施整体水平已经有了较高的提高，奠定了示范省建设的现实基础。

以浙江省为例，到“十一五”末，全省 20 户以上通电自然村 100% 实现了通话，全省所有行政村具备了通宽带条件，全省行政村有线电视联网率达到 99% 以上，其中 20 户以上自然村达到 80% 以上，农村居民有线电视入户率达到 90% 以上。截至 2013 年年底，全省广电有线网络光缆已经通达 99% 以上的行政村，农村有线电视实际入户率达到了 90% 以上；农村有线电视数字化率达到了 94% 以上，双向化改造率达到了 80% 以上，广播电视网络已经基本实现了农村地区全覆盖，并具备了数字化、双向化传输能力。

6.2.2.2 农村信息服务体系初步建立

农村信息服务体系（Rural Information Service System）是指从事农村信息服务的组织机构、人员、信息基础设施、信息资源及信息技术等要素构成的一个整体。作为一个系统工程，农业信息服务体系是信息服务主体通过计算机网络和传统大众传媒等渠道，收集、加工、处理、传输、发布与农业相关的信息，帮助农业生产者、经营者和管理者特别是农民适应变化多端的市场，从而实现农业生产、管理、营销的信息化。农业信息服务体系涉及信息服务主体、客体、内容、渠道、利益分配机制以及信息服务的支撑保障体系等方面的内容（图 6-2）。众所周知，传统农业发展到现代农业、进而向信息农业演进必然要经历农业信息化的过程，主要表现为农业工具以手工操作或半机械化操作为基础到以知识技术和信息控制装备为基础的转变。建立健全农村信息服务体系，是解决农业增产、农民增收、农村发展问题的有效途径。

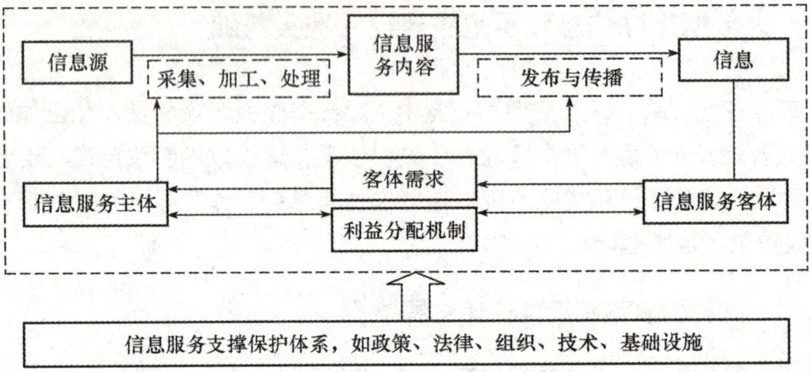

图 6-2　农业信息服务体系框架图

在农村信息基础设施快速发展的基础上，近些年来我国农村信息服务体系已经基本建立。大多数地区从省、市到县三级 95% 以上建立了农业信息服务网站，广电系统会同农业相关部门通过对农节目服务工程建设，省市县三级已经初步形成了功能完备、覆盖有效、效果显著的对农节目服务体系，各市、县两级农业行政主管部门都建立了农业信息机构，建设了大批量的党员干部现代远程教育平台终端接收站点，基本实现了乡镇和行政村全覆盖，80% 以上的行政村建立了信息服务点，许多行政村都建立了符合“五个一”标准（一处固定场所、一套信息设备、一名信息员、一套管理制度、一个长效机制）的综合信息服务点。

6.2.2.3　农村信息化示范试点工作成效显著

自开展农村信息化试点示范工作以来，我国许多农村地区都列入了所在的省级试点。同时，许多省（自治区、直辖市）开展了卓有成效的“远程教育法律援助进农家”“千村示范、万村规范”“数字畜牧”以及“农机信息化”等试点示范工程。同样以浙江省为例，该省 2010 年启动了“远程教育法律援助进农家”试点工作，全省 11 个县（市、区）列入了省级试点；开展了远程教育“千村示范、万村规范”学用示范点创建活动，命名 2 217 个省市县三级学用示范点。2010 年至 2013 年，该省组织实施了浙江省农村信息化示范创星“十百千”工程，并完成了 15 个省级示范县、112 个省级示范乡镇（街道）、1 000 个以上省级示范村的创建工作。2011 年，该省开展了现代农业地理信息平台与“两区”粮食生产功能区、现代农业园区深度结合应用试点示范工程、“数字畜牧”试点示范工程、“农机信息化”试点示范工程。2013 年，启动了以物联网应用为主的农业企业信息化示范建设，全省首批 16 家企业列入示范；启动了永康现代农机产业技术创新综合试点，建立 3 家省级重点企业研究院。

6.2.2.4　农村信息化服务模式不断创新

从农技 110，到“农民信箱”“万村联网”，再到“时代先锋·农村信息化综合服务平台”，许多省份的农村信息化服务模式取得了一次又一次的突破和创新，在农村信息化服务的深度和广度上取得了开创性的意义。因我国农民整体素质比较低，农村信息化服务模式也需要不断创新，以真正满足农民的实际需要。例如，2008 年，受科技部委派，山东研发试点“服务器宽带网瘦客户机”的信息模式。项目承接单位山东大学组织了大规模的农村信息化需求实地调研，在农村地区收回有效答卷 17 000 多份，掌握了农民对信息化需求的第一手资料。“服务器宽带网瘦客户机”以“云计算服务器宽带网络多媒体瘦客户端”为基本模式；19 英寸显示器加上“虹终端”，设备成本不到 1 000 元；如果家中有液晶电视，只要 200 元的虹终端就能组成一台电脑；多媒体瘦客户端通过宽带网与后台的“云计算服务器”相连；虹计划的主要功能是在后台完成的。“这样，用户使用信息就像用水电一样，家里不必配备水塔和发电机；原本复杂的个人计算机一下子就变得非常简单。”该服务器宽带网瘦客户机使用国产软件或开放源代码操作系统，其结构非常简明，使用极为方便，通常情况下农民一个晚上就可熟练掌握、应用。

6.2.2.5　农村信息化人才队伍进一步壮大

人才队伍是农村农业信息化建设的主要支撑，也是当前许多农村地区面临的主要瓶颈。因此，需要建设省、市、县三级农村信息技术管理队伍，三级涉农信息服务专家队伍以及乡、村两级农村信息员队伍；而且，要采用行政推动与市场机制相结合的方式稳定农村信息员队伍。近些年来，各地方政府通过招聘、调配等方式加强了农村信息化人才队伍建设力度，增加了市、县两级从事农业信息工作的人员和乡镇、村两级专、兼职信息员，以及农村党员干部现代远程教育平台专兼职的站点管理员和由党建、农业、卫生等领域专家学者组成的省级专家咨询团。部分地方通过机制创新，吸纳了以前的基层农技人员、涉农企业优秀技术骨干、农村经纪人、种养专业大户、农村科技示范户等主体作为农村信息员，进一步壮大了农村信息化人才队伍的基层力量，夯实了大数据支撑信息化示范省建设的现实基础。

6.2.3　大数据支撑信息化示范省建设的主要内容

在我国广阔的农村地区，因基础设施不完善、交通不发达、经济基础薄弱等问题严重影响着农村居民们的生产与生活。如果对农村地区生产生活每一天产生的大量数据进行时效性分析，并及时反馈给农民，对于改善农村地区生活面貌、提高农民生活质量和水平、提高农业生产率和保障农民切实利益来说，都具有举足轻重的作用。大数据支撑信息化示范省建设主要是通过支持农业发展、完善农村服务与管理机制等途径来实现。

6.2.3.1 农业地理信息系统

农业地理信息系统（Agricultural Geographical Information System）是地理信息系统在农村农业领域的具体实践与应用，是 20 世纪 60 年代开始迅速发展起来的一门新兴技术。具体而言，农业地理信息系统是以计算机技术为基础，在地理信息系统技术的支持下而建成的集农业信息采集、存取、编辑、处理、分析和显示为一体的计算机应用系统。与通用 GIS 一样，农业地理信息系统应完成四个方面的任务：空间信息管理与制图、空间指标量算、空间分析与综合评价、空间过程模拟，但针对不同的层次和应用需求，应根据具体的情况确定系统具体的目的任务。农业地理信息系统，围绕农业资源管理、土壤环境监测、产业布局监管等方面的数据，建成区域性的农业专用地图，然后通过二维或三维等形式展示，提高农业生产、布局等的综合管理、协调、控制能力。

6.2.3.2 农产品质量监管系统

农产品质量监管系统（Agricultural Products Quality Supervision System）是指根据预定的标准，采用一定的方式方法和手段，对农产品生产、储运、加工、销售等各个环节进行监测和管理，以确保农产品质和量全面安全的行为及其支撑要素的集合。农产品质量监管系统主要由农产品质量控制、农产品质量监管、农产品质量追溯等三个子系统构成，对粮食作物、蔬菜园艺、水产品和畜禽产品等主要农产品从生产到销售整个过程形成有效监管和可追溯。

6.2.3.3 农产品产销对接系统

农产品产销对接系统（Agricultural Production And Marketing Docking System）是指为实现农产品从生产者到消费者有效对接的各种通道及其辅助设施的总和，如传统的农贸市场、农产品批发市场以及现代的第三方电商交易平台等。建设和利用集信息交互、辅助分析、产销对接于一体的农产品第三方电商交易平台，有利于生产主体、市场主体、消费者之间信息不对称状况的改善，扩张了农产品销售渠道，提高了农民收入。

6.2.3.4 现代农业执法管理系统

农业执法是指国家法律、行政法规、地方性法规和政府规章赋予各级农业行政主管部门对特定的事项或个人采取具体措施的司法行为或行政措施，如对农产品生产厂家、农产品专业或集贸市场、集散地等生产经营单位开展拉网式检查，以及查处种子、农药、肥料等违法违规经营和盗采、盗伐等行为。现代农业执法管理系统是指在通过现代计算机和信息技术基础上，重点开发移动执法功能模块，建设移动执法数据库，并逐步向林业执法、渔政执法等执法领域扩展，最终形成现代农业综合执法管理系统。现代农业执法管理系统是保护农村生态环境、保障农产品质量安全、促进农村社会和谐的重要保障。

6.2.3.5 农业物联网应用示范系统

农业物联网（Agricultural Internet Of Things）是指通过物联网技术实现农作物生长、农民生活、农产品生产流通等信息的获取，通过智能农业信息技术实现农业生产的基本要素与农作物栽培管理、畜禽饲养、施肥、植保以及农民教育相结合，以提升农业生产、管理、交易和物流等各环节智能化程度的新一代技术支撑平台。农业物联网是信息技术、通信技术以及农业资源的利用发展到一定阶段的必然产物。农业物联网为基层农业技术推广和服务体系完善、农业综合生产能力提升、农村行政服务效能提升、农村综合改革推进以及社会主义新农村建设推进提供了重要的支撑。目前该平台在我国许多地区现代农业园区、规模种养基地等的温室大棚自动化生产、水产养殖智能化调控、大田作物精确栽培、畜禽养殖生态化处理等方面展现了巨大的潜力和优势。

6.2.3.6 信息服务综合管理系统

农村信息服务（Rural Information Service）是指信息掌握机构针对农村用户对信息的需求，利用计算机、广播、手机、电视、报刊等一种或多种媒体作为手段，为其提供各种信息的服务。农村信息服务综合管理系统（Integrated Management System Of Information service in rural area）是指利用现代计算机和信息技术，把原来分散在各个条线、各个部门的信息服务资源整合起来，进一步优化提升，更为准确、及时地向农民、农业企业等信息需求主体提供信息综合服务的方式、方法等的总称。如我国许多农村已经实现了的“一点通”信息屏、农业政务业务微博、农产品需求信息服务平台、12316农业信息服务平台、农业专家在线服务等平台载体等。

6.2.3.7 农业辅助决策支持系统

辅助决策支持系统（Assistant Decision Making Support System ）是指将某一专门领域的知识装入知识库加以组织，以计算机技术为载体，向决策者提供该领域专家水平的咨询与服务。农业辅助决策支持系统（Agriculture Aided Decision Support System）是综合应用数据库、数学模型、专家系统和计算机网络等现代技术，对农业各方面的数据进行采集、加工、分析，协助解决不确定性和多样化问题以进行辅助决策的软件系统。农业辅助决策支持系统为政府和生产者进行分析、预测和评价提供帮助和建议。随着信息技术的飞速发展和广泛运用，农业辅助决策支持系统正向农业数据标准化、知识获取自动化、知识表示复合化、搜索推理智能化、信息技术集成化、系统开发组件化、专家系统网络化的方向纵深发展，正在经历由实验室中的科学技术研究向着农业信息领域的集成应用方向的转变。

6.2.3.8 精准农业

根据美国国家科学研究委员会 NRC 在 1997 年所做的定义，精准农业是指用信息技术获取多源信息支持农作物生长决策的管理战略。精准农业（Precision Agriculture）包含了全球定位系统、农田信息采集系统、农田遥感监测系统、农业专家系统、智能化农机具系统、环境监测系统、系统集成、网络化管理系统和培训系统等十个子系统。其核心是建立一个功能完备的农田地理信息系统。将大数据应用于精准农业中，有利于完善农业生产各个重要的技术环节，包括农田病虫害精确定位防治、农田土壤肥力管理、农田边界图管理等。相信在不久的将来，随着现代信息技术的不断发展以及大数据应用于“三农”问题的不断深化。

6.2.3.9 新农村建设

新农村建设（Construction of New Countryside）是指按照“生产发展，生产宽裕，乡风文明，村容整洁，管理民主”的总体要求，以农业经济发展为基础，以提高农民生活质量为核心，以农村社会全面进步为标志，在政府主导下，推动农村社会由传统向现代转型的过程。在我国工业化进程大体完成的背景下，新农村建设逐渐成了社会主义现代化建设的重要主题。将大数据技术应用于新农村建设，综合分析和处理农村社会各方面的实际情况，有利于提高政策的有效性和精准性，进而改变农村落后面貌，加快社会主义新农村建设步伐，提高农民生活质量和幸福指数。

6.2.4 大数据支撑信息化示范省建设面临挑战

据国际知名咨询公司麦肯锡的预测，未来中国的大数据产品市场潜在规模有望达到 1.57 万亿元。大数据时代的来临，让人类社会发展获得了新的加速器，但大数据时代人类社会发展同样面临着诸多新的挑战。作为世界第二大经济体和最大的发展中国家，中国迫切需要做的是抓住机遇，积极努力发展经济，提高人民生活水平。将大数据应用于“三农”问题，通过对与“三农”问题有关的海量数据进行存储并分析，毫无疑问会加快我国社会主义新农村的建设，促进农村居民生活水平朝高质量、高效率的方向发展。大数据应用于“三农”所带来的新问题同样也不容忽视。

6.2.4.1 技术欠成熟

大数据时代下，数据的数量级是海量的，且复杂多变，对数据的处理必须要有相关技术的有力支撑，这就要求要有能进行大数据应用软件设计开发及其应用方面的相关专业人才。虽说近些年来我国IT行业快速发展，沉淀了不少专业人才，但关于大数据在“三农”领域的深入应用，尤其是在农村公共危机处理、农村社会治理等领域的应用还非常少。在数据自动化的处理过程中，只要任何环节的一个小小失误就可能导致功亏一篑。因此，加强大数据方向专业技术人才培育、促进技术日益成熟是我国建设村农业信息示范省建设工程、促进农村全面发展必须尽快解决的、迫在眉睫的事项。

6.2.4.2 相关法律法规欠健全

由于大数据时代是伴随着移动互联网和社交网络的发展而到来的，时间还比较短，有关大数据的法律法规还未颁布，导致各类非法行为、擦边球行为层出不穷，这也是大数据应用面临的挑战。有关研究表明，我国互联网个人信息安全的灰色产业链规模已达近百亿，众多广告商、黑客、非法中介机构及诈骗组织开始想方设法从中非法牟利。在这种背景下，将大数据应用于“三农”问题中，应用于农村农业信息示范省建设，可能会导致不法分子利用法律漏洞，窃取数据，据为己有，并为自己牟利。与大数据相近的电子商务，同样也是近几年步入人们视线的新兴事物，但由于电子商务法迟迟没有颁布，导致网上购物没有法律的保障，其安全性存在很大的疑点。例如，2015年在贵阳国际大数据产业博览会暨全球大数据时代贵阳峰会上，国务院副总理马凯在其致辞中所言：大数据是人类的共同资源和财富，加快建设政府数据开放平台，让大数据惠及更多民众；要充分挖掘大数据的商业价值、社会价值；但数据安全是国际社会共同面对的挑战，国际社会应该加强合作，共同制定大数据的法律法规；大数据在开启全新时代，让我们共同应对安全挑战，共同拥抱大数据时代。

6.2.4.3 有关隐私保护和决策失误的风险

2014年，汉庭、如家等快捷酒店客户的信息泄露以及小米用户信息泄露等信息“裸奔”现象不时刷新着媒体头条。不仅是信息的泄露，也有业内人士表示，大数据时代带来的可视性在帮助企业运营的同时，也给企业发展带来了一定的风险。有关大数据时代隐私保护和决策风险问题引发了人们的广泛关注。对大数据的分析首先是要获得海量的数据，由此引发不少隐私倡导者对大数据可能泄露和危害个人隐私的担忧。而对大数据进行分析的专业人员可能因为巨大的数据集而产生虚假的自信心，由此导致决策的重大失误，甚至会对全社会造成严重的危害，引发新的安全问题。

6.2.5 大数据支撑信息化示范省建设的实现路径

在当今大数据时代，挖掘和整合“三农”数字信息资源，对于信息化示范省建设具有重要价值和深远意义。大数据支撑信息化示范省建设的实现路径主要有：农业大数据助推现代农业发展、农业大数据技术促进乡村文化繁荣、农业大数据技术增强涉农企业竞争力、农业大数据技术培育新型职业农民、农业大数据技术促进农村相关新兴产业发展。

6.2.5.1 农业大数据助推现代农业发展

1．优化农业产业结构、提高农业产出

农业生产不同于工业生产，具有自身的特点，其中最明显的特点就是农业生产受土壤、气候等自然因素的影响大，属于自然再生产。因此，在农业生产中，要特别重视气候、土壤、地理位置、水资源等自然因素的影响。传统的农业生产大多是靠天吃饭，生产者面对各类自然灾害几乎束手无策，只有听天由命。借助于大数据技术，对所收集到农业大数据进行挖掘，通过数据反映农业生产的外部环境特点，预测外部环境的变化，及时调整当地的农业生产结构，将资金、技术投入到需要优先发展的农业生产行业，进而促进当地资源的充分利用，特色经济的发展，实现农业产业结构的优化和农业产出的提高。

2．改进农业经营方式，调动生产积极性

农业经营方式属于制度层面的问题，主要解决如何经营的问题，只有恰当的经营方式，才能充分调动农业生产者的积极性。如何选择适合的经营方式，传统的做法是采用随机抽样的方式，对所抽取的样本进行统计分析，但确保随机抽样是非常困难的。采样过程中若存在私见，分析结果则会有较大出入。因此，随机抽样的准确性受到影响，只是在不可收集和分析全部数据的情况下的选择。利用农业大数据的分析技术，可以避免遗漏数据的现象发生，通过对全体数据的分析，可以大大提高预测的准确性。如在农业合作社管理中，通过对组织规模、生产技能、管理和经营水平以及经济效益等因素的数据进行分析，发现影响组织管理的因素，进行经营方式的选择，可以充分调动参与者的积极性。

3．提高农业生产服务水平

传感器技术已经比较成熟，地方政府和农业部门可以选择代表性的农田或林地建立监测样地，埋设土壤墒情和肥力状况监测传感器，建立土壤水土数字化监测网络，全天候原位监测土壤水分和土壤主要营养元素状况，有针对性地指导农民进行灌溉和施肥，逐步实现智能灌溉和施肥，改变现在粗放的大水漫灌和化肥盲目施用的现状。目前，农民能够通过有线电视收看天气预报，未来的智慧农村，可以在全县范围内选择有代表性的地块，建立农田或林地小气候观测站，通过网站、有线电视或手机信息发布农业专题气象服务，更加精准地指导农业生产。此外，还可提供适宜当地种植和养殖的优良品种数字化信息，宣传农业立体化和多样化种植，以及保护病虫害天敌的重要作用的信息，提高种养殖户对有机农业和生态农业的认识水平。

6.2.5.2 农业大数据技术促进农村相关新兴产业发展

大数据技术的发展在大数据应用于“三农”问题中起到关键性的作用。物联网、移动互联网、车联网以及云计算等与大数据相关的新兴技术在不断发展，而与之相适应的大数据技术也应加快更新换代的步伐。就大数据技术应用于“三农”问题而言，能够有所发展的领域，包括农业气象预报、全球定位系统的大数据应用、水资源环境监测、土壤重金属污染监测、基于物联网技术的农业应用、农民生产生活APP以及农田地理信息系统。对于未来，中国在“三农”问题上的大数据应用将会遍地开花，农村地区经济腾飞、农民经济效益和生活质量大幅度提高以及农业生产逐渐向高效化、高端化发展。

例如，目前乡村旅游和农家乐在我国许多农村地区都十分流行。农村新鲜的空气、美丽的山水和田园风光，以及新鲜的蔬菜和水果，吸引了城市居民前来观光休闲、度假、体验。我国国土面积大，农村风情风景众多、习俗多样，蕴含着丰富而优美的山水和田园风光等旅游资源，很多乡村旅游资源需要建立智慧农村乡村旅游网上模块或借助数字媒体进行大力推介和宣传，以提高乡村旅游的知名度。这实际上也是促进了农村相关新兴产业发展。

6.2.5.3 农业大数据技术增强涉农企业竞争力

涉农企业（Agriculture-related Enterprise）是指在农业的产前、产中、产后环节，从事农业生产、农产品加工以及农业生产服务等经济实体，如农场、饲料厂、农产品加工企业、乳制品企业、农业科技咨询与信息服务公司等。按所处环节不同，涉农企业通常可以划分为农资企业、农产品生产企业、农产品加工企业和农产品流通企业等四种类型。伴随着市场经济的逐步完善和城市产业结构调整压力的日益加大，涉农企业将迎来较好的发展前景，在国民经济发展中的重要性将会越来越大。涉农企业除具有一般工商企业的社会功能外，还发挥其独有的特殊作用。然而，因为资金、技术、人才等原因，涉农企业在目前的管理中，仍存在一系列的问题，影响着该类型企业的良性、快速发展，如对市场变化反应迟钝、技术创新和技术应用力差、生产调整滞后等，从而导致企业的竞争力弱，功能释放比较有限。

伴随着信息技术的发展，农业也由传统农业向现代农业转变。传统农业生产主要靠经验指导，具有滞后性和不准确性。在信息技术指导下的现代农业生产，利用大数据技术，能够对农业生产中将产生的问题事前做出比较准确的预测，并及时做出反应。如可以针对作物品种的特性，改良和培育新品种，根据作物的生长状况使用肥料，通过对气象信息的预测，合理的灌溉和防治病虫害等。具体而言，涉农企业可从以下几个方面利用大数据来提高竞争能力，加快自身发展：农产品加工企业可将农业大数据应用于供应链管理上，通过对多个数据库，比如，销售历史、天气预报和季节性销售周期进行分析，来提高存货预测能力，实现最优存货管理；农产品流通企业可利用大数据对运输进行优化处理，使用路径优化功能提高车队和配送管理水平，优化物流；农产品生产企业可借助于物联网技术，采用实时的传感器数据跟踪土壤、气候等信息，指导农业生产操作；农产品生产、加工和流通企业都通过分析客户反馈的数据，对生产进行及时调整，并指导下一步的产品研发。

特别是对农产品流通企业来说，农业大数据技术为其开设网上田园超市提供了条件。目前，互联网购物和物流行业发展迅速，这为农村有机农产品的网上宣传和销售创造了良好的发展机遇和平台。各地智慧农村网站可以搭建田园超市平台，把当地富有特色的地方产品和有机农产品的数字化信息放在田园超市平台上进行宣传和销售，让有机农产品等优质农产品实现优质优价，并走出乡村，走向国内外市场，助农增收，进而助推企业发展。

6.2.5.4 农业大数据技术培育新型职业农民

由于我国许多农村地区图书馆建设严重滞后，大部分农民很难从图书资料中获取急需的知识信息，导致了农民的知识更新、生产技能提高以及其他信息获取的速度非常滞后。互联网上拥有大量的有关农作物、蔬菜、食用菌和果树栽培技术，水产、畜牧、家禽等方面的养殖技术以及农机修理技术等方面数字信息，开辟了农民获取知识和信息的新的渠道。同时，网上也有很多关于农业专家和农村致富能手田间农业生产技术方面的讲座视频数字信息，这些数字信息资源具有明显的生产实践针对性，通俗易懂，符合农民生产实际的需求，地方政府可以组织农业、林业、畜牧业和水利部门分门别类对这些农业技术信息资源进行整合，然后有针对性地在本地区进行传授。此外，也可以定期组织农业专家服务团下乡对农民进行实用技术培训和现场指导，并把培训和指导现场做成视频，把这些生产技术数字信息做成信息化示范省建设生产技术信息模块，放在农村网站上，同时也可在电视、广播等媒体上播放。总之，农业大数据技术为培育新型职业农民提供了新的可选路径。

6.2.5.5 农业大数据技术促进乡村文化繁荣

乡村文化（Rural Culture）是指具有很强的地域性和乡土性、源于并依存于乡土的文化，如乡风俚俗、礼仪交往、日常起居、耕耘劳作、邻里关系、婚姻仪式、节庆活动等。乡村文化以活态形式存活于田间地头、乡村民众的日常生活之中，体现村民的生活方式和精神意识。我国农耕历史悠久，民间文化资源丰富，在大数据时代，地方政府和文化部门应重视当地民间戏曲、曲艺、民俗、农民画、剪纸以及传统技艺、美食、名人故里等文化资源的数字化挖掘和制作工作，把这些优秀的民间文化拍成诸如美丽中国乡村行、舌尖上的中国等专题片，这对于宣传美丽乡村的建设具有重要意义。也可以把宣传当地民间文化的专题片、图片或者文章整合为数字信息资源，在农村信息网上建立乡村文化资源模块，大力弘扬优秀的民间文化，繁荣社会主义新农村文化。

6.3 农村公共危机防控与信息化示范省建设

6.3.1 农村公共危机防控与信息化示范省建设的内在关联

6.3.1.1 农村公共危机防控是信息化示范省建设的重要内容

信息化示范省建设是按照“平台上移、服务下延、公益服务、市场运营”的基本思路，依托全国党员干部现代远程教育网络，搭建“三网融合”的信息服务快速通道，构建“资源整合、统一接入、实时互动、专业服务”的省级综合服务平台，促进基层信息服务站点可持续发展，完善农村信息化服务体系。在此基础上，实现新型工业化、信息化、城镇化和农业现代化的同步推进，促进农村社会全面发展的目的。那么，要实现这些目的，必然要有一个和谐的农村社会环境，必然要提高农村公共危机防控的能力。

农村公共危机防控是通过现代技术和手段，增强农村公共危机防御和控制能力，有效预防、减少各类突发危机事件，进而确保农业生产和农民财产安全，促进农村社会和谐稳定。由此可见，无论是过程还是结果，农村公共危机防控都是信息化示范省建设的重要内容，一个信息化示范省的建成必然伴随着一套完整、高效的农村公共危机防控系统的建成。

6.3.1.2 信息化示范省建设提高农村公共危机防控能力

信息化示范省建设区别于传统建设模式的主要标志是在于大数据的应用。具体而言，农村信息化示范省主要围绕省级中心平台、资源整合、区域农村信息化示范应用、基层站点建设而展开。即重点集成建设一个示范省门户网站，并通过建设三类系统（农技、产业、民生）、三大中心（云数据中心、多媒体呼叫中心、监控中心），实现对门户网站的服务支撑；通过相关部门的紧密合作，促进省内政府部门以及企业和其他社会组织的资源整合；按照区域总体布局，重点推进一批县市区信息化示范的建设；开展信息员队伍建设，并根据软硬件的配备及标准，探索站点的资源整合及服务推广应用。

信息化示范省建设实现了资源和信息在全省范围的共享和流动，构建了部门之间沟通的流畅渠道。信息化示范省建设提高了整个社会，特别是地方政府获取信息、处理信息的能力和意识。信息化示范省建设将农村这个原来的信息“孤岛”融入社会体系，促进了城乡一体化。当出现农村公共危机端倪时，快速的信息收集、处理能力，加上流畅渠道的沟通渠道，能确保危机得以控制，因此，信息化示范省建设提高了农村公共危机防控能力。

6.3.2 加强农村公共危机防控促进信息化示范省建设的指导思想

加强农村公共危机防控促进信息化示范省建设的指导思想主要有：

（1）深入贯彻落实党的十八大关于促进“四化”同步发展的战略部署，按照国家农村信息化示范省建设的总体要求，全面实施“八八战略”和“创业富民、创新强省”总战略，紧紧围绕发展现代农业和建设社会主义新农村的重大战略需求，紧扣农村信息化的发展现状及经济社会发展的现实要求，结合农村公共危机的特点以及农村实际情况，坚持高起点规划、高标准建设和高质量服务，推进农村信息基础设施建设，健全信息服务体系，整合各部门涉农信息，建设统一的农村信息化综合服务平台，构筑农村公共危机防控体系，切实提升农业综合竞争力。

（2）完善农村基层信息服务体系，创新农村基层社会管理，以农村信息化推动农村社会进步、农业结构升级和农民素质提升，强化农村公共危机防控内生力量，为城乡经济社会发展一体化发展奠定基础。

（3）以信息化技术促进技术、资金、物质、人才、劳动力等生产力要素的城乡双向流动，缩小城乡数字鸿沟，转变农业增长方式，改善农村民生，为全国加强农村公共危机防控促进信息化示范省建设探索路径、积累经验、提供示范。

6.3.3 加强农村公共危机防控促进信息化示范省建设的基本原则

1．坚持资源共享的原则

要在充分利用现有网络资源，实现有线电视网、互联网、电信网的“三网融合”的基础上，将农村公共危机防控的资源纳入信息化示范省建设体系，达到“互联互通”的目标，即避免重复建设和重复投资，也更好地促进两者有效对接。

2．坚持部门联动的原则

无论是农村公共危机防控建设，还是信息化示范省建设，都将涉及多个部门，因此，要充分利用组织、科技、农业、民政、气象、信息产业、文化、计生等部门和相关科研院所优势，加强横向联动，最终实现“部门融合、投入集合、信息聚合”。

3．坚持机制创新的原则

加强农村公共危机防控促进信息化示范省建设要发挥市场的基础性作用，在完善现有管理机制体制的基础上，按照“政府引导、多方参与、市场运作、自主运营、农民受益”的思路，逐步建立健全农村信息全方位服务农村社会的长效运行机制。

4．坚持循序渐进的原则

我国各信息化示范省经济发展水平、信息基础设施建设条件和农民素质与需求、可能面临的危机类型等都不尽相同，因此，不可能会有“万能的”“一刀切”的建设模式，即使同省区内，同样如此。因此，要坚持多种模式，先行试点，逐步推开，循序渐进的原则。

5．坚持方便、适用、快捷的原则

在加强农村公共危机防控促进信息化示范省建设时，要利用语音、文字、图像和视频等多维化的信息形式，传播农村急需适用的生产、销售、潜在危机等方面信息；通过平台实现信息的双向互动，能够快捷、有效地帮助农民实现产销对接、政策咨询、技术指导以及危机防控等方面的服务。

6.3.4　加强农村公共危机防控促进信息化示范省建设的实现路径

罗伯特·希斯（Robrt Heath）认为突发事件管理包含对突发事件前、突发事件中、突发事件后方方面面的管理。危机管理的目的主要有两个：一是通过预测、预防和排查将危机消灭在萌芽状态；二是当危机发生时，因为有充分的准备，能及时有效反应，采取科学的、经过预演的治理方法来尽最大可能减少危机可能带来的危害和损失。

6.3.4.1　健全公共危机预警机制

我国许多农村信息沟通不畅，农民不了解当地及其周边潜在的险情。部分农村地区通信设施非常缺乏，信号不稳定，农民对周围潜在的和正在发生的危机的真实情况知之甚少。由于信息的缺乏，加上农村的危机预警系统极度不完善，有的地区甚至根本没有预警系统，一旦危机临近，根本来不及采取任何措施，对危机加以控制。因此，有必要利用农业大数据和信息技术来建立健全农村公共危机预警机制。健全农村公共危机预警机制的主要目的是为了有效地预防和控制农村公共危机事件的发生。从某种程度上来说，有效的预防危机机制以及预防的危机升级机制比单纯的某一特定危机事件的治理方案就显得更加重要，因为如果能够在危机未爆发之前就未雨绸缪、防患未然，及时把危机产生的根源消除，这样既可以使均衡的社会秩序得以有效保障，又可以节约大量的人力资源、物力资源和财力资源。

农村危机预警体系是一个完整的、复杂的系统工程，是一系列环境因素和行为因素的综合体。根据危机演变的进程，可将农村危机预警体系实施进程分为危机识别、测评、判断、管理工具和技术选择以及处理和结果评价等五个程序（图 6-3）。具体步骤为：

第一步，预警机制对农村所处的环境或内部危机进行测评；第二步，确定危机生存警戒线；第三步，危机预警组织管理层对参数进行判断并发出相应控制风险指令；第四步，再根据风险中间控制过程和预警子系统所得出的农村危机效果测评与修改意见；第五步，再次对农村危机发出相应的控制指令。

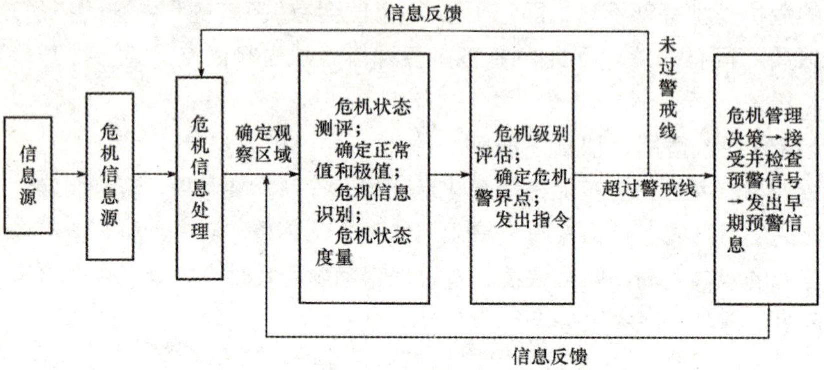

图 6-3　农村危机管理预警体系设计步骤

6.3.4.2　建立新型的沟通和信息传递机制

长期以来，在我国农村，村干部的主要工作是对上级负责，完成乡镇安排的任务，许多村委会干部都习惯于计划体制下由上至下的行政命令工作方式，造成了各村缺少自主性与自治性。特别是在危机爆发时，村委会干部先上报政府，再由政府通知其他各村，加上各乡村、各乡镇条块分割，不易形成互动，这实际上延误了预防的最佳时机。高效的沟通交流机制和透明化的信息公开制度对政府在农村危机管理过程中起着极其重要的作用。政府建立制度化的沟通交流机制和透明的信息公开体制， 并加强与众和媒体之间的交流互动，不仅可以有效防止流言、谣言蔓延传播，还可以起到安抚民心稳定社会的作用。

具体而言，依托互联网技术和移动通信技术，构建政府行政部门和危机管理机构之间的双向信息网络，形成突发事件管理透明公开网络。建立专门的信息收集机构和公共危机管理信息系统，各省、直辖市、自治区政府级别的危机管理部门牵头，整合省、直辖市、自治区政府各个危机管理机关的信息系统，建立专门的信息收集机制和突发事件管理信息系统。危机管理信息系统负责及时收集、处理、传递和共享突发事件信息并进行整合，提供有实用科学的信息资源，实现科学地管理突发事件，有效避免或降低危机带来的危害和损失。

6.3.4.3　广泛动员公众参与

我国农民文化水平整体较低，部分农村地区宗教与迷信盛行，对危机缺乏科学的认识，一旦危机真正来临，农民易求助于迷信，陷入恐慌，而不是积极主动采取应对措施来控制危机漫延。首先，地方政府要协调整合农村危机防控相关主体的力量。在我国地方政府能力有限的现实国情下，作为农村危机防控中心主体的政府就必须建立一套协调机制，充分调动并发挥政府机关、非政府组织、社会保障组织、慈善机构、志愿者组织及公众等社会各个阶层在农村危机防控过程中的积极作用，加强与这些社会力量建立多层次、宽领域、全方位的合作机制。其次，地方政府要建立健全农村危机防控的公众动员机制建设。在农村危机防控的过程中，会有一些政府力所不及的情况。因此，地方政府就应该拓展公众参与渠道，大力动员公众参与，建立科学有效的涵盖最广大公众的动员系统。通过这个系统，一方面可以使公众及时了解农村危机的真实情况而消除恐惧心理，维护农村社会稳定；另一方面通过公众对政府及政府政策的支持和拥护来降低治理农村危机的成本。

6.3.4.4 加强资源保障，完善危机补偿机制

科学的农村危机管理机制是建立在充足的物资资源保障基础之上的。如果作为农村危机管理核心主体的政府在危机治理过程中缺乏足够的各种资源支持，就可能被动地应对危机。因此，政府为确保农村危机爆发时能有效地协调各种资源来治理突发事件，就必须建立完善强大的物资资源保障系统，为提高危机治理水平提供物质保障。

我国许多农村地区普遍贫困，危机发生时，农民既缺乏第一时间的自救能力，也缺乏灾后重建的能力，“因危致贫”“因危返贫”的情况比较严重。农村危机的发生会对农村社会的各方面造成一定的影响，其治理过程更是需要消耗大量的人力、物力和财力，而政府在危机时，一方面，国家的物资调集与下放到位需要一段时间；另一方面，地方政府往往注重政治账本而无视经济账本。而建立和完善农村危机补偿机制，将有助于更好地治理农村危机。

6.3.4.5 构建科学的危机评估体系，完善危机管理责任机制

农村危机评估是对农村危机治理的各项指标和具体目标进行设定与执行，以及对结果进行科学全面评估的综合过程。通过农村危机评估，达到对其治理过程、结果以及产生影响进行全面估计与评价的目的，最终得出治理的经验和教训。地方政府要不断解放思想，实事求是，与时俱进，在农村危机的评估与反馈过程中不断学习、总结经验抑或吸取教训，切实提高农村危机管理水平。

建立服务性责任政府既是我国政体的内在要求，也是我国政治文明进步之标志。为高效、及时、科学、有效地应对农村危机，地方政府及其各职能机构应该构建农村危机管理责任体制。有些农村危机不仅爆发持续时间长，且波及范围非常广，其主要原因恰恰在于政府官员官的本位思想，以及其贪污腐败、渎职等行为。所以，政府农村危机主管机关必须构建科学的问责机制，对农村危机主管机构及其人员实行行政问责制度，这

样既保证农村危机治理的效率，同时也能将人为因素造成的损害控制在最小范围。

6.3.4.6 健全善后及恢复重建机制

从农村危机治理过程来看，恢复重建是农村危机治理后期的关键任务。恢复重建效果的好坏是衡量政府治理农村危机成绩的重要指标。善后及恢复重建主要是指危机过后的善后事项和恢复重建工作。农村危机爆发后，要科学及时、全面、周详地做好各方面的善后事项，要对农村危机中的伤亡状况、财产损失，以及紧急调用相关组织及公众的各种资源，应当按照有关标准给予抚恤和补偿，尽快平静农民恐惧的、惊慌的心情。与此同时，当农村危机，特别是泥石流、洪水等重大自然灾害类爆发后，可能会对当地的基础建设、生态环境、生活环境等造成毁灭性的破坏。像这种影响农民日常生产生活的农村危机，就必须在灾后恢复重建。

6.3.5 加强农村公共危机防控促进信息化示范省建设的措施保障

加强农村公共危机防控促进信息化示范省建设是长期和艰巨的，所在省各单位必须采取切实有效措施，着力提供组织、管理、人才、专家、资金、政策等一系列保障，有计划、有步骤、有重点的落实完成各项工作任务，确保预期目标的达成。

6.3.5.1 加强组织领导

进一步强化加强农村公共危机防控促进信息化示范省建设工作领导小组的统筹协调作用，制定长期发展规划，提出相应政策措施，协调解决建设中的重大问题。建设领导小组下设专业办公室，挂靠在省科技厅。由领导小组办公室牵头制定实施方案，明确领导小组各成员单位的职责任务；建立健全农村信息化合作协调议事机制，组织开展领导小组各成员单位间的交流沟通、共同商讨产业关联度大、区域带动性强的重大工程建设项目，促进资源共享，形成多部门共同推进的协作机制；组织实施建设工作，检查和监督项目的进展，提出建设目标和任务调整建议；做好国家相关部委和省级相关部门协调工作，同时加强与各共建单位、融资部门、社会团体等的协调，形成合力。各市县政府高度重视，组建专门机构，全面统筹协调，将农村信息化建设纳入信息化总体规划和农村经济发展规划，将农村信息化作为新农村建设的突破口和重要任务，从政策、资金等方面入手予以重点支持。

6.3.5.2 加强人才建设

农村公共危机防控促进信息化示范省建设技术含量高，管理难度大，需要具有过硬技术基础和管理经验的人才作为实施保障。承担建设的机构需注重技术和管理队伍的建设，采取切实有效措施，强化人才培养，提升管理能力和提高技术水平。通过制定和实施人才培养规划，构建定位明确、层次清晰、衔接紧密、利于各级人才引进、培养、流动的机制和支持体系，建立一批技术培训机构和教育基地，有计划、分步骤培养一批数量充足、结构合理、素质过硬，能充分适应市场经济和信息时代要求的、懂危机管理和农业信息的人才。同时建立有利于吸引人才、留住人才的激励机制和用人机制，不断充实和加强农民信箱管理员队伍、基层信息服务站管理员队伍和综合服务平台运维队伍，下大力气普及信息技术知识、危机防控知识，提高农村基层信息技术应用和危机防控能力。成立省级危机防控促进信息化示范省建设专家指导组，为其提供宏观指导、技术指导、咨询与方案论证、项目评估等。建立健全研究咨询制度和定期会商制度，保障危机防控促进信息化示范省建设工程科学有序进行。

6.3.5.3 保障经费投入

加快建立和完善以政府投入为引导、社会力量共同支持的多元化投融资体制，不断加大农村公共危机防控和促进信息化示范省建设工作的资金投入力度。一是要加大相关专项资金统筹力度，积极争取中央补助资金，采取维持各系统已有资金投入、专设科技资金和新增工作经费三大手段，加强资金保障，重点支持农村公共危机防控和信息化示范省建设关键技术研究、综合服务平台建设和运维、信息通道建设、基层信息服务站建设与运维、信息员队伍建设与培训等领域。同时，市县级财政也要增加对农村公共危机防控和信息化示范省建设的投入，每年通过相关专项资金支持农村公共危机防控和农村信息化重点示范性项目建设和应用推广。二是创新机制，通过市场化运作，广泛吸引社会资金投入建设，鼓励和支持各类企业积极参与，加大投入信息化投入，培育、规范农村信息市场，形成社会力量广泛参与、多元化组合投入，多渠道争取和筹集建设资金。总之，要按照“政府引导、社会参与、市场驱动”的原则，多方筹集建设经费，确保建设工程的顺利进行。

6.3.5.4 加强政策保障

根据农村公共危机防控促进信息化示范省建设的总体要求和指导思想，省政府及相关部门应尽快出台相应优惠政策，以扶持信息化运营商、涉农企业、专业合作组织以及应急行业企业等开展有偿信息和技术服务。降低创业性经营活动的门槛，以便催生一批专业化的信息化运营商、合作组织、应急和涉及企业为农村危机防控和信息化提供服务，并在金融、税收等方面按照政策规定予以支持。通信运营商对于综合信息服务平台及各专业信息服务系统的带宽租借给予优惠，推出针对基层服务站、信息员以及涉农应急行业企业的优惠套餐。探索针对乡村信息站、农民上网，以及对研发适合农业农村应用的信息技术产品和从事农村信息化企业的补贴财税优惠政策。在建设过程中，采用政策激励的机制，引导科研机构、高等院校、企业等单位开展农村危机防控和农村信息化技术的研发和示范，申报承担各级各类有关农村危机防控和信息化科技计划项目，以促进科技人员和社会各界的广泛参与。

6.3.5.5 强化宣传交流

地方政府相关部门要通过各种媒介，宣传信息技术和农村公共危机防控在农村经济发展和社会主义新农村建设中的重要地位和作用，要向广大农民主动展示农村公共危机防控和信息技术和信息化助农惠农的新成果，要积极开展农村公共危机防控和农村信息化优秀成果展示和经验交流等各种活动，推广成功做法和典型经验，营造全社会关心和支持农村公共危机防控和农村信息化工作的良好氛围。各级领导要深刻领会农村危机防控和农村信息化对当地经济发展的意义和作用，认真细致做好工作，调动各级干部群众的工作积极性，确保农村危机防控和农村信息化建设的有效实施。

6.3.5.6 加强标准引领

结合农村公共危机防控、信息化示范省建设以及农业标准化建设，依托本地高校、科研机构和相关企业开展农村公共危机防控、农村信息化相关标准研究。研究制定农村公共危机预警、评估以及农村综合服务平台、专业信息系统建设的软硬件技术标准、数据标准、信息采集和加工标准。加快制定农业科技、农产品市场、政策法规等信息采集、处理标准和信息服务规范。

参考文献

[1] 王儒敬 . 我国农业信息化发展的瓶颈与应对策略思考 [J]. 中国科学院院刊，2013（3）：337-343.

[2] 张晓莉 . 平台上移 服务下延 电子政务给力基层政务公开和公共服务 [J]. 信息化建设，2011（3）：6-7.

[3] 李业玲 . 农业大数据在农业经济管理中的作用 [J]. 农村经济与科技，2015（7）：196-198，58.

[4] 谭国雄 . 借鉴发达国家农业现代化经验我国农业现代化应处理好六大关系 [J]. 农业现代化研究，2005（1）：62-65.

[5] 李道亮 . 中国农村信息化发展报告 [M]. 北京：北京理工大学出版社，2011：137-138.

[6] 郑红维，李颙 . 中国农村信息服务体系综合评价与发展研究 [M]. 北京：中国农业科学技术出版社，2010：172.

[7] 赵春江 . 农村信息化技术 [M]. 北京：中国农业科学技术出版社，2007：263-265.

[8] 刘成友 . 农村信息化呼唤模式创新 [N]. 人民日报，2013-06-29（006）.

[9] 李国敏 . 农村到底需要什么样的信息化 [N]. 科技日报，013-07-10（011）.

[10] 张鸿，张权，张超，等 . 城乡宽带发展与农村信息化建设研究 [M]. 北京：中国社会科学出版社，2013：218.

[11] 尹骁，王明宇 . 大数据时代下三农问题新思路的探讨与分析 [J]. 电子商务，2015（8）：1-2.

[12] 中华人民共和国农业部组 . 农业信息应用 100 问 [M]. 北京：中国农业出版社，2009：12.

[13] 曹卫星，等 . 数字农作技术 [M]. 北京：科学出版社，2008：396.

[14] 吴祁 . 亟待加强农业执法 [J]. 农业经济问题，1998（6）：59.

[15] 李蔚田，杨俊，杨锐征，等 . 物联网基础与应用 [M]. 北京：北京大学出版社，2012：205-206.

[16] 赵璐，杨印生 . 农业物联网技术与农业机械化发展 [J]. 农机化研究，2011（8）：226-229.

[17] 熊华康 . 水库调度技术问答 [M]. 北京：中国农业出版社，2004：260.

[18] （美）梁顺林著，范闻捷等译 . 定量遥感 [M]. 北京：科学出版社，2009：347.

[19] 刘吉双 . 经济学选讲与当今中国 [M]. 北京：中国农业出版社，2013：143-144.

[20] 付小颖 . 大数据时代个人信息安全保护对策 [J]. 河南农业，2014（24）：57-58.
[21] 郭沛，辛贤，王秀清 . 全球化与中国农业 [M]. 北京：中国农业出版社，2006：286.
[22] 赵迎春 . 智慧农村建设中的数字信息需求 [J]. 福建农业科技，2015（7）：79-80.
[23] 管宁 , 等 . 区域文化 资源保护与产业开发 [M]. 镇江：江苏大学出版社，2012：51.
[24] 郭雷风，王文生 . 农村综合信息服务云平台若干关键技术研究 [J]. 天津农业科学，2015（4）：46-50.
[25] [美] 罗伯特 · 希斯著 . 王成 , 等译 . 危机管理 [M]. 北京：中信出版社，2001：18-19.
[26] 张炳明 . 安徽省农业信息化建设现状和发展对策研究 [J]. 农业网络信息，2014（8）：14-17.
[27] 武汉光谷信息技术股份有限公司 . 武汉光谷信息技术股份有限公司 2014 年年度报告［R］. 武汉： 武汉光谷信息技术股份有限公司 2014 年年度报告，2014.
[28] 曹佳娃 . 互联网 + 时代广告创意主体多元化现象解读 [J]. 商场现代化，2015（17）：16-17.
[29] 吴勇毅 . “互联网 +” 让中国经济从 “寒冬” 走向 “春天” [J]. 通信世界，2015（17）：24-25.
[30] 陈宪，殷凤，程大中 . 中国服务经济报告 2010 [M]. 上海：上海大学出版社，2011：5-6.
[31] 刘世锦 . 中国西部新增长极：陕西榆林榆横新区发展战略研究 [M]. 北京：中国发展出版社，2011：31.
[32] 于佳宁 . “互联网 +” 的三个重要发展方向 [J]. 物联网技术，2015（4）：3-4.
[33] 柯颖 . 物流管理 [M]. 北京：机械工业出版社，2013：343.
[34] 江维国，李立清 . 互联网金融下我国新型农业经营主体的融资模式创新 [J]. 财经科学，2015（8）：1-12.
[35] 李昊 . 我国众筹融资平台法律问题顾问 [J]. 宁夏社会科学，2014（4）：13-18.
[36] 唐爱国，杨刚 . “互联网 +” 环境下高校网络教学平台的构建研究 [J]. 电脑知识与技术，2015（20）：122-124.
[37] 万秋梦 . “互联网 +”：从理念到行动 [J]. 中国总会计师，2015（8）：26-27.
[38] 白雪飞 . 互联网领域隐私权问题研究 [D]. 哈尔滨：黑龙江大学，2003：24.
[39] 沈小静，刘永胜，等 . 小城镇流通企业供应链问题研究 [M]. 北京：中国物资出版社，2011：49.
[40] 姜奇平. 2014 中国互联网总结及 2015 年展望 [J]. 互联网周刊，2014（24）：24-28.
[41] 张冬梅，汪彤 . 产业经济学 [M]. 北京：社会科学文献出版社，2013：1.
[42] 简新华，李雪 . 新编产业经济学 [M]. 北京：高等教育出版社，2009：21-22.
[43] 葛颖波，喻立，宇清红 . 物流经济地理 [M]. 北京：北京大学出版社，2013：91.
[44] 魏达志，袁易明 . 市场经济的两大结构 [M]. 北京：红旗出版社，1999：191.

[45] 中共中央马克思恩格斯列宁斯大林著作编译局　编．马克思恩格斯文集（第4卷）[M]. 北京：人民出版社，2009：188.
[46] 卢福财．产业经济学 [M]. 上海：复旦大学出版社，2013：132.
[47] 郭叶波．特大城市安全风险防范问题研究 [J]. 中州学刊，2014（6）：70-76.
[48] 宋劲松．应急管理社会动员 [M]. 北京：中国经济出版社，2012：110-111.
[49] 李尧远，马胜利，郑胜利．应急预案管理 [M]. 北京：北京大学出版社，2013：222.
[50] 高宏，刘文婷．互联网思维为应急救援提供新思路 [N]. 中国电子报，2014-07-29（011）.
[51] Hermann. Charles F. International crises：insights from behavioral research.[M].New York：Free press,1972.
[52] Barton.L.Crisision organization [M].Cininnati：Southwestern Publishing company, 1993.
[53] Seeger, M.w, sellnow, T.L.&Ulmer, R.R.：Communication, organization, and crisis.[M].In Michael Roloff（ED.）, Communication Yearbook 21（pp.230-275）.Thousand Oaks,CA：Sage Publications 1998.
[54] 李云宏，吕洪兵．浅析危机管理 [J]. 冶金经济与管理，2000（5）：40-44.
[55] 薛澜，张强，钟开斌．危机管理：转型期中国面临的挑战 [M]. 北京：清华大学出版社，2003.
[56] 李燕凌，曾福生．农村社会公共危机表现及其化解——农村社会治理结构优化的一个经济学分析框架 [J]. 农业经济问题，2005（12）：8-15，79.
[57] 伍国勇．农村公共危机管理理论研究综述 [J]. 生态经济评论，2014（00）：209-217.
[58] 杨安华．构建民族地区危机管理体系 [J]. 公共管理评论，2005（00）：119-134.
[59] 李飞星，陈万灵．社会危机的经济学本质剖析 [J]. 经济问题探索，2007（5）：157-160.
[60] 黄正泉．从现实走向理想：湖南社会主义新农村建设重大问题调查研究 [M]. 北京：中国农业出版社，2006：330.
[61] 李博，谢斌．大数据与危机决策 [N]. 光明日报，2015-06-10（013）.
[62] 马奔，毛庆铎．大数据在应急管理中的应用 [J]. 中国行政管理，2015（3）：136-141，151.
[63] 宁家骏，王少永．大数据与应急管理 [J]. 现代职业安全，2015（5）：24-26.
[64] 轶名．世界主要国家的大数据战略和行动 [J]. 中国信息安全，2015（5）：66-71.
[65] 房俊民，田倩飞，徐婧，等．全球大数据产业发展现状、前景及对我国的启示 [J]. 中国信息安全，2015（10）：101-102.
[66] 迪莉娅．我国大数据产业发展研究 [J]. 科技进步与对策，2014（4）：56-60.
[67] 杨惠娟．国内外政府部门推动大数据发展的经验及启示 [J]. 信息系统工程，2015（4）：96-97.
[68] 支振峰．统一立法，堵住数据隐私黑洞 [J]. 法制日报，2015-04-07：007.

[69] 张波著 . O2O 移动互联网时代的商业革命 [M]. 北京：机械工业出版社，2013：252.
[70] 曲婧 . 精细化：大数据时代管理模式的变革 [J]. 税务与经济，2014（5）：46-49.
[71] 赵春盛，张玲 . 我国现阶段的突发事件与公共危机管理 [J]. 云南行政学院学报，2007（3），115-118.
[72] 甲鲁平，李鹏，王爱华 . 传统媒体在公共危机事件传播中的角色 [J]. 新闻爱好者，2011（1），49-50.
[73] 西南政法大学中国社会稳定与危机管理研究中心 . 社会稳定研究 城乡之间 [M]. 上海：学林出版社，2011：288-290.
[74] 吴国光 . 电视直播报道的历史性突破 [J]. 当代电视，2008（7），24-26.
[75] 孙梅 . 危机管理：突发公共卫生事件应急处置问题与策略 [M]. 上海：复旦大学出版社，2013：67-69.
[76] 方宗 . 贯彻到底执行到位：管理就是要结果 [M]. 北京：人民邮电出版社，2013：202.
[77] 禹国 . 战略落地 [M]. 北京：清华大学出版社，2012：66-67.
[78] 王学峰 . 卓有成效的八大自我管理工具 [M]. 北京：机械工业出版社，2011：102-102.
[79] 张洪山，张学华 . 管理方法应用方案 [M]. 呼和浩特：内蒙古人民出版社，2012：82-83.
[80] 刘松先，任真礼，姜先华 . 企业战略管理实用教程 [M]. 北京：北京大学出版社，2009：138.
[81] 王昭凤 . 供应链管理 [M].2 版 . 北京：电子工业出版社，2012：80-83.
[82] 彭英 . 电信运营管理 [M]. 北京：人民邮电出版社，2009：45.
[83] 车春鹂，高汝熹 . 工业物联网产业发展战略研究 [M]. 上海：上海社会科学院出版社，2013：91.
[84] 徐鸣，瞿炎辰 . 管理会计 [M]. 上海：华东理工大学出版社，2013：262.
[85] 罗松涛 . 供应链管理 [M]. 北京：对外经济贸易大学出版社，2008：53.
[86] 吴彩霞 . 供应链管理与企业核心竞争力 [M]. 北京：中国轻工业出版社，2007：115.
[87] 霍清臣 . 总裁赢销：总裁必学的 10 堂营销课 [M]. 北京：中国财富出版社，2012：94-96.

后　记

这本书是我和周贤君、江维国、吴松江合作研究的成果。多年来，我一直与我的学生们高度关注农村信息化领域内的一些问题，特别是利用大数据解决农村社会经济发展中的现实问题。在经历 2003 年“非典”事件以后，我们研究的领域逐渐深入到农村公共危机管理研究之中。我在一个边远农村的小村庄看到一个很耐人寻味的事情：面对来势迅猛的“非典”疫情，有一些人通过在自家门前燃放鞭炮或悬挂镜子之类的方法来趋避“非典”。当时我的第一反应是将此斥为近乎愚昧、荒唐与无知的举动。在仔细了解几位采取这种方法预防“非典”的农民的想法后，我的想法发生了改变。在这场前所未有的“非典”危机发生之时，并没有人能准确获知关于此事的充分信息。显然，在信息不充分的情况下作出的决策其科学性将会大打折扣，何况是对当时身处边远落后地区，教育与文化水平相对较低的农民而言。事实上，这种“无知”并不是针对某一个群体而言的。我们在探索未知与非确定领域之时都存在着类似的太多的无知，采取类似无知的方法去应对，而且，这种“无知”，无论是在现在，还是在将来，都会与我们相伴。

我们正处在一个由工业时代步入信息时代的历史时期，一个由短期考虑占主导地位向着眼于可持续发展转变、由依赖等级制度向赞成非正式网络结构转换的奇妙时期，这是一个新的夹缝式时代。一方面，我们的一只脚还踏在工业时代，已经习惯了在工业社会中的生活方式，习惯了稳定的社会环境、明确的问题、可以操控的技术，以及通过集中、等级制结构来解决短期的问题；另一方面，在以信息经济为基础的新社会，环境的非稳定性使原有的生活方式失去赖以生存的土壤。特别是，在信息时代大数据爆炸式增长，在数据多样性、复杂性，以及大容量与高增速方面给所有处于这一时代的系统的信息处理和分析能力提出了全面的挑战，在这种情况下，我们必须从战略层面来思考与应对。基于学科交叉融合发展的实际，我有幸加入李燕凌教授主持的国家社科基金重大招标课题《突发性动物疫情公共危机演化机理及应急公共政策研究》，并成为“农村公共危机防控信息化建设”研究团队的核心研究成员。我们在合作研究中发现，未来农村公共危机防控必须充分考虑到信息时代新变化所带来的革命性影响，必须高度重视信息化战略问题。本书试图从“标准化、‘互联网 + 应急产业’、智慧农村、人才制胜、信息化示范省建设”等方面来探寻大数据时代农村公共危机防控信息化战略。

湖南农业大学党委书记周清明教授、校长符少辉研究员从整体上对“农村公共危机防控信息化建设”所提出的战略性意见，对本书的写作具有重要意义。湖南农业大学公共管理与法学学院院长、博士生导师李燕凌教授对题目拟定、框架设计、观点形成等方面给出许多建设性的思想。“农村公共危机防控信息化建设”研究团队的周晓迅、贺林波、胡扬名、刘玮、熊春林分别从信息化问题、绩效、能力、标准等不同视角提出了关于信息化战略构成与实施的宝贵意见，为本书的撰写提供了宝贵的智力支持。在本课题的研究过程中，中国社会科学院农村发展研究所的张晓山研究员、李周研究员、杜志雄研究员，也提出过许多有益的建议，在此向他们一并表示衷心感谢。

本书是国家社科基金重大招标项目“突发性动物疫情公共危机演化机理及应急公共政策研究”（11&ZD171）的阶段性成果，在完成过程中得到了湖南农业大学公共管理“十二五”省级重点学科、湖南省高校科技创新团队“农村公共危机演化机理与防控政策”的资助，湖南农业大学公共管理与法学学院、经济学院的领导和同事们给予我们无私的支持与帮助，北京理工大学出版社的编辑老师的细致工作使本书避免了很多纰漏，在此一并感谢。

李立清

2015.11